普通高等教育"十一五"国家级规划教材　国际中文教育精品教材"1+2"工程　博雅国际汉语精品教材

博雅汉语·准中级加速篇 II

Boya Chinese
Quasi-Intermediate

Third Edition ｜ 第三版

李晓琪　主编
钱旭菁　黄　立　编著

北京大学出版社
PEKING UNIVERSITY PRESS

图书在版编目(CIP)数据

博雅汉语．准中级加速篇．Ⅱ / 李晓琪主编；钱旭菁，黄立编著．－－ 3版．－－ 北京：北京大学出版社，2024.8．－－（博雅国际汉语精品教材）．－－ ISBN 978-7-301-35493-3

Ⅰ．H195.4

中国国家版本馆CIP数据核字第2024GU4172号

书　　名	博雅汉语·准中级加速篇Ⅱ（第三版）
	BOYA HANYU·ZHUN ZHONGJI JIASU PIAN Ⅱ(DI-SAN BAN)
著作责任者	李晓琪　主编　钱旭菁　黄　立　编著
责任编辑	孙艳玲
标准书号	ISBN 978-7-301-35493-3
出版发行	北京大学出版社
地　　址	北京市海淀区成府路205号　100871
网　　址	http://www.pup.cn　新浪微博:@北京大学出版社
电子邮箱	zpup@pup.cn
电　　话	邮购部 010-62752015　发行部 010-62750672　编辑部 010-62753374
印 刷 者	河北博文科技印务有限公司
经 销 者	新华书店
	889毫米×1194毫米　16开本　24.25印张　534千字
	2005年10月第1版　2013年1月第2版
	2024年8月第3版　2024年8月第1次印刷
定　　价	88.00元（含配套资源）

未经许可，不得以任何方式复制或抄袭本书之部分或全部内容。
版权所有，侵权必究
举报电话：010-62752024　电子邮箱：fd@pup.cn
图书如有印装质量问题，请与出版部联系，电话：010-62756370

第三版前言

2004年《博雅汉语》系列教材"起步篇""加速篇""冲刺篇""飞翔篇"陆续在北京大学出版社出版。该套教材出版后得到了同行比较广泛的认同。为使教材更上一层楼，在充分听取使用者意见的基础上，2012年，编写组对教材进行了全面修订。第二版《博雅汉语》结构更合理化，内容更科学化，装帧更现代化，更大限度地为使用者提供了方便。当前，国际中文教育进入了新时期，为进一步与时俱进，2022年，《博雅汉语》编写组的全体同人在教育部中外语言交流合作中心（以下简称"语合中心"）的领导下，与北京大学出版社共同努力，对《博雅汉语》进行了再次修订。本次修订主要体现在：

第一，与时俱进，讲好中国故事。

近十年来，中国发生了翻天覆地的变化，在多个领域取得了令人瞩目的成就，真实、立体的中国故事比比皆是：中国的经济快速增长，GDP从2009年的4.6万亿美元增长到2019年的14.4万亿美元，成为全球最大的商品贸易国；中国的高铁技术、5G技术以及航天技术在国际上处于领先地位；中国取得了惊人的减贫成就，人民的生活水平稳步提高；环境保护工作快速发展，绿水青山的生活理念形成共识；与世界各国的进一步交流合作，不断提升了中国在国际上的影响力，"一带一路"已初见成效；等等。把反映这些变化的生动故事融入《博雅汉语》之中，让学习者了解中国的发展变化，让真实的中国走向世界，是本次修订的主导思想之一。为达此目的，我们在初级和准中级阶段——起步篇和加速篇，主要是对第二版教材的内容进行修订，修改、删减和增加所需内容，并对个别课文进行更换；在中高级阶段——冲刺篇和飞翔篇，则每册都删减、增加了若干篇课文。如冲刺篇第二版中的《名字的困惑》《朋友四型》《一盏灯》《清晨的忠告》等删去，增加《变化中的中国》《中国"奇迹业"》《太空课堂》《女科学家的科技扶贫》等篇目；删去飞翔篇第二版中的《人》《随感二则》《球迷种种》《安乐死是人道，还是合理谋杀》等篇目，增加《北京绿道》《中国真正实力，三大超级工程亮相》《丝路上的音乐交响》《快速发展仍是中国未来30年关键中的关键》等篇目。第三版《博雅汉语》，在充分继承展示中华文化魅力，提高中华文化感召力的传统基础上，更具活力，更具时代特色。

第二，遵从《国际中文教育中文水平等级标准》，落实教材编写新航标。

经国家语言文字工作委员会审定，由教育部和国家语委共同发布的《国际中文教育中文水平等级标准》（以下简称《标准》），已于2021年7月1日正式实施。这是国际中文教育领域的一件大事，是中文在全球信息传播和文化交流中的作用日益凸显、中文学习需求不断扩大的形势下，我们的学科为此献上的一份有分量的学术成果。《标准》为世界各地国际中文教育的总体设计、教材编写、课堂教学和课程测试提供了科学的参考。可以说，《标准》是国际中文教育事业的方向指引，也是国际中文教材编写的新航标。遵循《标准》，落实教材编写新航标是本次修订的另一个重要主导思想。下表是《标准》中的语言要素量化指标：

等 次	级 别	音 节	汉 字	词 汇	语 法
初 等	一级	269	300	500	48
	二级	199/468	300/600	772/1272	81/129
	三级	140/608	300/900	973/2245	81/210
中 等	四级	116/724	300/1200	1000/3245	76/286
	五级	98/822	300/1500	1071/4316	71/357
	六级	86/908	300/1800	1140/5456	67/424
高 等	七—九级	202/1110	1200/3000	5636/11092	148/572
总 计		1110	3000	11092	572

注：表格中"/"前后两个数字，前面的数字表示本级新增的语言要素数量，后面的数字表示截至本级累积的语言要素数量。高等语言量化指标不再按级细分。

第三版《博雅汉语》与《标准》量化指标的对应如下：

起步篇：零起点教材。学习完起步篇后，学习者将掌握词语约1200～1400个，语法项目约150个，达到《标准》初等二级。

加速篇：适合已掌握约1200个基本词语和初级语法项目的学习者使用。学习完加速篇后，学习者将掌握新词语约1500个，新语法项目约150个，达到《标准》中等四级。

冲刺篇：适合已经掌握约3000个词语，以及约300个语法项目的学习者使用。学习完冲刺篇后，学习者将掌握新词语约3000个，新语法项目约200个，达到《标准》中等六级。

飞翔篇：适合已掌握约6000个词语和中级语法项目的学习者使用。学习完飞翔篇三册书后，学习者将掌握新词语约5000个，新语法项目约300个，达到《标准》高等九级。

为进一步全面体现《标准》的新航标，并体现语合中心发布的《国际中文教育用中国文化和国情教学参考框架》，《博雅汉语》的每册书都特别在练习的内容、形式及数量方面进行了增补，为《博雅汉语》与新版HSK的接轨打下坚实的基础。

本次《博雅汉语》的修订，遵从《标准》，在学术标准上与行业要求相一致，保证了教材的科学性。

第三，运用现代教育技术，建设新形态立体化教材。

本次《博雅汉语》修订工作的另一个重要方面是，利用现代化教育技术，建设新形态立体化教材。为此，本次修订特别注重纸质教材与数字资源相互配合。在内容编写上，充分考虑数字资源的呈现方式和传播方式，实现线上线下的有机结合与协调统一。

第三版《博雅汉语》的配套数字资源主要包括：

（1）在线电子课件（分课时教学PPT）；

（2）在线数字教学资源包（供教师备课及课堂教学使用的文字、图片、音视频等）；

（3）在线数字教学示范课（编者或其他教学名师主讲的课堂教学示范）。

这些配套数字资源将有效辅助教师的备课及课堂教学，节省教师的备课时间，提高教学效率。

另外，《博雅汉语》自第一版起，就已经走向了世界，在韩国、俄罗斯、越南、泰国、埃及等国家有广大的用户，受到各国汉语教师及学习者的欢迎和喜爱。本次修订后，我们将结合教材开展线上或线下的专题讲座、教学研讨及教材使用培训等活动，并最终形成数字化资源，通过互联网平台向教材使用者发布，使《博雅汉语》的国际化地位得到进一步加强。

总之，在继承《博雅汉语》前两版的优势，特别是各个阶段不同的编写理念和优秀选文的基础上，融入新时代要求，编写符合新时代需求的、在《标准》指引下的、运用现代教育技术的、受到使用者欢迎的教材，是本次修订的指导思想。

基于《博雅汉语》多年的使用实践及世界各地学习者的不同需求，本次修订，全套九册教材均配有练习册，教师可根据学生的实际汉语水平和课时量灵活选用；初级教材配有多语种释义词语手册，便于学生对基础生词的掌握，准中级至高级阶段词语手册总体上从英文、中英双语向全中文释义过渡，便于学生尽快进入在汉语世界里自由飞翔的阶段。全套九册词语手册均可扫码下载，手机阅读。

我们相信，第三版《博雅汉语》将以更加优质新颖的内容和灵活多样的传播形式，为更多国家和地区的中文教育提供内容资源和教材基础服务，同时，我们也希望不断听到使用者对第三版《博雅汉语》的建设性意见，共同促使《博雅汉语》在促进国际中文教育事业发展中尽一份绵薄之力。

最后，衷心感谢北京大学出版社汉语及语言学编辑部邓晓霞主任、宋立文副主任及各位责任编辑，谢谢你们的辛勤付出！

李晓琪

2023年9月于蓝旗营

第三版改版说明

第三版在每课"语言点"板块之后增加"拓展学习"板块,并在单元练习中增加与"拓展学习"相应的字、词练习;在单元练习增加"文化点滴""HSK专项练习"板块。增补内容主要供学有余力的学生学习。八套单元练习与期中、期末试题单独成册,方便学生自测。

"拓展学习"板块内容主要是语块的学习,以成语学习为主。语块的选择或基于该课的主题、意念功能,或基于该课的语言项目,前者如第Ⅰ册第九课《孙中山》拓展学习与国家形势相关的成语,第Ⅱ册第九课《锻炼计划》拓展学习与体型相关的成语;后者如第Ⅰ册第五课《她是我们的女儿吗?》学习与"眼/目"相关的成语,第Ⅱ册第五课《三元钱一斤快乐》学习常见的包含数字的成语。

各单元练习,在原有偏旁部首练习和语素练习之外增加了与该单元两课中"拓展学习"部分相关的练习,主要是为了练习这些成语中的汉字——其中绝大多数是学生已经学过的。我们希望在不增加学生汉字学习负担的前提下,帮助他们进一步增加能读写的汉字量和词汇量,增强语块意识,更好地把握汉语词汇的韵律特点。

"文化点滴"板块主要涉及与本单元主题或课文内容相关的文化知识,如第Ⅰ册第五单元主题为人物,"文化点滴"部分涉及中国有名的几位历史人物;第Ⅱ册第五单元的课文涉及人体器官,"文化点滴"则涉及中国传统文化中将部分人体器官与五行相对应的习惯等。进而结合练习,加深学生对中国文化的认知和了解。

"HSK专项练习"选用了HSK考试中选词填空、排列顺序、完成句子和写作四个题型,练习内容重点为该单元的生词和语言点,让学生在进一步练习生词、语言点的同时熟悉HSK的考试题型。

编　者

第一版前言

语言是人类交流信息、沟通思想最直接的工具，是人们进行交往最便捷的桥梁。随着中国经济、社会的蓬勃发展，世界上学习汉语的人越来越多，对各类优秀汉语教材的需求也越来越迫切。为了满足各界人士对汉语教材的需求，北京大学一批长期从事对外汉语教学的优秀教师在多年积累的经验之上，以第二语言学习理论为指导，编写了这套新世纪汉语精品教材。

语言是工具，语言是桥梁，但语言更是人类文明发展的结晶。语言把社会发展的成果一一固化在自己的系统里。因此，语言不仅是文化的承载者，语言自身就是一种重要的文化。汉语，走过自己的漫长道路，更具有其独特深厚的文化积淀，她博大、她典雅，是人类最优秀的文化之一。正是基于这种认识，我们将本套教材定名为《博雅汉语》。

《博雅汉语》共分四个级别——初级、准中级、中级和高级。掌握一种语言，从开始学习到自由运用，要经历一个过程。我们把这一过程分解为起步——加速——冲刺——飞翔四个阶段，并把四个阶段的教材分别定名为《初级起步篇》（Ⅰ、Ⅱ）、《准中级加速篇》（Ⅰ、Ⅱ）、《中级冲刺篇》（Ⅰ、Ⅱ）和《高级飞翔篇》（Ⅰ、Ⅱ、Ⅲ）。全套书共九本，既适用于本科的四个年级，也适用于处于不同阶段的长、短期汉语进修生。这是一套思路新、视野广，实用、好用的新汉语系列教材。我们期望学习者能够顺利地一步一步走过去，学完本套教材以后，可以实现在汉语文化的广阔天空中自由飞翔的目标。

第二语言的学习，在不同阶段有不同的学习目标和特点。《博雅汉语》四个阶段的编写既遵循汉语教材的一般性编写原则，也充分考虑到各阶段的特点，力求较好地体现各自的特色和目标。

《初级起步篇》

运用结构、情景、功能理论，以结构为纲，寓结构、功能于情景之中，重在学好语言基础知识，为"飞翔"做扎实的语言知识准备。

《准中级加速篇》

运用功能、情景、结构理论，以功能为纲，重在训练学习者在各种不同情景中的语言交际能力，为"飞翔"做比较充分的语言功能积累。

《中级冲刺篇》

以话题理论为原则，为已经基本掌握了基础语言知识和交际功能的学习者提供经过精心选择的人类共同话题和反映中国传统与现实的话题，目的是在新的层次上加强对学习者运用特殊句型、常用词语和成段表达能力的培养，推动学习者自觉地进入"飞翔"阶段。

《高级飞翔篇》

以语篇理论为原则，以内容深刻、语言优美的原文为范文，重在体现人文精神、突出人类共通文化，展现汉语篇章表达的丰富性和多样性，让学习者凭借本阶段的学习，最终能在汉语的天空中自由飞翔。

为实现上述目的，《博雅汉语》的编写者对四个阶段的每一具体环节都统筹考虑，合理设计。各阶段生词阶梯大约为1000、3000、5000和10000，前三阶段的语言点分别为：基本覆盖甲级，涉及乙级——完成乙级，涉及丙级——完成丙级，兼顾丁级。《飞翔篇》的语言点已经超出了现有语法大纲的范畴。各阶段课文的长度也呈现递进原则：600字以内、1000字以内、1500～1800字、2000～2500字不等。学习完《博雅汉语》的四个不同阶段后，学习者的汉语水平可以分别达到HSK的3级、6级、8级和11级。此外，全套教材还配有教师用书，为选用这套教材的教师最大可能地提供方便。

综观全套教材，有如下特点：

针对性：使用对象明确，不同阶段采取各具特点的编写理念。

趣味性：内容丰富，贴近学生生活，立足中国社会，放眼世界，突出人类共通文化；练习形式多样，版面活泼，色彩协调美观。

系统性：词汇、语言点、语篇内容及练习形式体现比较强的系统性，与HSK协调配套。

科学性：课文语料自然、严谨；语言点解释科学、简明；内容编排循序渐进；词语、句型注重重现率。

独创性：本套教材充分考虑汉语自身的特点，充分体现学生的学习心理与语言认知特点，充分吸收现在外语教材的编写经验，力求有所创新。

我们希望《博雅汉语》能够使每个准备学习汉语的学生都对汉语产生浓厚的兴趣，使每个已经开始学习汉语的学生都感到汉语并不难学。学习汉语实际上是一种轻松愉快的体验，只要付出，就可以快捷地掌握通往中国文化宝库的金钥匙。我们也希望从事对外汉语教学的教师都愿意使用《博雅汉语》，并与我们建立起密切的联系，通过我们的共同努力，使这套教材日臻完善。

我们祝愿所有使用这套教材的汉语学习者都能取得成功，在汉语的天地自由飞翔！

最后，我们还要特别感谢北京大学出版社的各位编辑，谢谢他们的积极支持和辛勤劳动，谢谢他们为本套教材的出版所付出的心血和汗水！

李晓琪
2004年6月于勺园
lixiaoqi@pku.edu.cn

第一版编写说明

本书是《博雅汉语》系列精读教材的准中级部分——《加速篇》，适合基本掌握汉语1000基本词汇和初级语法项目的学习者使用。

本书的主要目标正如其篇名"加速"所表达的一样——让学习者在学习本书的过程中汉语水平能够加速发展。即：有效扩大汉语词汇量，巩固和增加汉语语法语用知识，加深对中国社会和文化的了解，快速提高汉语交际技能。

为了达到上述目标，本书提供与本阶段学习者水平相适应、篇幅长短适度的语言材料，引导学习者在阅读理解课文的过程中获得汉语言文化知识的有效输入。同时，结合专门的语法、词汇和汉字等方面的训练，让学习者理解并掌握目标语言结构，进而能自如地运用这些语言结构。

本书以功能为主线，围绕学习者感兴趣的话题编选自然的语料，为了控制课文难度并突出需要学习的语言结构和文化知识，采用自编与选文相结合的办法，对所选择的课文材料都进行了适当的改写。

本书分Ⅰ、Ⅱ两册，训练的语言功能包括叙述、描写、说明和论述等几大类，每类功能涉及许多方面，如叙述功能包括叙述学习者的学习经历、叙述找工作的经历、按事情发展的时间顺序叙述、叙述并进行评论等；描写功能包括描写人的外表、描写一个地方、描写一个事物等；说明包括对不同地区的饮食习惯、世界各国的迷信等的说明；论述涉及对金钱的看法、对旅行休闲方面的意见等。

本书注重培训学习者的读写技能，学习者除了接受大量的读写训练，还将积累大量的汉语语言文化知识。除了常规的生词、语法学习，学习者还将专门学习常用语素和汉字偏旁或部件等语言文字知识，这将为学习者汉语水平的加速发展奠定坚实的基础。

本书Ⅰ、Ⅱ两册各分八个单元，每个单元包括两课，单元前有单元热身活动，后有单元练习。

单元热身活动形式多样，其目的是帮助学习者回顾、总结已有的语言知识或技能，为学习新单元做准备。

每单元内的两课内容上相互关联，每课由生词、课文、语言点和相应的练习等部分构成。

生词部分为学习者提供了词性、拼音、英文翻译（部分还有汉语释义）和丰富的运用范例。英文翻译部分不求覆盖对应词的所有义项，而是主要针对生词在该课出现的义项和用法。希望学习者通过后面的用例达到更好的理解。生词练习主要为了帮助学习者建立生词的形音义联系。练习的对象主要是重点实词。

每单元的课文都配有理解性练习，目的是引导学习者先理解课文内容，将注意力放在语言材料的意义上，在理解语言材料意义的基础上，再关注语言形式。除了有关课文内容的练习以外，每课还提供了结合学生自己实际情况的交际性练习，让学生将所学的课文内容和现实生活联系起来。

各课语言点包括简要解释、例句和练习三部分，有些语言点需要学习者根据例句总结结构规则（填在例句后的方框中）。对于用法较多的语言点，我们重点解释和练习本单元中出现的用法。

单元练习包括从汉字偏旁或部件、语素、词汇直至句子、篇章的多层次练习，以帮助学习者对本单元新学的语言结构进行巩固、内化和运用。每单元的最后为阅读和写作练习。阅读文本重现了所在单元的部分词汇和语言点。写作练习大多和阅读文章相结合，或与所在单元内容相关。其目的一方面是训练学习者的写作能力，另一方面也是引导学习者应用本单元所学的语言结构和技能。

本书的许多练习需要学习者和搭档互相配合完成，这主要基于两方面的考虑：一是因为这种形式便于教师组织课堂活动、调动学习者的积极性；另一方面（也是更重要的方面）是因为学习者在课堂上能够通过与其他学习者的互动获得更多的语言学习机会，进而加速汉语习得的进程。

本书在编写过程中得到北京大学对外汉语教育学院不少教师的帮助，北京大学出版社汉语与语言学编辑部的领导和编辑为本书的出版付出了很大的心血，在此我们表示衷心的感谢。

编　者

第二版前言

2004年,《博雅汉语》系列教材的第一个级别——《初级起步篇》在北京大学出版社问世,之后其余三个级别《准中级加速篇》《中级冲刺篇》和《高级飞翔篇》也陆续出版。八年来,《博雅汉语》一路走来,得到了同行比较广泛的认同,同时也感受到了各方使用者的关心和爱护。为使《博雅汉语》更上一层楼,更加符合时代对汉语教材的需求,也为了更充分更全面地为使用者提供方便,《博雅汉语》编写组全体同人在北京大学出版社的提议下,于2012年对该套教材进行了全面修订,主要体现在:

首先,作为系列教材,《博雅汉语》更加注意四个级别的分段与衔接,使之更具内在逻辑。为此,编写者对每册书的选文与排序,生词的多寡选择,语言点的确定和解释,以及练习设置的增减都进行了全局的调整,使得四个级别的九册教材既具有明显的阶梯性,由浅入深,循序渐进,又展现出从入门到高级的整体性,翔实有序,科学实用。

其次,本次修订为每册教材都配上了教师手册或使用手册,《初级起步篇》还配有学生练习册,目的是为使用者提供最大的方便。在使用手册中,每课的开篇就列出本课的教学目标和要求,使教师和学生都做到心中有数。其他内容主要包括:教学环节安排、教学步骤提示、生词讲解和扩展学习、语言点讲解和练习、围绕本课话题的综合练习题、文化背景介绍,以及测试题和练习参考答案等。根据需要,《初级起步篇》中还有汉字知识的介绍。这样安排的目的,是希望既有助于教学经验丰富的教师进一步扩大视野,为他们提供更多参考,又能帮助初次使用本教材的教师从容地走进课堂,较为轻松顺利地完成教学任务。

再次,每个阶段的教材,根据需要,在修订方面各有侧重。

《初级起步篇》:对语音教学的呈现和练习形式做了调整和补充,强化发音训练;增加汉字练习,以提高汉字书写及组词能力;语言点的注释进行了调整和补充,力求更为清晰有序;个别课文的顺序和内容做了微调,以增加生词的重现率;英文翻译做了全面校订;最大的修订是练习部分,除了增减完善原有练习题外,还将课堂练习和课后复习分开,增设了学生练习册。

《准中级加速篇》:单元热身活动进行了调整,增强了可操作性;生词表中的英文翻译除了针对本课所出义项外，增加了部分常用义项的翻译；生词表后设置了"用刚学过的词语回答下面的问题"的练习，便于学习者进行活用和巩固；语言点的解释根据学生常出现的问题增加了注意事项；课文和语言点练习进行了调整，以更加方便教学。

《中级冲刺篇》：替换并重新调整了部分主副课文，使内容更具趣味性，词汇量的递增也更具科学性；增加了"词语辨析"栏目，对生词中出现的近义词进行精到的讲解，以方便教师和学习者；调整了部分语言点，使中高级语法项目的容量更加合理；加强了语段练习力度，增加了相应的练习题，使中高级语段练习更具可操作性。

《高级飞翔篇》：生词改为旁注，以加快学习者的阅读速度，也更加方便学习者查阅；在原有的"词语辨析"栏目下，设置"牛刀小试"和"答疑解惑"两个板块，相信可以更加有效地激发起学习者的内在学习动力；在综合练习中，增加了词语扩展内容，同时对关于课文的问题和扩展性思考题进行了重新组合，使练习安排的逻辑更加清晰。

最后，在教材的排版和装帧方面，出版社投入了大量精力，倾注了不少心血。封面重新设计，使之更具时代特色；图片或重画，或修改，为教材锦上添花；教材的色彩和字号也都设计得恰到好处，为使用者展现出全新的面貌。

我们衷心地希望广大同人都继续使用《博雅汉语》第二版，并与我们建立起密切的联系，希望在我们的共同努力下，打造出一套具有时代特色的优秀教材。

在《博雅汉语》第二版即将出版之际，作为主编，我衷心感谢北京大学对外汉语教育学院的八位作者。你们在对外汉语教学领域都已经辛勤耕耘了将近二十年，是你们的经验和智慧成就了本套教材，是你们的心血和汗水浇灌着《博雅汉语》茁壮成长，谢谢你们！我也要感谢为本次改版提出宝贵意见的各位同人，你们为本次改版提供了各方面的建设性思路，你们的意见代表着一线教师的心声，本次改版也融入了你们的智慧。我还要谢谢北京大学出版社汉语编辑室，感谢你们选定《博雅汉语》进行改版，感谢你们在这么短的时间内完成《博雅汉语》第二版的编辑和出版！

李晓琪

2012年5月

目 录

第1单元	热身活动		1
	1 生活的疑问	一、动词+出来 二、非……不可 三、仍然 四、再也 五、渐渐	2
	2 第一次说谎	一、显然 二、想起来 三、为了……而…… 四、一时	15
第2单元	热身活动		27
	3 换工作	一、倒是 二、不是没有这个可能（双重否定） 三、以上、以下 四、来 五、趁	28
	4 孤独的追花人	一、从不、从没 二、哪儿……哪儿……（疑问代词连用） 三、每+动词 四、先……然后/接着…… 五、不然（的话）	43

		热身活动		57
第3单元	5	三元钱一斤快乐	一、一+动词 二、果然 三、哪儿 四、哪知道 五、像……这么/那么+形容词	58
	6	我的理想家庭	一、无论……都…… 二、既然 三、此外 四、白+动词 五、十二三	71

		热身活动		85
第4单元	7	今天都在送什么？	一、疑问代词表任指（什么、谁） 二、哪怕 三、用得着/用不着 四、由	86
	8	生日礼物	一、按照 二、当……的时候 三、本 四、就 五、随着	99

		热身活动		113
第5单元	9	锻炼计划	一、不得了 二、一下子 三、动词/形容词+下去 四、恐怕 五、算了 六、或者……或者……	114
	10	压力与健康	一、在……下 二、极 三、引起 四、越A越B	128

单元	课	课文	语言点	页码
第6单元		热身活动		144
	11	周庄	一、其中 二、将 三、纷纷 四、则 五、大批	145
	12	旅行经历	一、上（万里） 二、对于 三、疑问代词的虚指 四、到底	159
第7单元		热身活动		173
	13	中国历史	一、之一 二、为（wéi） 三、然而 四、直到、直至 五、以及	175
	14	采访孔子	一、（政治）上 二、总之 三、关于 四、首先……其次……	189
第8单元		热身活动		203
	15	德国小学生的"绿色记事本"	一、如何 二、为的是 三、因……而…… 四、从而	204
	16	画家的责任	一、显得 二、准 三、意味着 四、形容词/动词+下来 五、以……为中心	217
		词语索引		229
		语言点索引		243

第 1 单元　热身活动

◎ 到了中国以后，大家对中国人、中国社会、中国文化可能有一些不明白、不理解的地方。采访你的搭档，了解一下他（她）最不明白或者觉得特别有意思的方面有哪些。至少请他（她）说出三个方面。然后，你试试帮他（她）找一找答案（dá'àn, answer）。

例如：
问题：我不明白为什么有的中国大学生喜欢一边走路一边吃饭。
答案：可能因为他们着急去上课，或者食堂里没有空座位了。

1. _____。
2. _____。
3. _____。

生活的疑问

词语表

1	疑问	yíwèn	（名）	不相信、不能确定或不理解的事情　doubt; question

◎ 对……有~
① 看完那本书后，我有很多~。/② 电脑将来能代替人脑吗？对这个问题大家都还有~。

2	篇	piān	（量）	measure word (for article)

◎ 一~课文/一~小说

3	题目	tímù	（名）	title

◎ 作文~/文章的~/报告的~

4	答案	dá'àn	（名）	answer to a question

◎ 满意的~/给出~/找到~

5	念	niàn	（动）	读　to read out

◎ ~生词/~课文/~一下你的答案

6	朗读	lǎngdú	（动）	大声、清楚地读出来　to read aloud

◎ ~课文/~生词/~一首诗

7	文章	wénzhāng	（名）	article; writings

◎ 一篇~/古人的~

8	蜘蛛	zhīzhū	（名）	spider

◎ ~网

9	织	zhī	（动）	to weave; to knit

◎ ~布/~毛衣/蜘蛛~网

10	造	zào	（动）	to make; to build; to manufacture

◎ ~房子/~桥/~飞机/~汽车

11	工具	gōngjù	（名）	tool

◎ 一套（tào, suit）~

生活的疑问

| 12 | 读书 | dú shū | | 学习、上学　to study; to attend school |

①他打算大学毕业以后去国外~。/②这个公司的老板小时候只读过三年书。

| 13 | 涂 | tú | （动） | to spread on; to apply |

◎ ~颜色/~药

| 14 | 口红 | kǒuhóng | （名） | lipstick |

◎ 一支~/涂~

| 15 | 难看 | nánkàn | （形） | 不好看　ugly |

◎ 这件衣服很~。

| 16 | 仍然※ | réngrán | （副） | 还　still; as before |

①他~是十年前的老样子。/②一夜没有睡觉，他~不累。

| 17 | 想念 | xiǎngniàn | （动） | to miss; to remember with longing |

◎ ~父母/~家人/~朋友/~母校

| 18 | 目光 | mùguāng | （名） | look; sight |

◎ 他的~很严厉（yánlì, stern），我不知道我做错了什么。

| 19 | 发抖 | fādǒu | （动） | 因为冷、害怕或生气而身体动起来　to shiver; to tremble |

◎ 声音~/气得~/冷得~

◎ 小王开车的时候特别怕警察，每次看见路上有警察，他的手就~；警察问他问题的时候，他说话的声音都会~。

| 20 | 傻 | shǎ | （形） | 很不聪明　foolish; silly |

①看自己十多年以前的照片时，小王觉得自己当时的样子有点儿~。/②他根本不爱你，你还想和他结婚？你真~！

| 21 | 闭 | bì | （动） | to close; to shut |

◎ ~上眼睛/~嘴

①孩子问我为什么鱼睡觉的时候不~眼睛。/②~嘴！我什么也不想听。

| 22 | 影子 | yǐngzi | （名） | shadow; image |

◎ 太阳快落山了，我们的~变长了。

| 23 | 外婆 | wàipó | （名） | 妈妈的妈妈　maternal grandmother |

◎ 小时候，丽丽一直跟~生活。

| 24 | 宝贝 | bǎobèi | （名） | baby; darling |

◎ 妈妈：~，现在太晚了，苹果也睡觉了，明天再吃吧。孩子：我知道，小苹果睡觉了，大苹果还没睡。

| 25 | 精力 | jīnglì | （名） | 人的精神和体力　energy; vigor |

①现在爸爸的~不如以前了。/②很多人工作特别忙，根本没有~去考虑工作以外的事。

注： 加※的词语为在"语言点"中出现的词语。

| 26 无穷 | wúqióng | （动） | to be endless; to be inexhaustible |

① 小孩儿总是精力~。/② 他在公司进行的改革带来了~的麻烦。

| 27 退休 | tuì xiū | | to retire |

◎ A：时间过得真快啊！明年我就~了。B：退了休你有什么打算？A：还没想好呢。

| 28 多么 | duōme | （副） | how; what (when used in an exclamatory sentence) |

① ~漂亮的地方！/② 不管天气~冷，他都用冷水洗澡。

| 29 难过 | nánguò | （形） | 伤心，心里不高兴 sad; grieved |

① 家里的小狗死了，全家人都~极了。/② 孩子生病住院了，妈妈很~。

| 30 经历 | jīnglì | （动） | 自己见过、做过或遇到过 to experience; to go through |

① 这位老人~过两次世界大战。/② 人的一生既会~快乐，也会~痛苦。

| | | （名） | experience |

◎ 我的~很简单，在学校上学，然后在学校工作。

| 31 青春 | qīngchūn | （名） | youth |

◎ ~期

| 32 偷偷 | tōutōu | （副） | 做事不让别人知道 stealthily; secretly |

① 有的中学生在学校外边~抽烟。/② 小强不在家的时候，妈妈~看了他的日记。

| 33 渐渐※ | jiànjiàn | （副） | gradually |

◎ 来中国以后，我~胖了。

| 34 弯 | wān | （动） | to bend |

◎ ~着身子

| 35 腰 | yāo | （名） | waist |

◎ ~疼/弯~

| 36 摘 | zhāi | （动） | to pick (*flowers, fruits, ect.*); to pluck; to remove |

◎ ~花/~苹果/~下眼镜/把帽子~下来

| 37 滴 | dī | （量） | drop (*measure word for liquid*) |

◎ 一~水/一~眼泪/几~醋/几~眼药水

| 38 意识到 | yìshídào | （动） | to realize |

◎ ~……/没有~……

① 他的病越来越严重，他自己也~了。/② 丽丽参加工作以后，爸爸~自己已经老了。

| 39 包括 | bāokuò | （动） | to include; to consist of |

① 当时一个大学生一个月的生活费大概50块左右，不~住宿费。/② 小王每天早晨要吃很多东西，一般~两个鸡蛋、一根香蕉、四片面包和两片火腿。

用刚学过的词语回答下面的问题：

1. 你觉得我们的作文题目用的词和口语有什么不一样？
2. 考试的时候，如果不知道问题的答案，你一般怎么办？
3. 你觉得朗读对学习汉语有什么帮助？
4. 在你们国家，中国造的哪些东西比较多？
5. 在你们国家，小学要读几年？中学呢？
6. 最近几年你的哪些方面没有变？（仍然）
7. 你觉得自己穿什么颜色的衣服好看？穿什么颜色的衣服难看？
8. 在中国，你想念自己的国家吗？
9. 你觉得自己一天里什么时候精力最好？
10. 你最近遇到过难过的事情吗？
11. 你经历过地震（dìzhèn, earthquake）吗？
12. 小时候你做过什么事情没有让爸爸妈妈知道？（偷偷）
13. 来中国以后你有什么变化？（渐渐）
14. 你上个月大概花了多少钱？都包括哪些方面的费用？

生活的疑问

17岁上中学的时候，我把人们对生活的很多疑问写成了一篇作文，题目是"妈妈、爸爸……为什么？"。写完以后，我有点儿担心，在作文里我只是提出了问题，而没有回答，因为我根本就不可能给出答案来。第二天上课的时候，老师让我把作文念给全班同学听。教室里非常安静，我开始朗读我的文章：

妈妈、爸爸……为什么？

妈妈，为什么玫瑰花是红的？

妈妈，为什么草是绿的，而天是蓝的？为什么蜘蛛织网而不造房子？

爸爸，为什么我不能在你的工具箱里玩儿？

爸爸，为什么我非读书不可？

⑤ 妈妈，为什么我不能像你一样涂口红？

爸爸，为什么我不能在外边玩儿到晚上12点，而别的小孩儿可以？

爸爸，为什么男孩子们总是不喜欢我？

妈妈，为什么我必须很瘦？为什么我只能看着冰激凌、巧克力流口水？

妈，为什么我的牙那么难看？

⑩ 爸，为什么我一定要戴眼镜？

妈，为什么我必须毕业？

爸，为什么我不得不长大？

妈、爸，为什么我必须走出家门，离开你们独立生活？

妈，为什么您对我仍然不放心？您的女儿已经长大了。

⑮ 爸，为什么我这么想念老朋友？

妈，我不明白，为什么交新朋友这么困难？

爸，为什么我非常想念在家时的日子？

爸，为什么每次遇到他的目光我的心就跳得特别快，像要跳出来一样？

妈，为什么一听见他的声音，我的双腿就发抖？我是不是很傻？为什么我

⑳一闭上眼睛，脑子里就全是他的影子？

妈，为什么您不喜欢有人叫您"外婆"？我的小宝贝为什么总是紧紧地抓着我的手？

妈，为什么孩子们总是精力无穷，而我却一天到晚累得要命？

妈，为什么孩子们一定要长大？

㉕ 爸，为什么他们非走出家门，离开我们不可？我不明白，为什么得有人叫我"奶奶"？退休以后，时间过得为什么这么慢？

妈妈、爸爸，为什么你们要离我而去？难道我真的再也见不到你们了吗？这让我多么难过！

为什么每个人都不得不经历生老病死？

㉚ 为什么我的青春小鸟早已偷偷飞走？

为什么我的头发渐渐都白了？

生活的疑问 **1**

> 为什么我弯腰摘花时手会发抖？
>
> 为什么玫瑰花是红色的呢？
>
> 读完作文，我看到一滴眼泪从老师的眼角慢慢地流了下来。这时，我突然意识到，生活不仅包括我们得到的答案，还应该包括我们提出来的问题。
>
> （根据《花季之间》改写）

一 下列问题可能是人们在人生哪个阶段提出来的？为什么？课文中还有哪些问题可能是这一阶段提出来的（每个阶段请至少写出两个问题）

1. 妈妈，为什么香蕉是弯的，而苹果是圆的？
2. 为什么我总是叫错孩子们的名字？
3. 妈，您以前怀孕的时候也这么累吗？
4. 爸，为什么我对孩子们的影响还不如他们的朋友大？
5. 爸，为什么我不能偷偷地开您的车玩儿？

童年（五六岁到十岁左右）
为什么香蕉是弯的，而苹果是圆的？
_____
_____

少年（十岁左右到十五六岁）
_____
_____
_____

青年（十五六岁到三十岁左右）
_____
_____
_____

中年（三十岁左右到五六十岁）
_____
_____
_____

老年（六十岁以后）
_____
_____
_____

二 课文中哪些问题是一个人刚刚经历了以下事情后会提出来的

开始上学
_____
_____

离开父母独立生活
_____
_____

谈恋爱
_____
_____

有了孩子
_____
_____

孩子长大了　　　　　　　　　父母去世了
_____　　　_____

自己老了
_____

三 从课文中选三个你觉得有意思的问题，然后自己作出回答

例：问题：爸爸，为什么我不能在你的工具箱里玩儿？
　　回答：因为你的身体不如那些工具结实，所以比较危险。

问题1：_____
回　答：_____
问题2：_____
回　答：_____
问题3：_____
回　答：_____

一 动词 + 出来

1. 表示从里面到外面（朝着说话人的方向）。例如：

（1）为什么每次遇到他的目光我的心就跳得特别快，像要跳出来一样？

（2）上课的时候，突然从教室里跑出来一个学生。

2. 表示动作或活动有了结果或产品。例如：

（1）这些问题我根本就不可能给出答案来。

（2）生活不仅包括我们得到的答案，还应该包括我们提出来的问题。

（3）这支笔干了，写不出字来了。

3. 表示认知活动有了结论或答案。例如：

（1）A：你能猜出来这个字的意思吗？
　　B：不，这个字的意思我猜不出来。
（2）爸爸妈妈的声音，孩子很容易听出来。
　　孩子很容易听出爸爸妈妈的声音来。
　　孩子很容易听出来爸爸妈妈的声音。

（一）选择合适的动词填空，并说说句子中"出来"的意思

| 吃　喝　听　看　走　算　提　写　克隆 |

1. 这是茶，不是咖啡，我　　　　出来了。
2. 这是一幅假画儿，但大家很难　　　　出来。
3. 我　　　　不出来这是谁的歌儿。
4. 你能　　　　出来这个菜是用什么做的吗？
5. 老师让我们写关于中国农村的作文，可我对中国农村一点儿也不了解，所以　　　　不出来。
6. 这里原来没有路，后来走的人多了，就渐渐　　　　出一条路来。
7. 在这家饭馆儿，结账的时候我　　　　出来的结果常常和服务员算的不一样。
8. 你有什么要求，尽管　　　　出来。
9. 将来有一天科学家　　　　出人来，我们的世界不知道会变成什么样。

（二）用"动词＋出来"完成句子

1. 这次考试不太难，　　　　　　　　　　。（回答）
2. 她们姐妹俩长得太像了，　　　　　　　　　　。（认）
3. 他的声音我非常熟悉，所以接电话的时候　　　　　　　　　　。（听）
4. 这个问题太难了，　　　　　　　　　　。（想）
5. 这个翻译练习有许多句子我不明白，　　　　　　　　　　。（翻译）
6. 老师说这个句子不对，可是　　　　　　　　　　。（看）
7. 英语和汉语不太一样，学英语认识了26个字母，很多生词都可以　　　　　　，但可能不知道是什么意思；很多汉字我能猜出来是什么意思，可是　　　　　　。（读）

二 非……不可

1. 必须，一定要。例如：

（1）爸爸，为什么我非读书不可？
（2）爸，为什么他们非走出家门，离开我们不可？
（3）你的眼睛近视得很厉害，非戴眼镜不可。你的牙也非看医生不可了。
（4）妈妈：这件玩具太贵了，我们不买了。
　　　孩子：我非要不可。

2. 肯定会，不可能不。一般用于会出现不太好的情况时。例如：

（1）在中国，如果一个男的戴着绿色的帽子，别人非笑话他不可。
（2）这么冷的天你衣服穿得这么少，非感冒不可。

（一）用"非……不可"完成句子

1. 明天就要考试了，_____。
2. 到中国学习或者生活_____。
3. 这儿的冬天非常冷，_____。
4. 你的血压越来越高，_____。
5. 想找一份好工作，_____。
6. 他每天都喝很多酒，_____。
7. 你总是和老板吵架，_____。

（二）用"非……不可"完成对话

1. A：飞机还有两个小时才起飞，现在就出发太早了吧？
　 B：_____。

2. A：小王偷偷结婚的事告诉他父母了吗？
　 B：_____。

3. A：今天下班以后大家一起吃晚饭，怎么样？
　 B：我去不了，今天是我和妻子的结婚纪念日，_____。

4. 学生：大学生们为什么要学外语？
　 老师：_____。

5. 儿子：我真的不想去学校，老师们都不喜欢我。
　 妈妈：不行，_____，因为你是校长。

三 仍然

> 还，还是。表示情况、样子等没有变化。例如：

（1）妈，为什么您对我仍然不放心？您的女儿已经长大了。
（2）这些问题我们已经说了很多次了，可是现在仍然没有解决。
（3）昨天我给办公室打电话，第一次占线，第二次占线，第三次仍然占线。
（4）在国外工作了几十年，最后他仍然回到了自己的祖国（zǔguó, motherland）。
（5）虽然很长时间不用汉语了，但他的汉语仍然很流利。
（6）五年过去了，这儿的公共汽车票仍然1块钱一张。

◎ 用"仍然"完成下面的句子：

1. 他上个星期感冒了，_____。
2. 老王已经70岁了，_____。
3. 已经晚上10点了，那家商场_____。
4. 他在中国已经待了两年了，_____。
5. 虽然经历了很多次失败，他_____。

四 再也

> 表示在某个时间以前有过某种行为、动作或者状态，但以后不会有了或后来没有过。后面一般带"不……了"或者"没……过"。例如：

（1）难道我真的再也见不到你们了吗？
（2）小王每次喝醉酒后总是说以后再也不喝酒了。
（3）老王17岁离开老家以后，就再也没回去过。
（4）上小学的时候，我吃海鲜吃坏了肚子，从那以后，我再也没吃过海鲜。

> 再也不……了
> 再也没……过

（一）用"再也"改写下面的句子，根据需要可以增加或者减少一些词语

1. 以前，妇女常常为了照顾家庭不去工作，现在不需要这样了。
_____

2. 随着经济的快速发展，很多传统的东西都没有了。
_____

3. 自己做饭太麻烦了，我以后不自己做了。

4. 他们两个人高中毕业以后就没见过面。

5. 以前丽丽常常乱买衣服，可是结婚以后她改掉了这个习惯。

（二）用"再也"完成句子或对话

1. 上学期我常常不上课，新的一学期里，我_____。
2. 我爱吃巧克力，可是这让我越来越胖，_____。
3. A：你为什么要换工作？
   B：_____。
4. 妈妈：你以后还打小朋友吗？
   孩子：_____。
   妈妈：你以后还逃课吗？
   孩子：_____。
   妈妈：还有呢？
   孩子：_____。

五 渐渐

副词，表示随着时间的推移，情况逐步发生变化。后面可以带"地"，如果用在句子的开头，后面就必须带"地"。例如：

（1）为什么我的头发渐渐都白了？
（2）我的汉语水平渐渐提高了。
（3）渐渐地，风小了，雨停了。
（4）来中国以后，我渐渐（地）习惯了早睡早起。
（5）时间长了，小王渐渐（地）不喜欢自己的工作了。

（一）用"渐渐"改写下面的句子，根据需要可以增加或者减少一些词语

1. 孩子一天天长大，比以前成熟多了。

2. 深圳原来只是一个小村子，改革开放以后发展成了一个现代化的大城市。

3. 一开始我家的猫和狗不太熟悉，常常打架，后来慢慢成了好朋友。

4. 刚来时我不太喜欢吃辣的菜，后来慢慢习惯了。

5. 以前，人们觉得上学没有用，后来大家越来越重视教育了。

6. 因为环境变化，很多动物的数量越来越少，有的已经消失了。

（二）用"渐渐"叙述下面的图画

1.

   a　　　　　　　　　　b　　　　　　　　　　c

2.

   a　　　　　　　　　　b　　　　　　　　　　c

拓展学习

一 将下面的词语填在方框中

生不如死　生老病死　生死之交　有生以来　醉生梦死

1. 从出生到现在→
2. 活得非常痛苦，觉得死了比活着好→

3. 像喝醉了酒或者睡着了在做梦一样地生活，不知道自己在做什么→ _____

4. 一个人出生、变老、生病、死去的各种经历→ _____

5. 一起经历了非常危险的情况，愿意跟自己一起死的朋友→ _____

二 回答问题

1. 你觉得除了生老病死，还有什么事是人们一生中肯定会经历的？
   _____

2. 有生以来，你吃过的最奇怪的东西是什么？
   _____

3. 你的家人或者朋友有生死之交吗？为什么他们是生死之交？
   _____

4. 什么样的生活会让一个人觉得生不如死？
   _____

5. 你觉得现在哪些人的生活是醉生梦死的生活？
   _____

2 第一次说谎

词语表

1 说谎　　shuō huǎng　　　　　　　故意说假话　to tell a lie
　　◎ 说过谎/一次又一次地~

2 免不了　miǎnbuliǎo　　（动）　　to be unavoidable; to be bound to
　　① 人的一生~要生病。/② 学外语用错词和语法是~的。

3 诚实　　chéngshí　　　（形）　　honest
　　◎ ~的人
　　◎ 孩子比大人~多了。

4 本身　　běnshēn　　　　（代）　　itself; per se
　　① 月亮~不会发亮，它的光来自太阳。/② 学校~也是一个小的社会，有各种不同的人。

5 谎话　　huǎnghuà　　　（名）　　lie; falsehood
　　◎ 说过~/一句~
　　◎ 他跟爸爸妈妈说了很多~。

6 小朋友　xiǎopéngyou　　（名）　　little pal; child (*a form of address by an adult to a child*)
　　① 幼儿园的~都很可爱。/② ~，你叫什么名字？

7 张　　　zhāng　　　　　（动）　　to open (one's mouth, arms, etc.)
　　① 他~了~嘴想说什么，但是什么也没说。/②（医生对孩子说）~开嘴，让我看看你的牙。

8 目瞪口呆　mùdèng-kǒudāi　　　　to be struck dumb with astonishment; to stare with one's mouth agape
　　① 弟弟打碎了妈妈最喜欢的花瓶，吓得~。/② 小王一个人吃了30多个饺子，服务员~地看着他。

9 巨大　　jùdà　　　　　（形）　　〈书〉非常大　huge; tremendous
　　◎ 收获~/影响~/~的变化/~的作用/×很~/×非常~
　　① 秦始皇对中国历史影响~。/② 最近几年中国社会的变化是~的。

注：〈书〉表示书面语。加×的为错误的例子。

Quasi-Intermediate 2 (Third Edition) / Textbook

| 10 | 显然※ | xiǎnrán | （形） | 容易看出来或感觉到　obvious |

◎ 他咳嗽得很厉害，很~，他感冒了。

| 11 | 列 | liè | （量） | measure word (for things in line or row) |

◎ 一~火车

◎ 运动员排成两~走进了赛场。

| 12 | 语气 | yǔqì | （名） | manner of speaking; tone |

① 儿子：你怎么不敲门就进我的房间？爸爸：我是你爸爸，你怎么能用这种~跟我说话？/ ② 从小王说话的~可以看出他很不满。

| 13 | 自然 | zìrán | （形） | natural |

① 丽丽的一头卷发是~的。/ ② 我的小狗偷吃巧克力被我发现的时候，它的表情不太~。/ ③ 很多人说谎的时候语气不太~。

| 14 | 情绪 | qíngxù | （名） | mood; feelings |

◎ ~很好/~不好/~很低

| 15 | 血液 | xuèyè | （名） | blood |

| 16 | 仿佛 | fǎngfú | （副） | 〈书〉好像　seem; as if |

① 听到这首老歌，我~又回到了从前。/ ② 我们班~是一个大家庭。

| 17 | 停止 | tíngzhǐ | （动） | 不再进行　to stop (doing sth.); to halt |

◎ 因为下雨，我们~了比赛。

| 18 | 平静 | píngjìng | （形） | calm; peaceful |

◎ 心情很~/水面很~/生活很~

① 不管是高兴还是伤心，只要到了海边，我的心情就能~下来。/ ② 老王退休以后在家里过着~的生活。

| 19 | 悄悄 | qiāoqiāo | （副） | 没有声音或者声音非常低，不让别人注意到 quietly; on the quiet |

① 开会的时候，很多人都在~地聊天儿。/ ② 今天的电影很没意思，看到一半我就~离开了。

| 20 | 观察 | guānchá | （动） | to observe |

◎ 注意~/认真~/~不到

① 小孩子很多时候都在~大人们说话和做事。/ ② 我的爱好是晚上一个人去~星星。

| 21 | 害怕 | hàipà | （动） | to be afraid; to be scared |

① 小王特别~蜘蛛和蛇。/ ② 很多学生最~写作文，觉得没什么可写的。/ ③ 有的女孩儿因为~长胖，不敢吃冰激凌和巧克力。

| 22 | 秘密 | mìmì | （名） | 不让人知道的事情　secret |

①这是一个~，你不能告诉别人。/②小王的~被老板发现了。

| 23 | 神经 | shénjīng | （名） | nerve |

①人的大脑中有各种~，例如听觉~、运动~等。/②喝咖啡能让我的~紧张起来。

| 24 | 高度 | gāodù | （形） | a high degree of; highly (*only used before an adjective or a verb*) |

◎ ~紧张/~复杂/~近视/~注意/~重视

| 25 | 忘记 | wàngjì | （动） | 忘　to forget |

①历史怎么能~呢？/②过去那些不愉快的事情我们已经~了。

| 26 | 愁 | chóu | （动） | to worry |

①票子、房子、车子、儿子你都有了，你还~什么？/②老王为了孩子的教育，~得头发都白了。/③现在只要有钱，不用~买不到东西。

| 27 | 彻底 | chèdǐ | （形） | thorough |

①你的感冒还没~好，你得再吃点儿药。/②要~解决城市的交通问题很难。/③这次改革不太~。

| 28 | 当……的时候 | dāng……de shíhou | | while; when |

①当他醒来的时候，发现自己躺在医院的病床上。/②当我情绪不好的时候，我就吃巧克力。/③当父母看电视的时候，孩子很难认真学习。

| 29 | 记忆 | jìyì | （名） | memory |

①在我的~中，这儿原来是一个公园，现在成了停车场了。/②病人大脑神经受伤以后失去了~。

| 30 | 总结 | zǒngjié | （动） | to summarize; to sum up |

①请用一句话~一下这篇文章的主要内容。/②今天我们开会主要是~过去一年的工作情况。

| 31 | 教训 | jiàoxùn | （名） | lesson or moral drawn from the experience of a mistake or defeat |

①这次失败给了我很多~。/②比赛结束以后，我们一起总结了一下这次比赛的经验和~。

| 32 | 值得 | zhí dé | | to be worth; to deserve |

◎ ~看/~买/~花（时间、钱）

①看一场电影200块，不~！/②那本字典虽然有点儿贵，但~买。/③那个地方没有山没有水，不~去。

| 33 | 普遍 | pǔbiàn | (形) | universal; common |

①过去在中国，父母决定孩子的婚姻是很~的事。/②现在中学生使用手机已经非常~了。

| 34 | 学问 | xuéwen | (名) | learning; knowledge |

◎ 一门~/做~/有~/~很大

| 35 | 处 | chǔ | (动) | to be situated in; to be in (*a certain condition*) |

◎ ~在……环境中/~在……情况下/~在……条件下

| 36 | 一时※ | yìshí | (名) | 短时间 a short time; temporary |

◎ 公司目前遇到了~的困难，只要大家一起努力就能解决。

| | | | (副) | temporarily; for the time being |

◎ 这个电影我看过，不过名字我~想不起来了。

| 37 | 利益 | lìyì | (名) | 好处 benefit; interest |

◎ 经济~/政治~/国家的~/公司的~

| 38 | 无数 | wúshù | (形) | 〈书〉非常多 countless; innumerable |

①孩子们总有~的疑问。/②这个问题科学家已经讨论了~次，但仍然没有结果。

| 39 | 绝对 | juéduì | (副) | 完全，十分 absolutely; completely |

①你让我办的事我~忘不了。/②我这儿的东西~便宜。

| 40 | 巧妙 | qiǎomiào | (形) | ingenious; smart |

◎ ~的办法/~的设计/安排很~/×~的人

用刚学过的词语回答下面的问题：

1. 你最近一个星期说过谎吗？对谁说的？
2. 你认为我们生活中一般免不了会遇到哪些问题？
3. 你觉得做什么工作的人一定要诚实？
4. 你觉得什么样的谎话可以接受？
5. 你情绪不好的时候喜欢做什么？
6. 我们身体的哪个部分一分钟也不能停止工作？
7. 你怎么让自己的心情平静下来？
8. 你仔细观察过什么动物或者植物？
9. 你最害怕什么？
10. 你还记得你小学的老师吗？（忘记）
11. 最近有什么事让你愁吗？

12. 你什么时候最紧张?(当……的时候)

13. 学汉语的过程中,你有哪些教训?

14. 你们国家什么地方最值得我们去参观?

15. 你觉得在中国很普遍,而在你们国家不常常看到的事情是什么?

16. 在你们国家,人们绝对不能做什么事情?在中国呢?

课文

第一次说谎

一 阅读课文第一部分(1—9段),回答下面的问题

1. 根据课文,如果有人问你有没有说过谎,你最好别怎么回答?

2. 听了那个男孩儿的话,"我"有什么反应?

3. "我"说了什么样的谎话?"我"为什么要说谎?

4. 请说说"我"说谎时的感觉。

5. 那个男孩儿为什么要"我"把玩具火车带来?

【1】　每个人都免不了要说谎。如果有人说自己是一个诚实的人,从来不说谎,这本身就已经是谎话了。

【2】　我第一次说谎可能是在幼儿园的时候。那时候,小朋友们往往喜欢讨论自己家里有什么玩具。一个男孩儿对大家说:"我家有一个玩具火车,像一间房子那样大。"我吃惊地张大了嘴,目瞪口呆地看着那个男孩儿。前一天我刚到他家玩儿过,根本没看到他有那么巨大的玩具火车,他显然在说谎。我本来应该马上告诉大家他在说谎,但看到大家都那么兴奋地看着他,我张嘴说的却是:"我家也有一列玩具火车,像操场那么大……"我说话的声音有些发抖,语气也不太自然。

【3】　"哇,那么大的火车,多好啊!"小朋友们都羡慕地看着我。

【4】　"那你明天把它带到幼儿园来让我们看看好了。"那个男孩儿突然说。

【5】　"好啊，好啊，带来给我们看看。"大家都情绪激动地喊着。

【6】　我身体里的血液仿佛停止不流了，天哪，我上哪儿去找那么大的火车啊？也许世界上根本就没有！我紧张得心都要跳出来了。

【7】　他为什么会对我的火车这么感兴趣？我看着他的眼睛，想啊想啊，终于我明白了。我平静地对大家说："他先把房子一样大的火车带来给大家看了，我就把家里操场一样大的火车带来。"

【8】　第二天，在幼儿园的时候，我悄悄地观察大家。我真害怕有人问那个男孩儿，因为我知道他拿不出来。大家肯定会笑他，在笑了他以后，就会向我要操场一样大的玩具火车。我和那个男孩儿都有点儿担心，也都不好意思向小朋友承认我们说了谎。由于害怕别的小朋友会发现我们俩的秘密，这一天，我们俩一直都在一起玩儿。还好那天没有一个小朋友提起这件事来。

【9】　后来的几天里，我的神经一直高度紧张，我怕哪个小朋友突然想起来这件事。但是日子一天天平安地过去了，大家渐渐忘记了这件事。不过后来再说起玩具的时候，我仍然紧张得要命。为了这列巨大的玩具火车，我愁了一个学期。真正让我彻底放心的是从幼儿园毕业的那天。当我离开老师和小朋友的时候，我像小鸟一样轻松、快乐。我再也不用为那个像操场一样大的火车担心了。

【10】　这是我有记忆以来记得最清楚的一次说谎。长大以后，我总结出来几条说谎的教训。

【11】　一是＿＿＿＿＿＿男孩儿当然是在说

6. "我"听了大家的话以后心情怎么样？

7. "我"最后想明白了什么？

8. 第二天"我"最害怕什么？为什么？

9. 为什么"我"一直和那个男孩儿一起玩儿？

10. 后来玩具火车的事怎么样了？

11. 什么时候"我"才不为自己说的谎担心了？

二　你同意下面的这三种说法吗？说说你的理由，然后把它们放入课文第二部分（10—13段）中合适的地方

1. 说谎不值得。
2. 说谎很普遍。

3. 说谎是一门学问，需要好好儿研究。

三 阅读课文第二部分，回答下面的问题

1. 为什么其他小朋友没有向"我们"要火车？

2. 为什么"我"觉得说谎绝对不值得？

3. "我"觉得说谎很容易吗？

谎，其他小朋友也经常处在说谎的环境中。他们不向我们要大火车，是因为他们知道我们说的不是真的。

【12】 二是_____为了一时的利益或一时的痛快而说谎，却要长时间地担心。而且说了一次谎以后，为了不被发现，就得说无数次的谎，担心的时间就更长了。所以说谎绝对不值得。

【13】 三是_____什么时候可以说谎？什么时候不可以说？对谁可以说谎？对谁不可以说？怎样说得巧妙而不被别人发现？都值得好好儿研究研究。

(根据毕淑敏《谎言三叶草》改写，《素面朝天》，海南出版社，1996年)

四 假设现在你就是课文中那个说谎的男孩儿，请谈谈那次你们（你和课文中的"我"）说谎的经历和你自己的感受（下面这些词和词组至少用6个）

兴奋	羡慕	平静
担心	害怕	吃惊
声音发抖	语气不自然	情绪激动
紧张得要命	神经高度紧张	紧张得心都要跳出来了

五 将生活中常常听到的一些谎话和可能说这些话的人用线连起来

1. 本店全部商品赔本甩卖！　　　　　　　　　a. 医生
2. 小朋友，别害怕！打针一点儿也不疼。　　　b. 商店老板
3. 大家不要着急，演出马上就开始！　　　　　c. 学生
4. 您穿着多合身！就像为您定做的一样。　　　d. 政治家
5. 您的菜马上就来。　　　　　　　　　　　　e. 节目主持人
6. 作业我做了，只是今天忘记带来了。　　　　f. 校长
7. 我们这样决定绝对是为了国家的利益。　　　g. 服装店老板
8. 您放心，您的孩子在我们这儿一定能得到最好的教育。　　h. 饭店服务员

六 采访你的搭档，问问他（她）

1. 印象最深的说谎是哪一次？那次为什么说谎？

2. 最近听到过什么样的谎话？

3. 最经常听到的谎话是什么？

4. 最不喜欢听到什么样的谎话？

5. 人们可以说谎吗？什么样的情况下可以说谎？

一 显然

表示很容易明白或者感觉到。放在动词或形容词短语的前面或者句子的开头。例如：

(1) 前一天我刚到他家玩儿过，根本没看到他有那么巨大的玩具火车，他显然在说谎。
(2) 早晨地上、房子上都是湿的，夜里显然下过雨。
(3) 老板进来以后一句话也不说，显然是不高兴。
(4) 妻子：我没有这种颜色的口红，你衣服上的口红显然不是我的。你说！是谁的？
   丈夫：那是西红柿汤！
(5) 我问他图书馆在哪儿，他说不知道。很显然，他不是这儿的学生。
(6) 女儿：爸，为什么每次看到他的眼睛我的心就跳得特别快，一听见他的声音，我的双腿就发抖？
   爸爸：显然你已经爱上了他。

◎ 用"显然"完成句子：

1. 听他的口音_____。

2. 我们的课已经上了一个半小时了他还没来，＿＿＿＿＿＿＿＿＿＿。
3. 这两天他吃不下饭、睡不着觉，＿＿＿＿＿＿＿＿＿＿。
4. 他的眼睛那么红，＿＿＿＿＿＿＿＿＿＿。
5. 别的菜都吃完了，只有这个菜没人吃，＿＿＿＿＿＿＿＿＿＿。
6. 我的父母头发渐渐白了，腰也弯了，＿＿＿＿＿＿＿＿＿＿。
7. 小王最近每天都只吃方便面，＿＿＿＿＿＿＿＿＿＿。
8. 那件衣服丽丽已经去商场试过好几次了，＿＿＿＿＿＿＿＿＿＿。
9. 最近小王和丽丽常常一起出现在饭馆儿、电影院，＿＿＿＿＿＿＿＿＿＿。

二 想起来

表示记忆中的人、物或者事情又在脑子里出现了，否定形式为"想不起来"。

例如：

(1) 我怕哪个小朋友突然想起来这件事。
(2) 昨天去买东西，到了商店我才想起来自己没带钱包。
(3) 他是我的小学同学，我想了很长时间才想起他的名字来。
(4) 我的电脑里有这个文件，可是我想不起来它在哪儿了。
(5) 这张老照片让我想起外婆来了。

> 想（不）起……来
>
> 想（不）起来……

◎ 把甲、乙两列句子连在一起各说一句话，根据需要可以增加或者减少一些词语：

甲	乙
1. 爸爸说今天应该吃面条儿	a. 考完以后却想起来了
2. 参观幼儿园	b. 我想起来今天是妈妈的生日
3. 看以前的照片	c. 想起来自己小时候最怕去幼儿园
4. 急急忙忙锁上了门	d. 想起过去的事情来
5. 考试时想不起来	e. 很多知道的知识都想不起来
6. 比赛的时候紧张得要命	f. 走到楼下突然想起来没带钥匙

例：1. 听爸爸说今天应该吃面条儿，我才想起来今天是妈妈的生日。

＿＿＿＿＿＿＿＿＿＿＿＿＿＿＿＿＿＿＿＿＿＿＿＿＿＿＿＿

＿＿＿＿＿＿＿＿＿＿＿＿＿＿＿＿＿＿＿＿＿＿＿＿＿＿＿＿

三 为了……而……

一般格式是"为了A而B",多用在书面语中。A表示目的,B表示的是行为、动作等,行为、动作的发出者一般用在句子的最前面,即"(某人)为了A而B",不能说"为了A而(某人)B"。例如:

(1) 为了一时的利益或一时的痛快而说谎,却要长时间地担心。
(2) 很多父母为了孩子的幸福而放弃自己的幸福。
(3) 这家公司为了让更多的人了解他们的产品而在电视上大做广告。
(4) 爱因斯坦(Àiyīnsītǎn, Einstein)说,他和普通人不同的是:普通人为了吃饭而活着,但他是为了活着而吃饭。

◎ 用"为了……而……"完成句子:

1. 我 ＿＿＿＿＿＿＿＿＿＿＿＿＿＿＿＿＿＿＿＿＿＿ 而来到中国。
2. 小王 ＿＿＿＿＿＿＿＿＿＿＿＿＿＿＿＿＿＿＿＿ 而每天跑步。
3. 政府 ＿＿＿＿＿＿＿＿＿＿＿＿＿＿＿＿＿＿＿＿ 而进行改革。
4. 许多大学生为了锻炼自己 ＿＿＿＿＿＿＿＿＿＿＿＿＿＿＿＿＿。
5. 电视台为了多挣钱 ＿＿＿＿＿＿＿＿＿＿＿＿＿＿＿＿＿＿＿。
6. 许多父母为了让孩子考上好大学 ＿＿＿＿＿＿＿＿＿＿＿＿＿＿。

四 一时

1. 作名词。短时间。例如:

(1) 为了一时的利益或一时的痛快而说谎,却要长时间地担心。
(2) 一时的错误可能会影响人的一生。
(3) 这是一时的困难。

2. 作副词。临时、暂时。多用在否定性意义之前,如例(1)—(4);也可以表示偶然,如例(5):

(1) A:我的车什么时候能修好?
    B:你的车问题比较多,可能一时还修不好。

(2) 今天作业比较多，一时还做不完。
(3) 交通拥挤的问题，市政府一时很难解决。
(4) 今天公司有事，我一时回不去，只好让家里人先吃晚饭。
(5) 老王很少给孩子买玩具，今天一时高兴，给孩子买了个很贵的玩具火车。

（一）用"一时"改写下面的句子，根据需要可以增加或者减少一些词语

1. 现在这家公司的改革出现了暂时的困难。

2. 这个问题我现在回答不了，需要考虑考虑再回答你。

3. 最近我很忙，短时间不会看这本书，你先拿去看吧。

4. 老师讲的内容我开始的时候没明白，老师解释了以后我才很快清楚了。

5. 大学毕业以后他没有马上找到工作。

6. 上星期买的水果太多，没能很快吃完，好多都坏了。

（二）用"一时"完成下面的句子

1. 我的电脑坏了，_____。
2. 他的身体刚恢复，_____。
3. 这种慢性病很难治，_____。
4. 到了一个新的地方，_____，
   过一段时间就好了。
5. 这次旅行中发生的有意思的事很多，_____，
   以后慢慢跟你说。
6. 现在路上堵车很厉害，_____。
7. 今天的作业比较多，明天还有听写，_____。

拓展学习

一 选择合适的词语填空

> 目瞪口呆　愁眉苦脸　平心静气　心惊肉跳　面红耳赤

1. 班里的一个男孩儿对大家说:"我家有一个玩具火车,像一间房子那样大。"我听了_____地看着他——因为我刚去过他家,根本没看到他有这么大的火车。

2. "那你明天把你的大火车带到幼儿园来让我们看看。"那个男孩儿突然对我说。"好啊,好啊,带来给我们看看。"大家都情绪激动地喊着。我只觉得_____,仿佛身体里的血液都流到了头上。天哪,我上哪儿去找那么大的火车啊?

3. 他为什么会对我说的大火车这么感兴趣?我看着他的眼睛,想啊想啊,终于我明白了。我不再紧张了,_____地对大家说:"他先把房子一样大的火车带来给大家看了,我就把家里操场一样大的火车带来。"

4. 后来几天在幼儿园里,我总害怕小朋友突然想起大火车的事情,在家里也常常_____,爸爸妈妈还以为我生病了。

5. 日子一天天平安地过去了,大家渐渐忘记了这件事。不过后来只要听到"玩具""火车",我还会_____。

二 回答问题

1. 你父母(或朋友)做过什么事或说过什么话让你目瞪口呆?

2. 什么时候人们会面红耳赤?

3. 最近你见过谁总是愁眉苦脸的样子?你会帮助他(她)吗?

4. 一个人非常激动的时候,怎么才能让他(她)平心静气?

5. 听到什么词语或者见到什么人曾经让你心惊肉跳?

第2单元　热身活动

◎ 和搭档谈谈做下面这些工作需要什么样的条件，做这些工作有什么优点和缺点：

	条　件	优　点	缺　点
政治家	● 善于演讲 ● 能巧妙地说谎 ● 有领导才能	● 受到别人的尊敬 ● 能用自己的想法影响别人	● 常会受到别人的批评 ● 自己的隐私（yǐnsī, privacy）常常得不到保护
律师			
医生			
老师			
警察			
演员			
作家			
运动员			

◎ 你的搭档最喜欢的工作是什么？为什么？

换工作

词语表

| 1 | 考虑 | kǎolǜ | （动） | 想 to think over; to consider |

◎ ~……问题
① 我~了很长时间，决定换一个工作。/② 毕业以后做什么工作，我还没~过。/③ 这个问题你再好好儿~~。

| 2 | 单位 | dānwèi | （名） | unit (as an organization, department, division, section, etc.) |

① 你是哪个~的？/② 小王在~里工作非常积极，可在家却什么都不干。

| 3 | 挨 | ái | （动） | 经历痛苦的事情 to suffer; to undergo |

◎ ~饿/~骂/~老师批评/~了爸爸一顿打

| 4 | 冻 | dòng | （动） | 感觉非常冷 to freeze; to feel very cold |

◎ ~得发抖/挨~
◎ 耳朵都快~掉了。

| 5 | 浪费 | làngfèi | （动） | to waste |

◎ ~时间/~钱/~水/~电/~人才
◎ 你觉得中国人~什么比较多？

| 6 | 前途 | qiántú | （名） | future; prospect |

◎ （没）有~/国家的~/公司的~/某人的~

| 7 | 决心 | juéxīn | （名） | determination |

① 她有~用一年的时间学好汉语。/② 小王下~要改掉自己的坏习惯。

| 8 | 跳槽 | tiào cáo | | to change one's job |

◎ 从A公司~到B公司
◎ 工作了两年，他已经跳了三次槽了。

| 9 | 招聘 | zhāopìn | （动） | to invite application for a job; to recruit |

◎ ~老师/~秘书

| 10 | 部门 | bùmén | （名） | department; branch |

◎ 广告~/人事~/财务~

| 11 | 经理 | jīnglǐ | （名） | manager |

◎ 总~/销售~/部门~/招聘~

| 12 | 应聘 | yìngpìn | （动） | to apply for a job |

◎ ~部门经理

| 13 | 秘书 | mìshū | （名） | secretary |

◎ 校长~/办公室~/应聘~

| 14 | 简历 | jiǎnlì | （名） | resume; curriculum vitae |

◎ 一份~

| 15 | 递 | dì | （动） | to pass sth. to; to deliver |

① 请把醋~给我。/② 找工作的时候，他给很多公司~过简历。

| 16 | 学历 | xuélì | （名） | record of formal schooling; educational background |

① 来这家公司应聘的人必须有大学~。/② 有的女孩儿找男朋友的标准是"三高"：高~、高工资、高个子。

| 17 | 倒是※ | dàoshì | （副） | indicating concession; pointing out the positive aspect of something while what follows emphasizes the negative aspect |

① 这件衣服样子~挺好，就是贵了点儿。/② 我~很想去看这场比赛，可是不知道有没有时间。

| 18 | 说不定 | shuōbudìng | （副） | perhaps; maybe |

◎ 我一个月没见到小王了，他~已经回国了。

| | | | （动） | to be uncertain |

① 谁能赢这场比赛还~。/② A：你今天几点回家？B：~。

| 19 | 处理 | chǔlǐ | （动） | to handle; to deal with |

◎ ~日常事务
◎ 今天的工作还没~完，又要加班了。

| 20 | 超过 | chāoguò | （动） | to surpass; to exceed |

① 中国的人口已经~14亿了。/② 今年我们公司的发展速度大大~去年。

| 21 | 安心 | ānxīn | （形） | to set one's mind at rest; to keep one's mind on sth. |

① 你在家~休息，先不要考虑工作的事。/② 你看着手机怎么能~学习呢？

| 22 | 怀孕 | huái yùn | | to be pregnant |

◎ 她~8个月了，仍然在上班。

| 23 | 面试 | miànshì | （动） | to interview; an oral examination of an applicant for a job, college place, etc. |

◎ 参加~/通过~

| 24 | 体重 | tǐzhòng | （名） | (body) weight |

◎ 标准～/～增加/～减轻

| 25 | 正常 | zhèngcháng | （形） | normal; regular |

◎ ～体重

①老王身体检查的结果别的方面都挺～，就是血压有点儿高。/②今年的天气不太～。

| 26 | 达到 | dá dào | | to reach; to achieve; to attain |

◎ ～要求/～……标准/达得到……要求/达不到……标准

①他的汉语水平～了在中国大学读研究生的标准。/②不管我怎么努力，也达不到父母的要求。

| 27 | 以下※ | yǐxià | （名） | below; under |

①这次跑步比赛，35岁～（包括35岁）的人参加青年组，36岁到50岁的人参加中年组，51岁以上（包括51岁）的人参加老年组。/②在中国，6周岁～的儿童可以免费乘坐火车。

| 28 | 选美 | xuǎnměi | （动） | to have a beauty contest |

◎ ～大赛

| 29 | 来※ | lái | （助） | about; around |

◎ 50～岁/8米～长

| 30 | 担任 | dānrèn | （动） | to hold the post of; to assume the office of |

①上大学的时候，小王～过班长。/②从大学毕业到退休，老王一直～教学工作。

| 31 | 试用期 | shìyòngqī | （名） | period of probation |

◎ 朋友的新工作～3个月。

| 32 | 加班 | jiā bān | | 下班以后或周末、放假的时候继续工作
to work overtime |

◎ 在我们公司，一星期最少加三天班，有的时候周末还要～。

| 33 | 提前 | tíqián | （动） | to shift to an early date; to move up |

①我们老板每天都～半个小时到公司。/②老师说了，期末考试不能～。

| 34 | 牺牲 | xīshēng | （动） | to sacrifice; to do sth. at the expense of |

①为了准备比赛，大家～了很多休息时间。/②姐姐为了我们～了自己，高中没毕业就工作了。

| 35 | 工资 | gōngzī | （名） | wages; salary |

①这几年，中国人的～水平提高了不少。/②试用期内每月～3000元，试用期满了以后每月～3500元。

| 36 | 不幸 | búxìng | （形） | unfortunate |

①老王真~，两个月前丢了工作，最近汽车又坏了。/②很快大家都知道了这个~的消息。

| 37 | 马虎 | mǎhu | （形） | careless; negligent |

◎小王太~，昨天把笔记本电脑忘在出租车上了。

| 38 | 文件 | wénjiàn | （名） | file; document |

◎重要~/一份秘密~

| 39 | 当作 | dàngzuò | （动） | to treat as; to regard as |

①小王爱丽丽，可是丽丽只是把他~一般的朋友。/②妻子对丈夫把家~饭馆儿、旅馆很不满意。

| 40 | 趁※ | chèn | （介） | while; taking advantage of (certain chance) |

①~在中国学习的机会，毛毛去了不少地方。/②小狗~我没看见，偷偷吃了一块巧克力。

| 41 | 趴 | pā | （动） | to lean forward (against an object); to lie on one's stomach |

◎~在桌子上/~在地上
◎警察让小偷儿~下。

| 42 | 醒 | xǐng | （动） | to wake up; to be awake |

①昨天我睡得不太好，夜里~了好几次。/②孩子刚睡着，你别把他吵~。

| 43 | 对面 | duìmiàn | （名） | opposite; across the way |

◎教室~/~的房间

| 44 | 管 | guǎn | （动） | to administer; to be in charge of |

①在我们家，爸爸~洗菜，妈妈~做饭，我~洗碗。/②最近我们宿舍楼的门坏了，一直没人~。

  用刚学过的词语回答下面的问题：

1. 很多中国的年轻人如果想结婚，先要考虑买房子。在你们国家，结婚以前年轻人考虑最多的是什么？

2. 小时候你挨过爸爸妈妈打吗？

3. 你觉得中国人浪费什么比较多？

4. 现在在你们国家，学什么专业比较有前途？

5. 你这学期有什么打算？（决心）

6. 在你们国家，经常换工作的人多吗？（跳槽）

7. 你会把哪些东西写在你的简历上？

8. 你以后会住在哪儿？（说不定）

9. 你觉得人每天工作或者学习多长时间比较好？睡觉呢？
   （超过）

10. 在你们国家，大学一般读几年？可以提前毕业吗？

11. 你的朋友或者你认识的人经历过什么不幸的事？

12. 你们家谁最马虎？

13. 今年你有什么目标？（趁）

14. 你们家谁管钱？谁管做饭？

换工作

经过考虑，我决定离开现在的单位，重新找一份工作。

虽然这个单位并没有让我挨饿挨冻，但钱不多，而且每天上班没什么事，我学的专业根本用不上。我觉得自己的青春都被浪费了。为了自己的前途，我下决心准备跳槽。

我先进了一家招聘部门经理的公司，一个看起来很有经验的男人问我："你是应聘秘书吗？"

"不是，我来应聘部门经理。"我很有礼貌地把简历递给了他。

"你的学历倒是没什么问题，"他看完以后说，"不过，我们需要的是男的。"

"为什么？说不定我能比男的干得更好。"

"这个——，不是没有这个可能，但是根据我们的经验，女人老是处理不好家庭和工作的关系。如果我没猜错的话，你的孩子最多不超过5岁，正是最麻烦的时候，你能百分之百地安心工作吗？"

"我还没有孩子。"我回答他。

"没有孩子？那也不行。"那男人说，"因为你很快就会怀孕、生孩子，这比已经有孩子的更麻烦。"

"我没打算要孩子。"我作最后的努力。

"这不可能，"他笑着摇了摇头，"女人没有不想做母亲的，因为……"

他后边说了些什么，我都没听见，也不想听了。

我去参加面试的第二个单位是一家广告公司。

"你的学历不错，不过，你的身高和体重……"

"我身高一米五八，体重105斤，怎么啦？我认为都很正常，没什么问题呀。"

"但是你没达到我们的要求：身高一米六以上，体重100斤以下。"

"天哪！"我有点儿生气，"我这是在找工作，不是参加选美。"

我很快又找到了第三家公司。这家一百来人的公司打算让我担任部门经理，试用期为3个月。条件是早上7点上班，晚上7点下班，中午只有一个小时的吃饭时间，还需要经常加班。我的天！这怎么行？自从工作以来，我每天都睡到8点钟才起床，中午在单位吃完饭还能休息一个小时，下午从来没加过班，实际上我还常常提前下班。现在他们要我一天工作十来个小时，还要牺牲中午的休息时间，这绝对不行！钱当然重要，可为了钱而牺牲健康显然不值得。

我运气还真不错，很快又找到了一份上班时间合适、工资也不错的工作。每天早上9点上班，工资三千来块，试用期1个月。头一个星期，我干得挺不错，经理对我也很满意。可不幸的是，第二个星期问题就一个接一个地来了。星期一，我因为迟到5分钟，挨经理批评了一顿。星期二，我因为一时马虎，把A文件当作B文件给了经理。星期三，我趁经理不在的时候，在桌上趴了一会儿。等我40分钟以后醒来时，经理正站在我对面。

于是，我的试用期提前结束了，我又回到了现在的单位。虽然这儿很没有意思，钱也不多，但这儿没人管我的身高、体重，没人管我有没有孩子。我不需要加班，也不需要一天到晚神经紧张，总担心出错儿。我再也不打算换工作了。

〔根据周小娅《跳"槽"记》改写，《都市消息》（周介人、陈保平主编），生活·读书·新知上海三联书店，1996年〕

一 根据课文内容，回答下面的问题

1. "我"为什么决定换工作？　（专业　青春　前途）

2. 第一家公司的那个男的是个什么样的人？　（看起来）

3. 他为什么只想招聘男的？　（根据　处理　安心）

4. "我"参加面试的第二家公司有什么标准？"我"为什么生气？　（身高　体重　选美）

5. 第三家公司对"我"有什么要求？　（上班　下班　加班）

6. "我"对健康和钱有什么看法？　（重要　牺牲　值得）

7. "我"在第四家公司干了多长时间？出现了哪些问题？　（迟到　马虎　趁）

8. 最后"我"还想换工作吗？为什么？　（再也　管　紧张）

二 根据课文，"我"找过四个什么样的工作？为什么没有成功？请把答案填在下面的表中

应聘的单位/工作	条件/要求	没成功的原因
一家公司的部门经理	只要男的	
		"我"没有达到他们的要求
		"我"不愿意为了钱而牺牲自己的健康
	工资三千来块；每天9点上班；试用期1个月	

三 根据课文内容和自己的想象写一段话，介绍一下课文中的"我"

提示：可以包括年龄、学历、爱好、性格、现在的工作、对生活和工作的看法等各个方面。
例如：
我今年……岁，身高……，体重……。……以前我从……大学毕业，专业是……。我喜欢……。我现在在……工作，我觉得……。

四 阅读下面两段话，你觉得哪一个是课文的主要内容

1. 现在的工作很没有意思，所以我打算换一份工作。但是现在找工作太难了，有的公司只要男的，不要女的；有的公司虽然要女的，可还要求个子高，样子好看；有的公司要求你早上班、晚下班，还要经常加班；还有的公司经理太厉害。找工作这么麻烦，我觉得不值得，所以决定不换工作了。

2. 现在的工作不能发挥我的能力，所以我打算换一份工作。但是现在找工作真不容易，有的公司只要男的，不要女的；有的公司虽然要女的，可还要求个子高，样子好看。即使找到了，不是我对工作不满意，就是我不能让人满意。最后我发现现在的工作也有很多优点，所以决定不换工作了。

一 倒是

表示让步，常用于第一个分句，第二个分句常用"不过、但是、就是、可是"等词语呼应。"倒是"所在的分句一般表达积极的方面，整个句子表达的意思一般是消极的。例如：

（1）你的学历倒是没什么问题，不过，我们需要的是男的。
（2）抽烟在我们考虑问题的时候倒是能有点儿帮助，但是对身体很不好。
（3）A：住在校外不如住在学校方便吧？
　　B：住在学校里倒是很方便，就是房间太小了，而且了解中国人的机会也不多。
（4）A：要学好汉语的话，应该多和中国人聊天儿。
　　B：我倒是很想和中国人聊天儿，可总是没有时间。

（一）用"倒是"把A、B中的句子连起来，根据需要可以增加或者减少一些词语，在横线上写出正确的句子

A	B
1. 在那儿工作工资不低	a. 我们常常需要加班
2. 这种酒喝的时候不觉得厉害	b. 他从来不看书
3. 有的人对朋友、同事态度挺好	c. 他们对家人没有耐心
4. 小王的普通话说得挺流利	d. 这酒喝完以后很容易醉
5. 在大城市工作工资比较高	e. 房租也高
6. 饭馆儿里的菜味道不错	f. 他太软弱了，什么都听他妻子的
7. 小王书买了不少	g. 菜里的油太多了
8. 我们老板人挺好	h. 有点儿口音

例：1. 在那儿工作工资倒是不低，但是常常需要加班。

___

___

___

___

___

___

___

（二）说说下面每组中的事情有什么优点（好的方面）和缺点（不好的方面），然后说说你更喜欢哪个（请用上"倒是"）

例如：

事 情	优 点	缺 点
自己做饭	便宜，有成就感	麻烦，要买菜，要洗碗和盘子等
吃食堂	方便，可以选择的菜比较多	环境不太好，菜的味道一般，常常有时间的限制
去饭馆儿	味道比较好，可以有选择，没有时间的限制	比较贵，有时候需要等很长时间

我认为吃食堂更好：饭馆儿里菜的味道倒是比食堂的好点儿，可是太贵，而且常常需要等很长时间。自己做饭倒是比较便宜，而且有成就感，可是太麻烦了。

事 情	优 点	缺 点
用微信		
发 E-mail		
打电话		

我比较喜欢_____：_____

事 情	优 点	缺 点
在自己国家学汉语		
到中国学汉语		

我觉得_____更好：_____

事 情	优 点	缺 点
从网上买衣服		
从商场买衣服		

我觉得_____更好：_____

事　情	优　点	缺　点
一个人旅游		
和别人一起旅游		

我觉得_____更好：_____

_____

二　不是没有这个可能（双重否定）

> 强调肯定，带有"肯定""必须""当然"的意思。如果是"没有"和"不"连用，则强调没有例外，表示"所有的……都……""每个……都……"。例如：
>
> （1）女的比男的干得更好，<u>不是没有</u>这个可能。→女的肯定有可能比男的干得更好。
> （2）我<u>不是不</u>喜欢旅行，只是没有时间。→我当然喜欢旅行。
> （3）A：你不打算去国外留学了吗？
> 　　B：<u>不是没</u>考虑过，可是我的外语太差了。→我考虑过去国外留学。
> （4）女人<u>没有不</u>想做母亲的。→女人都想做母亲。
> （5）弟弟是个非常可爱的孩子，<u>没有人不</u>喜欢他。→所有人都喜欢弟弟。

（一）把下列句子改为肯定句

1. 我不是不想踢球，可是医生说我不能踢。→_____
2. 我不是没做作业，只是忘在宿舍了。→_____
3. 我不是不想还他书，只是一时忘了。→_____
4. 没有人爬到长城最高的地方不觉得累。→_____
5. 那儿没有一个冬天不下雪。→_____

（二）用双重否定表达下面的意思

1. _____。→每个人都说过谎。
2. _____。→他肯定想努力学习。
3. _____。→英语我学过，可是都忘了。
4. _____。→我找过工作，可是没找到。

5. _____。→这篇文章今天我肯定写完。

6. _____。→你当然可以喝酒，不过不能多喝。

三 以上、以下

分别表示高于和低于某个数量或者标准等。例如：

(1) 我们的要求是身高一米六以上，体重100斤以下。

(2) 这次考试成绩80分以上的同学有一半，60分到80分的有6个人，60分以下的只有一个人。

(3) 我希望这个学期结束的时候，我的汉语水平在HSK5级以上。

(4) 现在许多单位招聘新员工，都要求有大学以上学历，年龄在35岁以下。

注意：X以上/下，是否包括X常常不太明确，需要明确表示包括X时，要说"X及以上/下"，或者"X以上/下（含X）"。例如：

(5) 这栋楼三层以下是男生宿舍，三层及以上住的是女生。

(6) 这条路2吨以上（含2吨）的货车7点至19点禁止通行！

◎ 采访你的搭档，了解下面这些问题的答案，然后告诉同学们（请用上"以上"或"以下"）：

1. 你们国家的法律对买酒、喝酒的人有没有要求？抽烟呢？
   _____

2. 你们国家的法律对结婚的男女有没有年龄的规定？
   _____

3. 在你的家乡，你大概需要工作多少年才有钱买一套普通的房子？
   _____

4. 你的家乡冬天的气温一般是多少度？夏天最热的时候呢？
   _____

5. 在你们国家，刚毕业一个月多少钱可以说是高工资？什么样的家庭可以算低收入家庭？
   _____

四 来

> 和数量词一起使用，表示概数。
>
> 1. 数词是10的整数倍。例如：
>
>   十来个人　　一百来公里　　三十来本书
>
>   数词 + 来 + 量词（+ 名词）
>
> 2. 数词不是10的整数倍（除了10本身）。例如：
>
>   十二米来长　　三个来小时　　十斤来重
>
>   数词 + 量词 + 来 + 形容词 / 名词
>
> **注意**："十斤来重"和"十来斤重"意思不同。前者只能比十斤多或少几两，而后者则比十斤多或少几斤。
>
> （1）每个月工资三千来块。
> （2）他们要我一天工作十来个小时。
> （3）这家一百来人的公司打算让我担任部门经理。
> （4）他的个子有两米来高，可体重只有70来公斤。
> （5）工作了一个来星期，我的试用期就提前结束了。

（一）把"来"填在合适的位置

两____块____钱　　　　　7____分____钟
4____个____月　　　　　9____米____高
50____块____钱　　　　　40____个____小时
300____斤____苹果　　　1000____米____长
40____岁____　　　　　　30____年____
20____天____　　　　　　10____个____人
20____辆____汽车　　　　270____首____歌

（二）用"来"回答下面的问题

1. 你觉得你们的口语老师大概多大？

2. 你一个星期学习多少个生词？

3. 在你们国家，一个刚毕业的大学生一个月的工资大概是多少？

4. 你每天睡多少个小时？

5. 在你们国家，在普通的饭馆儿吃一顿饭大概多少钱？

五　趁

介词，利用某种机会或者条件做某事。常用于口语。宾语如果是多音节词或短语，可以说"趁着"。例如：

(1) 我趁经理不在的时候，在桌上趴了一会儿。（经理在的话，不能睡觉。）
(2) 烤鸭得趁热吃，凉了不好吃。（烤鸭不热的话没那么好吃。）
(3) 小偷儿趁我没注意，偷走了我的钱包。（如果我注意的话，小偷儿就不会偷到。）
(4) 弟弟趁着电视里放广告，赶快去了一下卫生间。（如果电视里不是放广告，他就不去卫生间。）

注意：不能说"他想趁他的朋友"，只能说"他想利用他的朋友"。

（一）用"趁"改写下面的句子

1. 儿童学外语比大人快，发音也比大人标准，所以学外语应该早点儿开始。

2. 今天天气不错，我们去爬长城吧。

3. 因为小王喝醉了，丽丽很容易就了解到了他的一些秘密。

4. 在中国这半年，我要多练习听和说。

5. 孩子不睡觉的时候，她要和孩子一起玩儿，等孩子睡觉了，她才能看书。

（二）完成下面的句子（3—6需要用上"趁"）

1. 趁爸爸妈妈不在家，_____。
2. 我想趁着年轻的时候_____。
3. 小偷儿在公共汽车上喜欢_____偷东西。

4. ＿＿＿＿＿＿＿＿＿＿＿＿＿＿＿＿＿＿＿＿＿＿＿，我买了很多东西。
5. ＿＿＿＿＿＿＿＿＿＿＿＿＿＿＿＿＿＿＿＿＿＿＿，妈妈看了他的日记。
6. ＿＿＿＿＿＿＿＿＿＿＿＿＿＿＿＿＿＿＿＿＿＿＿，你现在让他给你买辆新车，他肯定答应。

拓展学习

一 用线把左边的短语和右边的解释连起来

不无道理　　　　　　　　　一定要去
非去不可　　　　　　　　　什么都知道，知识非常多
无所不知　　　　　　　　　不是没有道理，确实有道理
无所不能　　　　　　　　　到处都有，哪儿都能看到
无处不在　　　　　　　　　能力很强，什么都会
无人不知，无人不晓　　　　所有人都知道

二 阅读下边的文章，回答问题

工作就是我们的饭碗，大多数人都希望自己端在手里的是"铁饭碗"，比如以前，很多人觉得教师、医生等工作是"铁饭碗"；如果能在银行工作，那就是"金饭碗"了。不过现在的"铁饭碗"越来越少了。科学在进步，跟你抢（qiǎng, to vie for）饭碗的不只是人，还有机器人——越来越多的工作会由机器人来完成。

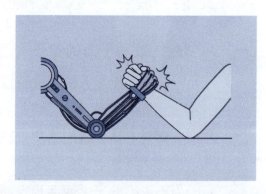

特别是2020年之后，每个人都不得不考虑自己手里的是金饭碗、银饭碗、铁饭碗，还是很容易碎的瓷饭碗。实际上，现在几乎没有一种工作是"铁饭碗"了，因为变化快是现代社会的特点，这个世界唯一不变的就是变化。所以，我们要适应变化，当一个饭碗有危险的时候，自己要有能力找到另一个饭碗；旧的饭碗丢了以后要很快能找到新饭碗。

1. 请举例说明什么是铁饭碗，什么是金饭碗，什么是瓷饭碗。
2. "丢了饭碗"是什么意思？人们可能因为什么原因而丢了饭碗？
3. "打破铁饭碗"是什么意思？
4. 你认为移民（yímín, immigrant）会抢走本国人的饭碗吗？
5. 请举例说明机器人跟人抢饭碗的情况。你认为哪些饭碗不会被机器人抢走？

孤独的追花人

词语表

| 1 | 孤独 | gūdú | （形） | lonely; lonesome |

◎ ~的生活/~的老人
◎ 一个人在国外，常常会觉得~。

| 2 | 追 | zhuī | （动） | to chase after |

◎ 警察正在~小偷儿。

| 3 | 从不※ | cóng bù | | never |

① 他~和人吵架。/② 爸爸~做饭。

| 4 | 停留 | tíngliú | （动） | to stay for a time; to stop over |

◎ 以前从北京坐飞机去美国需要在日本~一下，现在可以直飞美国。

| 5 | 每※ | měi | （副） | every; each (combined with a verb or verb phrase) |

◎ ~到下雨天，他的心情就不好。

| 6 | 移动 | yídòng | （动） | to move; to shift |

◎ 这辆汽车在路上坏了，可是大家没有办法~它。

| 7 | 四季 | sìjì | （名） | the four seasons |

◎ 昆明~如春，所以被称为"春城"。

| 8 | 香味 | xiāngwèi | （名） | fragrance |

◎ 花的~/菜的~/酒的~/香水的~/一股~

| 9 | 养 | yǎng | （动） | to raise; to keep (domestic animals, etc.) |

◎ ~花/~鱼/~鸟/~狗

| 10 | 蜂 | fēng | （名） | bee |

◎ 养~

| 11 | 蜜蜂 | mìfēng | （名） | honeybee |

◎ 一只~/一群~

| 12 | 鲜花 | xiānhuā | （名） | fresh flowers |

◎ 一束~

13 广阔	guǎngkuò	(形)	vast; broad
◎ ~的草原/~的天空/~的土地			
14 大自然	dàzìrán	(名)	nature (as in Mother Nature)
◎ 美丽的~/广阔的~/热爱~			
◎ 在城市里住得久的人应该经常去~呼吸呼吸新鲜空气。			
15 甜蜜	tiánmì	(形)	像蜜一样甜，非常幸福　sweet; happy
◎ ~的生活/~的爱情			
16 现实	xiànshí	(形)	realistic; actual
◎ 这样的计划不太~。			
		(名)	reality; actuality
◎ 比赛失败了，我们都很难过，但是我们只能接受这样的~。			
17 采	cǎi	(动)	to gather; to pick
◎ ~茶/~草药/~花			
18 蜜	mì	(名)	honey
◎ 一瓶~/采~			
19 赶	gǎn	(动)	to rush for
◎ ~飞机/~火车/~路/~时间			
20 花期	huāqī	(名)	flowering season
◎ 这种花~很长。			
期	qī	(名)	一段时间　period of time; phase
◎ 早~/青春~/试用~/危险~			
◎ 他前两天刚出院，身体还处于恢复~。			
21 发达	fādá	(形)	developed
◎ ~国家/经济很~/交通不~			
22 逢	féng	(动)	to meet; to come upon
◎ ~年过节/每~/~人便说			
23 不然※	bùrán	(连)	if not; otherwise
◎ 我下班以后要和同事们一起喝酒，~他们觉得我怕老婆。			
24 取	qǔ	(动)	to fetch; to get
◎ ~行李/~钱/~包裹			
① 我的自行车正在修，现在~不了。/② 我去楼下~一下快递。			
25 迅速	xùnsù	(形)	rapid; quick; speedy
◎ 动作很~/~发展			
◎ 朋友来信以后，我总是~回信，这样可以写得短一点儿。			

26	蜂蜜	fēngmì	（名）	honey

◎ 一瓶~

27	卫生	wèishēng	（名）	hygiene; sanitation

◎ 个人~/环境~/公共~/保持~/检查~/注意~

28	传染	chuánrǎn	（动）	to infect; to be contagious

◎ ~病/不~/~给别人
◎ 这种病能通过空气~。

29	熊	xióng	（名）	bear

◎ 一只~/一头~

30	偷	tōu	（动）	to steal

◎ ~东西/~钱

31	铁	tiě	（名）	iron

◎ 这个柜子是~的。

32	桶	tǒng	（名）	bucket; pail

◎ 水~/汽油~/木~/铁~

33	大多数	dàduōshù	（名）	majority

① 世界上好人还是占~。/② 中国~大学都是公立大学。

34	冒	mào	（动）	to risk; to brave sth.

① 一场大雨把铁路冲坏了，工人们在~着大雨修铁路。/② 小王~着生命危险跳进河里救人。

35	进攻	jìngōng	（动）	to attack

① 蛇一般不会主动~人。/② 这场比赛，我们队的~很成功。

36	厚	hòu	（形）	thick (between opposite surfaces)

◎ ~面包/~毛衣

37	一方面……（另）一方面……	yì fāngmiàn……(lìng) yì fāngmiàn……		on the one hand..., on the other hand... (indicating the simultaneous existence of two different situations)

① 在中国，我~想学好汉语，~也想多了解中国社会和文化。/② 听说能参加比赛，我~很兴奋，~也很担心。

38	保护	bǎohù	（动）	to protect; to safeguard

◎ ~孩子/~老百姓的利益/~动物/失去~

39	接触	jiēchù	（动）	to contact; to get in touch

① 和动物多~对孩子的心理健康有好处。/② 你和他~时间长了就知道他是一个很热情的人。

| 40 | 蜇 | zhē | （动） | to sting |

◎ 丽丽不小心被蜂~了。

| 41 | 气味 | qìwèi | （名） | smell; odor |

◎ 难闻的~/熟悉的~
◎ 新车里常常有不好的~。

| 42 | 勤劳 | qínláo | （形） | diligent; industrious |

◎ ~的人/~的蜜蜂

| 43 | 五颜六色 | wǔyán-liùsè | | 颜色很多　colorful |

◎ ~的鲜花
◎ 你的梦是~的还是黑白的？

| 44 | 做伴 | zuò bàn | | to keep sb. company |

①妈妈生病了，需要有个人~。/②我报了太极拳班，你也参加吧，咱俩做个伴。

 用刚学过的词语回答下面的问题：

1. 在中国你有时候会感到孤独吗？如果感到孤独，你会做什么？

2. 有什么事情你肯定不会做？（从不）

3. 你觉得自己一个人去旅行有什么好的方面？（停留）

4. 你的房间（宿舍）里可以养小动物吗？

5. 你觉得春天有什么好的方面？（鲜花）

6. 你觉得什么样的生活是甜蜜的生活？

7. 你希望你的妻子（丈夫）是个现实的人还是浪漫的人？

8. 你觉得中国哪些方面比较发达？

9. 在你们国家，可以让邮局的人来你家取东西吗？

10. 你遇到过小偷儿吗？（偷）

11. 中国大学生开汽车来学校的人多吗？（大多数）

12. 人们怎么才能更好地保护地球？

13. 你接触过中国的农民工吗？

14. 在你们国家，人们觉得什么动物最勤劳？

15. 去旅行的时候，你希望什么人和你做伴？

和你的搭档一起想象一下：养蜂人的工作是什么样的？请你们至少写出6个词语来说明你们的印象：

养蜂人

课文

孤独的追花人

一 阅读课文第一部分（1—4段），回答下面的问题

1. 养蜂人的生活有什么特点？

（停留　移动　四季）

2. 为什么说养蜂人的生活听起来很浪漫？

（蜜蜂　鲜花　大自然　甜蜜）

【1】　有一种人从不在一个地方停留很久，每过一段时间他们就搬一次家。他们总是朝着花开的方向移动，哪儿有花，他们就去哪儿。春夏秋冬一年四季，他们总能看到花的美丽，闻到花的香味。为什么他们要过这样的生活呢？——因为他们是养蜂人。

【2】　养蜂人的生活听起来确实很浪漫。他们和蜜蜂交朋友，跟鲜花做邻居，生活在广阔的大自然中，收获的是甜蜜。可是，现实生活中的养蜂人并不总那么浪漫，他们的生活既幸福也辛苦，既有鲜花，也有汗水和泪水。

【3】　为了让蜜蜂采蜜，养蜂人需要赶花期。

一个地区的花期大概只有二十来天，因此他们的生活总是处在移动中。他们停留的地方自然是在农村，而且交通往往不发达。每逢搬家，养蜂人总是非常紧张。他们先得做好搬家的准备，然后把蜜蜂装进蜂箱，接着把蜂箱一个一个地搬到有路、能开车的地方，最后再把它们装上汽车或火车，赶到新的地方。在搬家过程中，他们得非常细心地照顾蜜蜂，不然，很多蜜蜂都会死掉。到了目的地，养蜂人首先得把蜜蜂安排好，然后才能考虑怎么为自己造一个临时的"家"。

【4】 除了搬家，养蜂人最累的是取蜜。每逢采蜜期，他们常常吃不好饭、睡不好觉。蜜蜂每天飞出去采蜜十五次左右，蜜多了，他们就要迅速把蜜取出来，不然蜜蜂就会变懒，留在"家"里享受蜂蜜，再也不愿意出去"工作"了。所以忙起来以后，养蜂人常常不得不牺牲吃饭和睡觉时间，有时会为了取蜜而几天几夜睡不了觉。

【5】 养蜂人最怕蜜蜂生病，平时他们特别注意蜂箱卫生。每到春天，他们都要给蜜蜂准备加药的糖水，不然蜜蜂很容易生病并且互相传染。在一些地区，养蜂人有时会遇到特殊的"客人"——熊。熊最喜欢偷蜂蜜吃。发现熊来了，他们就大声地敲铁桶，大多数情况下，熊会马上离开，但如果是饿极了，它就会冒着危险当"小偷儿"。有时熊会趁养蜂人不注意，偷偷地把蜂箱搬到小河边，先把蜂箱敲破，接着再把"手"洗干净，然后便坐下来慢慢享受。每当遇到这样的情况，蜜蜂们会一起围住熊进攻它，但熊一点儿也不害怕，因为它有厚厚的皮和毛作保护。

3. 养蜂人一般多长时间搬一次家？他们为什么常常搬家？
（采蜜 赶）

4. 说一说养蜂人搬家的过程。
（先 然后 接着 最后）

5. 搬家过程中，养蜂人需要注意什么？
（细心 不然）

6. 为什么每逢采蜜期，养蜂人就特别累？
（迅速 懒 牺牲）

二 阅读课文第二部分（5—7段），回答下面的问题

1. 为了不让蜜蜂生病，养蜂人需要做什么？
（卫生 准备）

2. 熊怎么偷蜂蜜吃？
（趁 偷偷 敲 洗 享受）

3. 为什么熊不害怕蜜蜂的进攻？
（厚 保护）

4. 养蜂人什么情况下会受到蜜蜂的进攻？
（搬家　气味）

5. 为什么说养蜂人是孤独的追花人？
（一年四季　做伴　孤独感）

【6】　养蜂人一方面要保护蜜蜂，另一方面还要保护自己——因为他们也很容易受到蜜蜂的进攻。虽然每天和蜜蜂接触，而且蜜蜂一般不随便蜇人，但每搬一次家，养蜂人的脸、鼻子、耳朵都会"胖"一次。蜜蜂只喜欢花的香味，而不喜欢臭味和其他气味，因此，养蜂人如果几天没洗澡，或是刚洗完澡，身上有蜜蜂不熟悉的气味，他们就不敢走近蜂箱，不然非挨蜇不可。和蜜蜂生活在一起，养蜂人每天都要好好儿观察研究它们，不然的话，这些"朋友"就可能带来无数的麻烦。

【7】　从南到北，或山上或水边，一年四季，除了新鲜的空气、美丽的风景、勤劳的蜜蜂和五颜六色的鲜花，还有什么与养蜂人做伴呢？那就只有孤独感！孤独是养蜂人常有的感觉，所以有人把他们叫作孤独的追花人。

三　根据课文内容，说说养蜂人的工作有什么优点，有什么缺点

优　点	缺　点

语言点

一 从不、从没

"从来"的否定形式，表示从过去到现在都不或都没……。常用于书面语。例如：

(1) 养蜂人从不在一个地方停留很久。
(2) 小王以前从不做家务，今天因为丽丽来了，所以他主动去洗菜、做饭。
(3) 在外面，爷爷从不摘下帽子，因为他的头发太少。
(4) 大学毕业以后，我从没见过他。
(5) 听说有个女的头发两米来长，因为她从出生到现在从没理过发。
(6) 小王结婚以后搬出去住了，老王从没感到这么孤独过。

> 从不（+动/形）
> 从没（+动/形）+过

(一) 用"从不"或"从没"改写下面的句子

1. 他以前不喜欢读书，现在也不喜欢。

2. 从出生到现在，他没离开过父母。

3. 有人说鱼不睡觉，实际上鱼只是睡觉不闭眼睛。

4. 妈妈没让弟弟做过家务，可总是让我洗碗、洗衣服。

5. 从出生到现在，我没有偷过别人的东西。

6. 走路时，奶奶一直不离开爷爷，因为爷爷看不见路。

7. 在大学里，我每天都按时上课。

（二）以前在中国，如果一个丈夫从不抽烟、从不喝酒、从不赌博、从不和妻子以外的女人有不正常的关系，别人就会说他是个标准的好丈夫。你觉得好丈夫的标准还应该包括哪些（不应该有问题的）方面呢？请用上"从不"或"从没"。好妻子、好父母、好老师、好学生和好老板的标准是什么呢（不应该做什么）

好丈夫：
好妻子：
好父母：
好老师：
好学生：
好老板：

二 哪儿……哪儿……（疑问代词连用）

两个疑问词照应使用，前者所在的短语或小句表示某种条件，它决定后面的动作、行为或状态是否会出现。例如：

（1）哪儿有花，养蜂人就去哪儿。
（2）A：你想学什么外语？
　　B：什么容易学我就学什么。
（3）父亲：你打算什么时候结婚？
　　儿子：我什么时候有了房子就什么时候结婚。
（4）孩子：妈妈，今天是我的生日，我有很多自由，对不对？
　　妈妈：对，宝贝！
　　孩子：我想吃冰激凌。
　　妈妈：行，你想吃什么妈妈就给你买什么。
　　孩子：我想去动物园。
　　妈妈：行，你想去哪儿就去哪儿。
　　孩子：今天晚上我要晚点儿睡觉。
　　妈妈：行，你想什么时候睡就什么时候睡。
　　孩子：明天我不想上学。
　　妈妈：不行，明天就不是你的生日了。

(一) 根据下面的意思，用疑问代词连用格式说一句话

例：商店里有了孩子，商店里就热闹；公园里有了孩子，公园里就热闹。有孩子的地方都特别热闹。

<u>哪儿有孩子，哪儿就特别热闹。</u>

1. 这是奶奶给我的零用钱，我想买吃的就买吃的，想买书就买书，想买衣服也可以。爸爸妈妈管不了。

2. 我们家要等爸爸回家了才吃晚饭，爸爸7点到家，我们就7点吃饭；爸爸8点到家，我们就8点吃饭；爸爸9点到家，我们也得等到9点才能吃饭。

3. 如果你现在还不能决定，请你决定以后马上给我打电话：下午决定了，下午给我打电话；晚上决定了，晚上给我打电话；夜里决定了，夜里给我打电话。

4. 学校里现在可以无线上网，我要在教室上网就在教室上网，要在图书馆上网就在图书馆上网，要在食堂上网就在食堂上网。真方便！

5. 妻子不在家他就不做饭，冰箱里有饺子他就吃饺子，冰箱里有面条儿他就吃面条儿。

(二) 用疑问代词连用格式完成下面的对话

1. A：你喜欢去哪儿旅行？
   B：＿＿＿＿＿＿＿＿＿＿＿＿＿＿＿＿＿＿＿＿。

2. A：你睡觉为什么有时候早有时候晚？
   B：＿＿＿＿＿＿＿＿＿＿＿＿＿＿＿＿＿＿＿＿。

3. A：你觉得我应该学什么专业？
   B：＿＿＿＿＿＿＿＿＿＿＿＿＿＿＿＿＿＿＿＿。

4. A：老板，我什么时候可以下班？
   B：＿＿＿＿＿＿＿＿＿＿＿＿＿＿＿＿＿＿＿＿。

5. 母亲：你打算什么时候结婚？
   女儿：＿＿＿＿＿＿＿＿＿＿＿＿＿＿＿＿＿＿＿。

6. 女：结婚的时候你得给我买个钻石戒指。
   男：＿＿＿＿＿＿＿＿＿＿＿＿＿＿＿＿＿＿＿。

女：我要在最好的饭店结婚。
男：＿＿＿＿＿＿＿＿＿＿＿＿＿＿＿＿＿＿＿＿＿＿＿＿＿＿＿＿＿。

女：我想选情人节那天结婚。
男：＿＿＿＿＿＿＿＿＿＿＿＿＿＿＿＿＿＿＿＿＿＿＿＿＿＿＿＿＿。

女：结婚以后，你不能管我什么时候回家。
男：＿＿＿＿＿＿＿＿＿＿＿＿＿＿＿＿＿＿＿＿＿＿＿＿＿＿＿＿＿。

女：结婚以后你不能管我去哪儿。
男：＿＿＿＿＿＿＿＿＿＿＿＿＿＿＿＿＿＿＿＿＿＿＿＿＿＿＿＿＿。

三 每 + 动词

表示相同的动作或情况有规律地反复出现，和动词或动词短语结合后，一般作状语，不能作谓语，后边常常有"就""便""都""总"与之相呼应。例如：

1. 每逢 / 每到 / 每当
（1）每逢搬家，养蜂人总是非常紧张。
（2）每逢采蜜期，养蜂人常常吃不好饭、睡不好觉。
（3）每到春天，养蜂人都要给蜜蜂准备加药的糖水。
（4）每当遇到熊来偷蜜吃，蜜蜂们会一起围住熊进攻它。
（5）每当小王说谎的时候，他的脸就会变红。

2. 每+动词+数量
（1）每过一段时间他们就搬一次家。
（2）每搬一次家，养蜂人的脸、鼻子、耳朵都会"胖"一次。
（3）孩子们每上半个小时课，就要休息一下。
（4）我每回老家一趟，就会发现一些新的变化。
（5）这家公司每过两个月就有一个新产品。

（一）完成下面的句子

1. 每逢周末＿＿＿＿＿＿＿＿＿＿＿＿＿＿＿＿＿＿＿＿＿＿＿＿。
2. 每逢我过生日＿＿＿＿＿＿＿＿＿＿＿＿＿＿＿＿＿＿＿＿＿＿。
3. 每到春节＿＿＿＿＿＿＿＿＿＿＿＿＿＿＿＿＿＿＿＿＿＿＿＿。
4. 每到考试＿＿＿＿＿＿＿＿＿＿＿＿＿＿＿＿＿＿＿＿＿＿＿＿。
5. 每当我孤独的时候＿＿＿＿＿＿＿＿＿＿＿＿＿＿＿＿＿＿＿＿。
6. 每当我想家的时候＿＿＿＿＿＿＿＿＿＿＿＿＿＿＿＿＿＿＿＿。

（二）用"每+动词+数量"改写下面的句子

1. 我一个星期给金鱼换一次水。

2. 我们两个星期写一篇作文，学完五课有一次考试。

3. 小孩儿长得特别快，半年就得买一次衣服。

4. 我在火车上工作，一般是连续工作三天，然后休息两天。

5. 最近十年，我们已经搬了三次家，搬一次，我的房间就大一点儿。

6. 大学毕业以后，我已经换了几次工作了，当然，换一次，工资也就高一些。

7. 好电影值得看很多遍，因为看一遍就有一些新的想法。

8. 我妈妈生了我大哥以后胖了五斤，生了我二哥以后胖了十斤，等生了我以后一共胖了十五斤，所以妈妈说还是生一个孩子好。

9. 孕妇抽一支烟，她肚子里的孩子就会停止呼吸一段时间。

四 先……然后 / 接着……

连接一件事情的不同步骤或一系列事情，后面还常常有"再""接着""最后"等词语把更多的步骤或事情连在一起。例如：

（1）（搬家的时候）养蜂人先得做好搬家的准备，然后把蜜蜂装进蜂箱，接着把蜂箱一个一个地搬到有路、能开车的地方，最后再把它们装上汽车或火车，赶到新的地方。

（2）熊偷偷地把蜂箱搬到小河边，先把蜂箱敲破，接着再把"手"洗干净，然后便坐下来慢慢享受。

（3）写汉字的顺序一般是先写左边然后写右边，先写上边然后写下边。

（4）做西红柿炒鸡蛋很容易，你先炒一下鸡蛋，接着炒西红柿，然后把炒好的鸡蛋加进去，最后加点儿盐就行了。

（5）小王每天早上起床以后，先洗脸刷牙，然后去跑步，接着去买早饭，最后回来吃早饭、上班。

◎ 用"先……然后/接着……"等格式回答下面的问题：

1. 你以前的汉语课，书上每课的内容按什么顺序学习？

2. 你能说说汉字"回"怎么写吗？

3. 在你们国家，找工作需要做哪些准备？

4. 在中国，吃饭的时候一般先吃凉菜，然后吃热菜，最后喝汤。在你们国家呢？

5. 中国学生一般先上6年小学，然后上3年初中，接着上3年高中，最后参加高考，通过了这个考试的学生可以上大学。在你们国家呢？

五 不然（的话）

> 表示"如果不这样"。引出表示结果或结论的小句。例如：
>
> （1）在搬家过程中，养蜂人得非常细心地照顾蜜蜂，不然，很多蜜蜂都会死掉。
> （2）蜜多了，养蜂人就要迅速把蜜取出来，不然蜜蜂就会变懒，留在"家"里享受蜂蜜，再也不愿意出去"工作"了。
> （3）每到春天，养蜂人都要给蜜蜂准备加药的糖水，不然蜜蜂很容易生病并且互相传染。
> （4）养蜂人如果身上有蜜蜂不熟悉的气味，就不敢走近蜂箱，不然非挨蜇不可。
> （5）养蜂人每天都要好好儿观察研究蜜蜂，不然的话，这些"朋友"就可能带来无数的麻烦。

◎ 根据你在中国生活和学习的经验，外国人在中国要注意什么？为什么？请用上"不然（的话）"。

拓展学习

一 猜一猜下面词语的意思

独唱　独舞　独立　独身　独生子女　独一无二　独木不成林

长期　短期　早期　中期　晚期　学期　期中　期终　为期不远

二 说一说下面图片中的成语是什么意思

三 选择合适的成语完成句子

1. 婚礼上，人们常常祝福新郎新娘＿＿＿＿＿＿＿。（花好月圆 / 花红柳绿）
2. 春天到了，公园里边到处都是＿＿＿＿＿＿＿。（花前月下 / 鸟语花香）
3. 年轻的男女朋友喜欢常常见面，一起＿＿＿＿＿＿＿。（花前月下 / 花红柳绿）
4. 不同的季节人们去著名的旅游地看风景，欣赏＿＿＿＿＿＿＿。（风花雪月 / 花前月下）
5. 中秋节的时候我们和家人在一起赏月，真是＿＿＿＿＿＿＿。（花好月圆 / 风花雪月）

第3单元　热身活动

◎ 和你的搭档一起看下面的家庭结构图,填出空格中的名称。然后画出你的大家庭包括其中哪些成员。

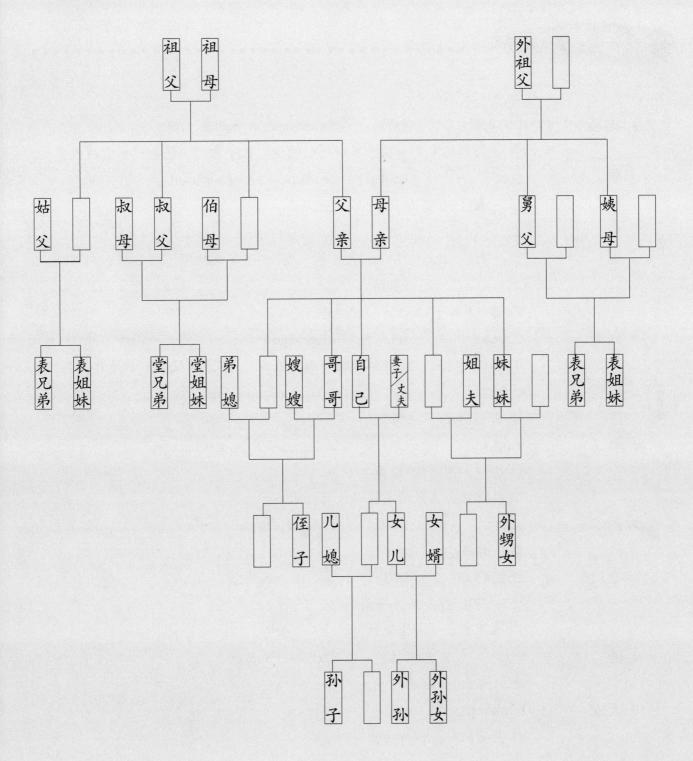

三元钱一斤快乐

词语表

1	抱怨	bàoyuàn	（动）	to complain; to grumble

◎ 爸爸妈妈常常~孩子不听他们的话，孩子常常~爸爸妈妈管得太多。

2	钓	diào	（动）	to fish (*with a hook and line*)

◎ ~鱼/ ~了三斤鱼/ ~不到鱼

3	费	fèi	（动）	to cost; to expend; to consume (*too much*)

◎ ~时/ ~钱/ ~力/ ~心/ ~事/ ~劲/ ~了半天时间

			（名）	fee

◎ 房~/ 车~/ 生活~/ 饭~/ 学~

4	到处	dàochù	（名）	everywhere

① 节日的时候，公园和商场~都有很多人。/ ② 学校里~都是自行车。

5	出差	chū chāi		to be on a business trip

◎ 出一趟差/ ~去外地

6	趟	tàng	（量）	measure word (*for a round trip*)

◎ 去一~图书馆/ 白跑了一~
◎ 从北京去上海的高铁一天有几十~。

7	雨衣	yǔyī	（名）	rainwear; raincoat

◎ 一件~

8	专门	zhuānmén	（形）	special; specialized

◎ ~的医院/ ~给儿童看的书
◎ 这菜是我~为你做的。

9	选	xuǎn	（动）	to choose; to select

◎ ~专业/ ~时间

10	天空	tiānkōng	（名）	sky

◎ 蓝蓝的~，白白的云彩。

5 三元钱一斤快乐

| 11 | 披 | pī | （动） | to drape over one's shoulders |

◎ ~上雨衣/ ~了一件外衣/ 头发~到肩上

| 12 | 立 | lì | （动） | to stand |

◎ ~在雨中/ ~在江边

| 13 | 幅 | fú | （量） | measure word (for a picture, map, etc.) |

◎ 一~画儿/ 一~地图

| 14 | 公事 | gōngshì | （名） | official business |

◎ 先办~，然后处理私事（sīshì, private affairs）。

| 15 | 果然※ | guǒrán | （副） | as expected; sure enough |

◎ 从前听说那儿的鱼很多，昨天他去钓鱼，~钓了很多。

| 16 | 红烧 | hóngshāo | （动） | to braise in soy sauce |

◎ ~鱼/ ~肉/ ~鸡

| 17 | 工夫 | gōngfu | （名） | (spare) time |

◎ 有~/ 没有~/ 费了很大~

| 18 | 阳台 | yángtái | （名） | balcony |

◎ 我们家~上养了很多花。

| 19 | 大约 | dàyuē | （副） | approximately; about |

① 他每天~工作8个小时。/ ② ~两百来人参加了这次会议。

| 20 | （电）冰箱 | (diàn)bīngxiāng | （名） | refrigerator |

◎ 这台~用了很多年了。

| 21 | 吓 | xià | （动） | to frighten; to scare |

◎ ~了(某人)一跳/ 很~人/ 别~我

| 22 | 黑乎乎 | hēihūhū | （形） | dark; obscured or indistinct made by a mass of people or things |

① 放假的时候我去了一趟长城，长城上~的，全都是人，大家只能排着队往上爬。/ ② 走进我们住的小旅馆，墙壁上~的一片，全是蚊子。

| 23 | 逃 | táo | （动） | to escape |

◎ ~走了/ ~不了/ ~掉了/ ~了出去

| 24 | 侄女 | zhínü | （名） | 哥哥或弟弟的女儿 niece |

◎ 我的小~今年六岁了。

| 25 | 好奇 | hàoqí | （形） | curious |

◎ 小孩子对所有没见过的东西都很~。

| 26 | 姑姑 | gūgu | （名） | 爸爸的姐姐或妹妹 aunt; father's sister |

| 27 | 后悔 | hòuhuǐ | （动） | to regret |

◎ 感到非常~

① 他很~自己问了这样的问题。/② 很多人毕业以后~自己在学校的时候没有好好儿学习。

| 28 | 顺便 | shùnbiàn | （副） | incidentally; in passing |

① 你去商店的时候，~帮我买两节电池好吗？/② 去上海开会的时候，他~去苏州玩儿了一趟。

| 29 | 市场 | shìchǎng | （名） | market |

◎ 菜~/服装~/电脑~

| 30 | 不满 | bùmǎn | （形） | discontented; dissatisfactory |

◎ 对某人（感到）~/对某事（感到）~

| 31 | 鲤鱼 | lǐyú | （名） | carp |

◎ 水里有很多~。

| 32 | 本 | běn | （副） | originally |

◎ 我~不打算参加这次比赛，但我的朋友都劝我参加，所以我就来了。

| 33 | 劝说 | quànshuō | （动） | to persuade; to advise |

① 朋友~我留学以后在中国找工作。/② 弟弟现在很少听我的~。

| 34 | 周到 | zhōudào | （形） | considerate; thoughtful |

◎ 想得很~/~的安排/~的计划

| 35 | 表情 | biǎoqíng | （名） | expression (of face) |

◎ ~很奇怪/脸上没有~

| 36 | 成本 | chéngběn | （名） | prime cost; cost |

◎ ~很高/~很低/按~卖

◎ 现在的价钱比~都低。

| 37 | 商量 | shāngliang | （动） | to discuss; to consult |

◎ 跟……~/和……~

① 我要和父母~~下学期的安排。/② 这个问题我们要~一下再作决定。

| 38 | 笨 | bèn | （形） | 不聪明 stupid |

◎ 这个方法有点儿~。

| 39 | 赔 | péi | （动） | to compensate; to lose |

◎ ~钱/~了一百块

◎ 你的自行车被我弄丢了，我~你一辆新的吧。

| 40 | 坚定 | jiāndìng | （形） | firm; resolute |

◎ 语气很~/说话声音很~

◎ 放心吧，我~地和你站在一起。

41 合算　　　　hésuàn　　　　（形）　　worthwhile; paying

◎ 花这么多钱买这样的衣服不～。

用刚学过的词语回答下面的问题：

1. 你爸爸妈妈抱怨过你什么？

2. 你觉得钓鱼有意思吗？（费）

3. 我们校园里什么比较多？（到处）

4. 如果你的工作需要常常出差，你会跳槽吗？

5. 在你们国家，马路上有专门的自行车道吗？

6. 如果你的中国朋友要去你们国家读大学，你建议他（她）选哪个大学？

7. 在你们老家，一个刚工作的大学毕业生工资大约是多少？

8. 如果地震了，我们应该逃出去，还是待在屋里？

9. 自从到中国以来，你有什么后悔的事情？

10. 如果你对自己的同屋（邻居）不满，你会怎么办？

11. 什么人劝说你，会让你改变主意？

12. 你觉得自己是个想问题很周到的人吗？为什么？

13. 你来中国留学的成本高吗？

14. 有很重要的事情时，你喜欢和谁商量？

15. 你觉得在中国买什么比较合算？在你们国家呢？

三元钱一斤快乐

【1】　前一段时间，妈妈每次打电话或者写信来，都会跟我抱怨爸爸的新爱好，说他迷上了钓鱼。这个爱好不仅费时费钱，而且还弄得家里到处都是鱼。

【2】　上周正好单位有事，需要我出差去趟老家，我想趁这个机会回家看看。临走前想了想，买了件好雨衣，准备送给爸爸。我专门选了一件黄颜色的，想象着天空下着小雨，老爸披着它，立在湖边钓鱼，那该是多美的一幅画儿呀！

【3】　办完公事，到家一看，爸爸果然没在家待着，又钓鱼去了。妈妈非常惊喜地把我迎进了家门。不一会儿我就发现，妈妈惊喜的原因更像是因为迎来了一只大黄猫：她先给我做了一个红烧鱼，接着又煮了一大碗鱼汤，还炸了几条小鱼。趁妈妈做鱼的工夫，我在家里看了一圈儿，只见厨房、阳台、卫生间……哪儿都养着鱼。我数了一下，大约有20多条。打开冰箱一看，吓了一跳，黑乎乎的全是冻的鱼。

【4】　妈妈烧鱼的时候，家里人都逃了出去，他们现在连鱼的气味都怕闻。在我吃鱼的时候，小侄女好奇地问我："姑姑，你怎么会爱吃鱼？"于是，我开始有点儿后悔给老爸买了那件雨衣。老爸呀老爸，你钓鱼钓得全家人都不正常了。

【5】　吃过晚饭，老爸还没回来，于是我就出去散步，顺便接他。经过对面的菜市场时，

一　阅读课文第一部分（1—4段），回答下面的问题

1. "我"和爸爸妈妈住在一起吗？你怎么知道的？

2. 爸爸有什么爱好？他的爱好有什么问题？妈妈对爸爸的爱好是什么态度？

3. "我"给爸爸买了什么礼物？为什么买这件礼物？

4. 为什么"我"觉得妈妈迎接"我"像是迎来了一只大黄猫？

5. 为什么说"我"家的鱼非常多？

6. "我"的家人都喜欢吃鱼吗？

7. "我"为什么后悔给爸爸买了雨衣？

三元钱一斤快乐

二 阅读课文第二部分（5—7段），回答下面的问题

1. 吃过晚饭以后，"我"有什么活动？

2. 卖鱼的人为什么不满地看了"我"一眼？

3. 对爸爸的爱好问题，"我"本来有什么打算？后来呢？为什么？

4. 为了解决爸爸钓鱼产生的问题，"我"想出了个什么办法？

5. 妈妈同意"我"的想法吗？为什么？

6. "我"为什么一定要妈妈同意"我"的安排？

7. "我"爸爸钓到一条红嘴鲤鱼，所以他觉得肯定有好事。在你们国家有没有类似的说法？（比如看到特别的人或者东西，人们相信会有好的或者不好的事情发生）

8. 如果你是课文中的"我"，遇到爸爸钓鱼和家里鱼多的问题时，你会怎么办？

一个卖鱼的问我："小姐，买鱼吗？""买鱼？我还想卖鱼呢！"卖鱼的不满地看了我一眼。这时，老爸回来了，见了我自然很惊喜。没说几句话，便让我看他桶里的鱼："你看，这红嘴鲤鱼多漂亮，我猜今天绝对会有好事，果然你回来了。"我本想劝说老爸少钓鱼，可见他又兴奋又满足的样子，我马上改了主意，决定不再劝他放弃钓鱼。回到家后，我忙把礼物拿给他。他高兴地说："还是女儿想得周到！"看着妈妈那怪怪的表情，我知道家里的状况也不能不改变。考虑了半天，我忽然想起那个卖鱼的来了，于是便有了主意。

【6】 老爸的鱼是按六块钱一斤钓来的，加上车费和其他费用，每斤成本大约七块钱左右。我跟卖鱼的商量好了：老爸钓的鱼按每斤四块卖给他，不管多少，全是他的。

【7】 临离家之前，我给妈妈作了这样的安排：头一天，老爸的鱼钓回来以后，先养一夜；第二天，等老爸出发后，就把鱼送到菜市场里卖鱼的人那儿，按商量好的价钱卖给他。哪知道老妈没听我说完就急了："不行不行！从没见过像你这么傻的，出去上了几年学，怎么脑子倒越来越笨了？你爸七块钱钓来的鱼，我四块钱卖出去。不算时间和辛苦，他每钓一斤鱼，我就得赔三块钱。这不是开玩笑嘛！"我语气坚定地跟老妈说："妈，这事您非听我的不可，三块钱就能买到老爸的快乐，这不是非常合算吗？您应该知道，快乐很多时候是用钱买不到的！"

（根据肖痕《三元钱一斤快乐》改写，《青年文摘》2000年第11期）

三 阅读下面两段话，你认为哪一段是课文的主要内容

1. 爸爸迷上了钓鱼，弄得家里哪儿都是鱼，妈妈对此很不满。"我"回到家里以后，看到家里到处都是鱼，家里人也都不喜欢鱼，打算让爸爸放弃自己的爱好。但是了解到钓鱼能给爸爸带来很多快乐，"我"又改变了主意。"我"想了一个办法把爸爸钓的鱼处理掉，虽然赔了钱，但是能买到爸爸的快乐。

2. "我"知道爸爸喜欢钓鱼以后，给他买了一件漂亮的雨衣，这样下雨的时候他也可以钓鱼。可是家里人都不喜欢爸爸钓鱼，因为他钓的鱼太多，家里到处都是鱼。为了解决这个问题，"我"回了一趟老家，帮爸爸把鱼卖给了在菜市场里卖鱼的人。这样家里鱼太多的问题解决了，爸爸终于又可以钓鱼了。

四 选择正确的词语填空，并把下面的句子按照正确的顺序排列起来

> 本　先　到处　果然　于是　顺便　接着
> 突然　正好　自然　前一段时间　马上

A. 上周我_____有事要回老家一趟，临走前买了件黄颜色的雨衣，准备送给爸爸。

B. 妈妈_____给我做了一个红烧鱼，_____煮了一碗鱼汤，还炸了几条小鱼。趁妈妈烧鱼的工夫，我到处看了看。

C. 我_____想劝说老爸少钓鱼，见他又兴奋又满足的样子，我_____改了主意。

D. 吃过晚饭，老爸还没回来，于是我就出去散步，_____接他。

E. 家里厨房、阳台、卫生间_____都养着鱼。冰箱里还有很多冻的鱼。

F. _____，妈妈每次打电话或者写信，都抱怨爸爸的新爱好——钓鱼。

G. 我想起了那个卖鱼的，_____有了主意：把鱼卖给他。

H. 到家一看，爸爸_____没在家待着，又钓鱼去了。妈妈很高兴地迎接我回家。

I. 爸爸见了我_____很惊喜。没说几句话便让我看他钓的鱼。

正确的顺序：____、____、____、____、____、____、____、____、____

语言点

一 一 + 动词

"一"和动词搭配使用，表示经过某一短暂动作后，出现或得到某种结果（或结论），前面常常需要有背景信息。例如：

(1) 到家一看，爸爸果然没在家待着，又钓鱼去了。
(2) 打开冰箱一看，吓了一跳，黑乎乎的全是冻的鱼。
(3) 我的电脑这两天速度越来越慢，今天一检查，原来是有了病毒。
(4) 这个问题我一直不明白，今天老师一讲，我马上明白了。
(5) 本来大家都玩儿得很高兴，现在你一生气，大家都走了。

◎ 用"一 + 动词"格式完成下面的句子：

1. 小王刚睡觉，电话就响了，＿＿＿＿＿＿＿＿＿＿＿，是他女朋友。
2. 前面有很多车停在那儿，＿＿＿＿＿＿＿＿＿＿＿，原来是发生了交通事故。
3. 他们本来打算最近结婚，可是他突然要出国一段时间，＿＿＿＿＿＿＿＿＿，决定年底再结婚。
4. 我不到8点就到了教室，可是已经迟到了，＿＿＿＿＿＿，原来是我的手表停了。
5. ＿＿＿＿＿＿＿＿＿＿＿，＿＿＿＿＿＿＿＿＿＿＿，饭费比学费还贵。
6. ＿＿＿＿＿＿＿＿＿＿＿，＿＿＿＿＿＿＿＿＿＿＿，外面下雨了。
7. ＿＿＿＿＿＿＿＿＿＿＿，＿＿＿＿＿＿＿＿＿＿＿，我们知道他是北京人了。

二 果然

表示事实与所说或所预料的相符合。例如：

(1) 妈妈说爸爸迷上了钓鱼。我到家一看，爸爸果然没在家待着，又钓鱼去了。
(2) 你看，这红嘴鲤鱼多漂亮，我猜今天绝对会有好事，果然你回来了。
(3) 天气预报说今天会下雨，现在果然下起了大雨。
(4) 以前听说小王喝酒很厉害，昨天和他一起吃饭，发现果然如此。
(5) 甲：这次来中国有什么感受？
乙：我看到中国的变化果然很大。

◎ 用"果然"把A、B中的句子连起来，根据需要可以增加或者减少一些词语：

A	B
1. 技术进步以后	a. 我的汉语水平有了很大的提高
2. 吃了这种药以后	b. 现在他准时来了
3. 经过这段时间的努力	c. 看来是这样
4. 我朋友说北京的空气越来越好了	d. 他的病好了
5. 他说过不会迟到	e. 汽车的价格越来越便宜
6. 丽丽说她比赛能得第一	f. 她得了第一

例：1. 技术进步以后，汽车的价格果然越来越便宜了。

三 哪儿

表示所有的地方或方面，后面常用"都"或"也"。例如：

(1) 家里厨房里养着鱼，阳台上养着鱼，卫生间里养着鱼……（所有的地方都养着鱼）
→家里哪儿都养着鱼。

(2) 我们学校，图书馆外面是自行车，教室旁边是自行车，路上是自行车……（所有的地方都是自行车）
→我们学校里哪儿都是自行车。

(3) 我刚来中国的时候，所有的地方都不认识。
→我刚来中国的时候，哪儿也不认识。

(4) 他这人其他所有的方面都不错，就是办事太马虎。
→他这人哪儿都好，就是办事太马虎。

◎ 用"哪儿"完成下面的对话：

1. A：到中国以后，你感觉到中国人口多吗？
   B：当然，_____。

2. A：在中国，只有大城市才有网络吗？
   B：不，_____。

3. A：你买到你想要的那本书了吗？
   B：没有，_____。

4. A：在我们国家，父母总是很关心孩子的学习。
   B：我们国家也是，_____。

5. A：最近你出去旅行过吗？
   B：没有，_____。

6. A：如果我买你们公司的汽车，车坏了修理方便吗？
   B：很方便，_____。

四 哪知道

表示没想到。例如：

(1) 我把卖鱼的计划告诉妈妈，哪知道老妈没听我说完就急了："不行不行！……"
(2) 我以为那个女孩儿是小王的女朋友，哪知道她是小王的妹妹。
(3) 以前听说中国北方冬天很冷，哪知道南方的一些地方冬天比北方还冷，因为南方没有暖气。
(4) 我记得我们家人原来挺喜欢吃鱼，哪知道现在他们都怕吃鱼，因为爸爸钓的鱼太多了。

◎ 采访你的搭档，请他（她）说说到中国以前，听说过或者想象过中国哪些方面的情况，到中国以后发现哪些情况和听说的或者想象的一样，哪些不一样。先把你采访的结果填在表中（至少各说两个方面），然后用"果然"和"哪知道"把了解到的情况告诉大家。

听说的或想象的和实际情况一样	听说的或想象的和实际情况不同
中国有很多自行车	中国人都爱喝茶

例：我的搭档到中国以前，听说中国自行车很多，到中国以后发现果然是这样。他以为中国人都喜欢喝茶，哪知道他认识的中国学生都喜欢喝咖啡，很少有人喝茶。

五 像……这么/那么+形容词

> 表示两个人或事物之间进行比较。例如：
>
> （1）我从没见过像你这么傻的（孩子），……
> （2）他也像他爸爸那么爱喝酒，不过他不像他爸爸那么爱抽烟。
> （3）老人们常常说，现在的年轻人不像他们以前那么勤劳了。
> （4）小商店的东西不像大商场那么全。

◎ 比较一下你和你的爸爸（妈妈或者兄弟姐妹），看看你们有哪些一样和不一样的方面。然后用"像……这么/那么+形容词"给大家介绍下，至少说三个方面：

例：我哥哥也像我这么高，不过，他不像我这么瘦。

拓展学习

一　阅读下边的句子，说说画线词语的意思

1. 老王觉得，幼儿园开在养老院（yǎnglǎoyuàn，nursing home）里，真是一个<u>一举两得</u>的好办法。
2. 我喜欢跟别人一起吃饭，这样一方面可以多交朋友，另一方面因为聊天儿不会吃得很多，可以说是<u>一举两得</u>。
3. 孩子做作业的时候常常<u>三心二意</u>，一会儿要上厕所，一会儿要喝水，一会儿笔又找不到了。
4. 在家里上网课很容易<u>三心二意</u>。
5. 历史知识太多了，我们从书上学到的只是<u>九牛一毛</u>。
6. 他们家非常有钱，买一辆汽车的钱真是<u>九牛一毛</u>。
7. 春天满山的鲜花，蜜蜂从<u>四面八方</u>飞到这里采蜜。
8. 每年9月，北京各个大学的学生从<u>四面八方</u>而来，开始新学期的学习和生活。
9. 现代人活得比以前长多了，活到<u>七老八十</u>很容易。
10. 我们宿舍早上就像医院的病房，每个人都像病人一样躺（tǎng，to lie）在床上。中午就像老人院，每个人像<u>七老八十</u>的老人一样躺着玩儿手机。到了晚上就像疯人院，每个人都疯玩儿到半夜两三点。
11. 养蜂人手上的包（bāo，swelling）<u>十有八九</u>是被蜜蜂蜇的。
12. 中国幼儿园的老师<u>十有八九</u>是女的。
13. 医生表示，"只要有百分之一的希望，我们就会<u>百分之百</u>地努力"。
14. 北京冬奥会（dōng'àohuì，Winter Olympics）实现了<u>百分之百</u>绿色能源（néngyuán，energy resources）。

二　选择合适的词语填空

> 一举两得　　三心二意　　四面八方　　七老八十
> 九牛一毛　　十有八九　　百分之百

1. 春节前，人们从_____回到老家，跟家人团圆。
2. 孩子说谎_____会被父母发现，但大人说谎别人不一定能发现。
3. 骑自行车上班既不用担心堵车，还能锻炼身体，可以说是_____。
4. 我爷爷奶奶都已经是_____的人了，但还跟年轻时一样浪漫。

5. 小张上高中的时候他父母就让他打工挣钱，虽然他挣的钱只是父母工资的＿＿＿＿＿＿，但是他父母认为打工的经历很重要。

6. 父母都希望孩子能上好高中，因为好高中的学生虽然不能＿＿＿＿＿＿都考上好大学，但通常都能考上大学。

7. 手机、电脑很容易让人＿＿＿＿＿＿：一会儿看看新闻，一会儿查一下电子邮件，一会儿逛逛淘宝。

三 完成下边的句子

1. 我希望自己七老八十的时候＿＿＿＿＿＿＿＿＿＿＿＿＿＿＿＿＿＿＿＿。
2. 我们学会的汉字只是九牛一毛，因为＿＿＿＿＿＿＿＿＿＿＿＿＿＿＿＿。
3. 年轻人跳槽十有八九是因为＿＿＿＿＿＿＿＿＿＿＿＿＿＿＿＿＿＿。
4. 如果他＿＿＿＿＿＿＿＿＿＿＿＿＿＿＿＿，那他十有八九喜欢你。如果他＿＿＿＿＿＿＿＿＿＿＿＿＿＿＿＿，那他百分之百不喜欢你。
5. 如果你＿＿＿＿＿＿＿＿＿＿，你百分之百会后悔。如果你不＿＿＿＿＿＿＿＿＿＿＿，你百分之百也会后悔。

我的理想家庭

词语表

| 1 | 理想 | lǐxiǎng | （名） | ideal; aspiration |

①小时候我的~是当一名火车司机。/②他的~实现了。

（形） ideal

◎ ~的家庭/~的工作/~的妻子（丈夫）
①这里的学习环境比较~。/②今年这家公司的情况不太~。

| 2 | 小伙子 | xiǎohuǒzi | （名） | chap; young fellow |

◎ 那个商店的服务员都是~。

| 3 | 事业 | shìyè | （名） | career; cause |

◎ 教育~/体育~/科学文化~
◎ 祝大家~成功！

| 4 | 无论※ | wúlùn | （连） | no matter (*what, how, etc.*); regardless of |

◎ ~谁/~什么/~在哪儿
◎ ~谁都免不了说谎。

| 5 | 之 | zhī | （助） | 的 a structural auxiliary word with a literary flavour, used between an attributive and the word modified by it |

①失败是成功~母。/②一个人在国外，没有钱、没有工作，生活~辛苦不难想象。

| 6 | 人生 | rénshēng | （名） | human life; life (*one's time on earth*) |

◎ 美好的~
①每个人对~的态度都不一样。/②结婚是~的一件大事。

| 7 | 如此 | rúcǐ | （代） | 像这样 so; in this way |

①看到爸爸~兴奋，我不愿意再劝他放弃钓鱼了。/②老王早晨起床后先去公园跑会儿步，然后才回来吃饭，天天~。

| 8 既然※ | jìrán | （连） | since; now that |

①～大家都不同意，我只好改变这个计划了。/②你～爱她，就应该让她知道。

| 9 独身 | dúshēn | （动） | 不（没）结婚　single; unmarried |

◎现在不少人愿意～，而不喜欢结婚。

| 10 干脆 | gāncuì | （副） | just; simply |

①这么晚回家很不方便，我～在办公室睡一夜吧。/②最近她觉得自己的长头发洗起来太麻烦，所以～剪成了短发。

| 11 拉家带口 | lājiā-dàikǒu | | to have family burden; to take one's family, old and young, along |

①你是～的人，买个大点儿的车比较好。/②出国旅行，～的很不容易，需要做好准备工作。

| 12 穷 | qióng | （形） | 没有钱或钱很少，生活困难　poor |

◎中国有的地区还比较～。

| 13 老实 | lǎoshi | （形） | （说话、做事等）诚实　honest; well-behaved |

①他是个～人。/②小偷儿老老实实地回答了警察的问题。

| 14 例外 | lìwài | （动） | to be an exception |

①所有的人都要完成自己的工作，不能有人～。/②做报告以前大家都喜欢说几句客气话，他也不～。

| | | （名） | exception |

①这里每年的2月最冷，但也有～。/②这种情况的出现只是一个～。

| 15 资格 | zīgé | （名） | qualification |

◎有……的～/获得……的～/教师～

◎小王最近取得了律师～。

| 16 古玩 | gǔwán | （名） | antique; curio |

◎～店

| 17 字画 | zìhuà | （名） | calligraphy and painting |

◎一幅～

| 18 书房 | shūfáng | （名） | study |

◎～在二层。

| 19 书籍 | shūjí | （名） | books |

◎文学～/历史～/×两本历史～

| 20 文具 | wénjù | （名） | 笔、本子等学习用的东西　stationery |

◎～商店

◎我的孩子每学期开始都要买很多～。

| 21 | 插 | chā | （动） | to insert |

◎ 桌子上的瓶子里~了几枝鲜花。

| 22 | 瓶子 | píngzi | （名） | bottle; vase; jar |

◎ 酒~/空~

| 23 | 单独 | dāndú | （副） | 不跟别的在一起　by oneself; alone |

①到了周末，爸爸总喜欢~一个人出去钓鱼。/②小王希望和丽丽~在一起，可丽丽总是叫来她的朋友。/③这本字典~放在一边，我每天都要用。

| 24 | 占 | zhàn | （动） | to occupy; to take up |

①这样的爱好~了他很多时间。/②这个冰箱很大，有点儿~地方。

| 25 | 软 | ruǎn | （形） | soft; pliable |

①我刚刚补了牙，只能吃~一点儿的东西，比如面条儿、面包。/②你背疼的话不要睡太~的床。

| 26 | 此外※ | cǐwài | （连） | besides; moreover |

①我的爷爷奶奶和叔叔都还在老家住，~还有一些亲戚。/②张老师去过法国和日本，~没去过别的国家。

| 27 | 保险 | bǎoxiǎn | （形） | safe; secure |

◎ ~箱

①老王认为把钱放在银行最~，可小王觉得钱放在银行里就会越来越不值钱。/②张大夫很有经验，让他做这种手术非常~。

| 28 | 缺少 | quēshǎo | （动） | to lack; to be in short of |

◎ ~维生素/~经验/~运动

| 29 | 白※ | bái | （副） | 不要钱　in vain; without pay; free of charge |

◎ ~吃/~住/~拿

①这种东西~给也没人要。/②周末他总是去父母那儿~吃。

| 30 | 院子 | yuànzi | （名） | courtyard |

◎ 我们家有个小~。

| 31 | 种 | zhòng | （动） | to plant |

◎ ~花/~草/~菜

| 32 | 棵 | kē | （量） | measure word (for certain plants like tree, Chinese cabbage, etc.) |

◎ 一~树/一~白菜

| 33 | 果树 | guǒshù | （名） | 长水果的树　fruit tree |

◎ 山上有很多~。

| 34 | 平 | píng | （形） | flat; level |

① 我们的操场现在好像不~。/ ② 这张桌子没放~。

| 35 | 名贵 | míngguì | （形） | well known and precious; rare |

◎ ~的花草 / ~的手表 / ~的古玩
◎ 这种中药非常~。

| 36 | 盆 | pén | （量） | measure word (for things contained in a basin) |

◎ 一~水 / 一~花

| 37 | 金鱼 | jīnyú | （名） | goldfish |

◎ 两条~ / 一盆~

| 38 | 地板 | dìbǎn | （名） | wooden floor; floor board |

◎ 这种~很漂亮。

| 39 | 打扫 | dǎsǎo | （动） | to clean up |

◎ ~房间 / ~教室
◎ 我父母周末要来学校看我，所以我得把房间~干净。

| 40 | 喂 | wèi | （动） | to feed |

◎ ~小孩儿（吃饭）/ ~狗 / ~鱼

| 41 | 帮手 | bāngshou | （名） | 专门帮忙做某事的人 assistant; helper |

◎ 如果你一个人忙不过来的话，再给你找几个~。

| 42 | 准 | zhǔn | （动） | to permit; to allow (often used in negative form) |

① 学校门口不~停车。/ ② 这个湖里不~钓鱼和游泳。

| 43 | 淘气 | táoqì | （形） | naughty; mischievous |

① 这个小孩儿非常~。/ ② 人们常说~的孩子聪明。

| 44 | 固定 | gùdìng | （形） | permanent; regular; fixed |

◎ ~工作 / ~工资 / ~的时间 / ~的地方

| 45 | 职业 | zhíyè | （名） | occupation; profession; vocation |

◎ ~病 / ~装
① 教师这一~越来越受到重视。/ ② 现在一生只从事一种~的人不太多。

| 46 | 诗 | shī | （名） | poem |

◎ 写~ / 做~ / 一首~ / ~人

| 47 | 家务 | jiāwù | （名） | 家里做饭、洗衣服等事情 housework |

◎ 科学技术的发展使得做~的时间比以前短多了。

| 48 | 暂时 | zànshí | （形） | temporary; transient |

① 学校宿舍现在没有空房间，所以我~住在学校对面的一个宾馆里。/ ② 我~不会离开中国，因为我的汉语水平还不够好。/ ③ 我现在的工作是~的。

| 49 | 闲 | xián | （形） | 没有事情做，有时间　idle; unoccupied |

① 小王辞职以后，一直在家~着。/ ② 爸爸退休以后在家~得难受。

| 50 | 其次 | qícì | （代） | next; second |

① 我先介绍一下我们公司的历史，~介绍一下公司现在的情况。/ ② 老张第一个发言，~是我。

用刚学过的词语回答下面的问题：

1. 你觉得理想的家庭应该有几个孩子？

2. 对你来说，事业和家庭哪个更重要？为什么？

3. 你觉得什么是人生中的大事？

4. 在你们国家，哪些工作需要取得任职资格？

5. 你喜欢看哪方面的书籍？

6. 什么事情你觉得自己单独做比较好？

7. 哪些事情让你觉得这次没有白来中国？

8. 你种过什么东西？

9. 你用过什么名贵的东西？

10. 你从多大开始自己打扫房间？

11. 小时候，你父母不准你做什么样的事？

12. 你觉得一直做一种工作好，还是应该试试不同的工作？

（固定）

13. 你理想的职业是什么？

14. 你学过哪些中国诗？

15. 你在家里的时候帮助父母做家务吗？做过什么家务？

16. 中国朋友去你们国家，如果找不到房子，可以暂时住在哪儿？

我的理想家庭

【1】　二十多岁的小伙子，谈理想，谈事业，谈爱情，没有兴趣考虑组织家庭。等过了三十，无论理想有没有实现，事业是不是成功，经历的事多了，想法就都渐渐变得现实了。虽然了解家庭之累，可人生本来就如此，该经历的都得经历。既然不打算独身，就干脆早点儿结婚，无论婚后是不是要做牛做马。到了四十，拉家带口，家庭仿佛是一列火车，无论是穷还是富，自己都得老老实实当好火车头。到了这个年纪，如果还有兴趣谈理想，大约只会谈理想的家庭。跟年轻时一比较，好像是变了一个人，自己都会感到吃惊！也说不定有人例外，但我看不多。

【2】　明年我就四十了，所以也有资格说说自己的理想家庭了。

【3】　我的理想家庭要有七间房子。一间是客厅，古玩字画全没有必要，只要几把舒服的椅子和一两张小桌子。一间书房，书籍自然不少，都是我爱读的。一张书桌，桌上的文具不讲究，可是都很好用。平时桌上老有一两枝鲜花插在小瓶子里。两间卧室，我自己单独占一间，里边当然很干净整齐，还要有一张又大又软的床，躺上去觉得特别舒服。另有一个房间，是准备留给客人住的。此外，还要有一间厨房，一个卫生间。家里不要电话，不要收音机、录音机，也不要保险箱。缺少的东西本来很多，不过这几样是故

一　阅读课文第1段，回答下面的问题

1. 根据课文，二十多岁的小伙子对家庭的态度怎么样？
（理想　事业　爱情）

2. 男的到了三十多岁，对家庭的态度会有什么变化？
（无论　现实　结婚）

3. 四十岁的男人和以前比较，有什么变化？
（无论……都……　老老实实　火车头）

二　阅读课文第3段，回答下面的问题

1. "我"对理想家庭的客厅有什么要求？
（古玩字画　舒服）

2. "我"对书房有什么要求？
（书籍　文具　鲜花）

3. "我"希望卧室是什么样子？
（干净整齐　又……又……）

4. 你觉得"我"为什么不要电话，不要收音机、录音机，不要保险箱？

意不要的，有人白送我也不要。

【4】　院子必须很大，墙边种着几棵小果树。除了一块长方的平地留着可以打太极拳，其他地方都种着花草——不要那些名贵的、种起来费事的，只要花多、爱长的就行。屋子里至少养一只花猫，院子里至少有一两盆金鱼；树上两三只鸟在快乐地歌唱。

【5】　下面该说人了。屋子不多，人自然不能很多：一妻一儿一女就正合适。在家里，丈夫管擦地板和窗户，打扫院子，收拾花草，给鱼换水，喂鸟；并管出门寄信买书等事情。妻子管做饭，女儿当帮手。女儿最好是十二三岁，不准大也不准小，老是十二三岁。儿子最好是三岁，既会讲话，又胖胖的会淘气。母女除了做饭以外，也做点儿手工活儿，照顾小弟弟。平时大件衣服尽量都拿到洗衣店去，小件的就自己洗一洗。

【6】　男的没有固定职业；只是每天写点儿诗或小说，每千字卖上四五十元钱。女的除了做家务就读些书。孩子们不用上学，由父母教他们画画儿、唱歌、跳舞和写字。等他们长大了，也许能靠画画儿或写文章卖点儿钱吃饭；不过这是以后的事，最好暂时不提。

【7】　这一家人，因为吃得简单干净，而且从早到晚不闲着，所以身体很健康。因为身体好，喜欢开玩笑，所以心情也不错，不容易生气。除了为小猫上房、小鸟逃走等事着急，大家从不吵架，从不大声嚷嚷。

【8】　这个家庭最好是在北京，其次是成都或青岛，最坏也得在苏州。不管在哪儿，一定得在中国——理想的家庭必须在自己的国家。

（根据老舍《我的理想家庭》改写）

三　根据课文第4段，画出"我"理想中的院子

四 阅读课文第5—8段，填写下面的表格

"我"的理想家庭里的人		
家庭成员	家务活儿	其他情况
丈夫		
妻子		
女儿		
儿子	没有	三岁，胖胖的，既会讲话又会淘气，不用上学，只要跟父母学习画画儿、唱歌、跳舞和写字。

五 采访你的搭档，了解一下他(她)家都有什么人，平时家里都有什么家务活儿，这些家务活儿怎么安排，他(她)最喜欢做的和最不愿意做的家务活儿是什么

家庭成员(家里的人)	家务活儿
我的搭档	做饭
	洗碗
	洗衣服
	打扫房间
	买日用品

六 和你的搭档一起仔细阅读全部课文内容,然后讨论一下你们的理想家庭,并把你们理想的"家"画出来

我理想的家	我搭档理想的家

一 无论……都……

> 表示在任何条件下,情况或结论都不会改变。"无论"后边常常是动词或形容词的肯定否定形式连用、疑问词或由连词"还是"连接的成分,用来指所有的情况。例如:
>
> (1) 无论理想有没有实现,事业是不是成功,经历的事多了,想法就都渐渐变得现实了。
> (2) 家庭仿佛是一列火车,无论是穷还是富,自己都得老老实实当好火车头。
> (3) 别人送给你的礼物,无论喜欢不喜欢,你都得说喜欢。
> (4) 他无论做什么都非常认真。
> (5) 这首歌无论男女老少都喜欢。
> (6) 不努力就很难取得成功,无论你多么聪明。

(一) 用"无论……都……"改写下面的句子,根据需要可以增加或者减少一些词语

1. 老板称赞你,你得听着;老板批评你,你也得听着。

2. 星期天他从来不工作，公司给他加班费他不去，不给他加班费他也不去。

3. 说谎的原因可能有很多，但是在任何情况下说谎都不值得。

4. 恋人给你做的菜哪怕难吃得要命，你也得做出很好吃的样子。

5. 自己的孩子聪明，父母当然喜欢；如果孩子有点儿笨，父母也不会不喜欢。孩子漂亮，父母喜欢；孩子不漂亮，父母也不会不喜欢。孩子学习好，父母当然高兴；孩子学习不好，父母还是爱自己的孩子。

（二）用"无论……都……"完成下面的句子或对话

1. _____，都应该尊重别人。
2. _____，诚实都是很重要的品格。
3. _____，他都能按时完成。
4. _____，你都要了解当地的文化。
5. 孩子眼睛近视以后一定要让他们戴眼镜，_____。
6. 他每天坚持锻炼身体，_____。
7. 每个人都会犯错误，_____。

二 既然

一般用在第一个分句中，引出事实或前提，第二个分句是根据这个事实或前提作出的判断或结论，常用"就""也""还"等呼应。例如：

(1) 既然不打算独身，就干脆早点儿结婚。
(2) 既然大家都对这个问题感兴趣，那我们可以讨论一下。
(3) 父母既然不希望孩子抽烟，那自己就不应该在孩子面前抽烟。
(4) 我既然答应帮你，就肯定会帮你。
(5) 既然你不去了，我也不想去了。
(6) 既然她都结婚了，你还等她干吗？

◎ 用"既然"完成下面的句子：

1. _____，我们就换个时间吧。
2. _____，那我也不反对。

3. ＿＿＿＿＿＿＿＿＿＿＿＿＿＿＿＿＿＿＿＿＿＿，就喝点儿别的吧。
4. ＿＿＿＿＿＿＿＿＿＿＿＿＿＿＿＿＿＿＿＿＿＿，你就让他自己做决定吧。
5. ＿＿＿＿＿＿＿＿＿＿＿＿＿＿＿＿＿＿＿＿＿＿，那我们走吧。
6. ＿＿＿＿＿＿＿＿＿＿＿＿＿＿＿＿＿＿＿＿＿＿，那我就不买了。

三 此外

表示除了前面所说的事物或情况以外。如果后边是肯定形式，表示除了前面所说的，还有别的；如果后边是否定形式，表示除了前面所说的，没有别的。例如：

（1）……此外，还要有一间厨房，一个卫生间。
（2）我只要有时间就去旅行，此外没有别的爱好。
（3）到中国以后，我只认识了我们的老师和几个中国学生，此外没有认识别的中国人。
（4）这是我们的秘密，我只告诉过我的父母和一个朋友，此外，我没告诉任何人。

注意："此外"后不能直接加名词性成分。

◎ 用"此外"回答下面的问题：

1. 在中国，你去过哪些地方？

2. 今后你有什么打算？

3. 能谈谈你的学习经历或工作经历吗？

4. 在你们国家，找工作时需要准备哪些材料？

5. 人们为什么要学外语？

6. 现在年轻人的压力为什么越来越大？

四 白+动词

表示不付出代价而得到好处或给人好处。例如：

（1）这几样是故意不要的，有人白送我也不要。
（2）以前他常常到朋友那儿白吃白喝，所以大家都不喜欢他。
（3）今天看电影不要钱，电影票全部白送。
（4）只要你提前交500块钱的电话费，就可以白得一部手机。

◎ 用"白"加下面的动词填空：

> 看　听　穿　用　送

1. 展览会上，很多书和杂志都是_____给读者的，只要留下名字和电话就行。
2. 昨天的参观，我跟在一个旅行团的后边，导游一直在给他们介绍，我也_____他讲了不少。
3. 许多有名的运动员，他们的运动衣、运动鞋都是_____的，那些公司可能还会给他们钱。
4. 以前这里的公共汽车上有一些报纸，大家可以_____，可是现在没有了。
5. 为了做广告，这家公司一直让我们_____他们的产品。

五 十二三

相邻的两个数字连用，表示大概的数目。例如：

（1）女儿最好是十二三岁，不准大也不准小。
（2）院子里至少有一两盆金鱼；树上两三只鸟在快乐地歌唱。
（3）每天写点儿诗或小说，每千字卖上四五十元钱。
（4）中国的老人常常五六点钟就起床，晚上八九点钟就睡觉。
（5）以前大学毕业每个月拿八九百块钱工资挺多的，现在每个月三四千也不算多。

注意：因为"九十"会引起歧义，所以一般不连用。

◎ 根据实际情况，回答下面的问题：

1. 你每天大概学习多少个小时？睡觉呢？
_____

2. 一个星期你大概学习多少个生词?

3. 现在你每个月的费用大概是多少?其中吃饭、买东西各需要多少钱?

4. 你们国家的孩子一般多大上小学?中学呢?

5. 在你们国家,一部最便宜的手机大概多少钱?最贵的呢?

6. 在你的家乡,夏天的最高温度大概是多少?冬天的最低温度呢?

拓展学习

一 猜一猜下面词语的意思

家父　家母　家兄　家长　全家福
车手　歌手　水手　好手　新手　老手　生手　熟手　写手　三只手

二 阅读下边的句子,说说画线词语的意思

1. 我们经常说<u>成家立业</u>,现代人对立业很感兴趣,但却越来越不想成家。
2. 以前在中国,男人30岁以前应该<u>成家立业</u>,不然会被看不起。
3. 他为了她一生都没有结婚,而她与丈夫白头偕老、<u>儿孙满堂</u>。
4. 爸爸妈妈结婚几十年来<u>一直相亲相爱</u>,如今是<u>儿孙满堂</u>。
5. 他们一家人总是<u>相亲相爱</u>,相互支持。
6. 白天来这个公园的多是<u>拉家带口</u>的中年人,晚上多是花前月下的年轻人。
7. 一开始,我只是给一只野猫喂吃的。三四天后,这只野猫就<u>拉家带口</u>地来我家门口要吃的。
8. 教育、医疗是<u>家家户户</u>关心的问题。
9. 这里<u>家家户户</u>、男女老少都会剪纸。

三 选择合适的词语填空

成家立业　　相亲相爱　　儿孙满堂　　拉家带口　　家家户户

1. 中秋节的时候中国人_____吃月饼、赏圆月。
2. 我们公司很小，同事们_____，就像一家人一样。
3. 父母都希望子女能早点儿_____，结婚以后夫妻_____，早点儿生孩子，这样他们自己也能早点儿享受_____的幸福。
4. 春节的时候，火车站、飞机场都是_____回家过年的人。
5. 老王有四个孩子，他们都已_____，也都有了孩子。老王是_____。别人都说老王很幸福。每年老王过生日或者是到了春节的时候，儿子、女儿都_____地回来。老王一方面觉得很幸福，另一方面也很发愁，因为每个孙子孙女的生日礼物，还有春节的红包，他都要花不少钱。

第4单元　热身活动

◎ 假设一家商场正在招聘售货员,你去参加面试。下面是招聘部门的经理给你的一道考试题:

当顾客在我们商场买了某样商品时,你应该想办法劝他(她)买别的相关的商品。例如,顾客买了一条床单,你可以问他(她)要不要被子、枕头和枕巾等。当顾客买了下面这些商品时,你打算劝他(她)再买什么?

床单:<u>被子、枕头、枕巾</u>

电脑:_____

台灯:_____

自行车:_____

工具箱:_____

手机:_____

男式衬衫:_____

女式皮包:_____

今天都在送什么？

词语表

1	婚礼	hūnlǐ	（名）	wedding

◎ 参加~ / 举行~ / 办~

2	新郎	xīnláng	（名）	bridegroom

◎ 结婚这天，~喝多了。

3	新娘	xīnniáng	（名）	bride

◎ ~真漂亮！

4	拆	chāi	（动）	to tear open; to take apart; to pull down

◎ ~信 / ~礼物 / ~房子
◎ 我小的时候最喜欢~东西，家里的手表、钟表、收音机我都~过。

5	红包	hóngbāo	（名）	money wrapped in red paper as a gift

① 小时候每到春节，爷爷奶奶和爸爸妈妈都给我~。 / ② 结婚的时候，新郎新娘会收到很多~。

6	数	shǔ	（动）	to count

◎ ~人 / ~钱 / ~字数（shù, number）

7	被子	bèizi	（名）	quilt; comforter

◎ 一条~

8	日用品	rìyòngpǐn	（名）	每天生活用的东西 articles of everyday use; commodity

◎ 我每星期去超市买一次~。

9	年代	niándài	（名）	decade (*of a century*); time

◎ 70~ / 20世纪80~ / 战争~ / 改革开放的~

10	标准	biāozhǔn	（名）	standard; criterion

◎ 符合~ / 达到~ / 提高~ / ~很高 / ~比较低 / ~非常严格

11	逐渐	zhújiàn	（副）	〈书〉渐渐 gradually *(usually used in the written language and followed by a word with two or more syllables)*

① 长大以后，孩子才能~理解父母的心情。/② 生完孩子以后，丽丽的体重~恢复了正常。/③ 过了很久，他激动的心情才~平静下来。

12	寻找	xúnzhǎo	（动）	〈书〉找一找 to seek; to look for

① 由于要出国，我想替我的小狗~一位新主人。/② 父母如果发现孩子说谎，应该先~他说谎的原因。

13	尽	jìn	（动）	to exhaust; to deplete

◎ 想~了各种办法/用~了所有的力气

① 为了找工作，小王费~了脑子。/② 这件事我已经~全力了，不成功我也不会后悔。

14	人民币	rénmínbì	（名）	RMB

◎ 在中国周围的一些国家买东西时可以用~。

15	尺寸	chǐcùn	（名）	size; measurement

◎ 衣服~/鞋的~

	尺	chǐ	（名）	ruler

◎ ~子/皮~

16	工艺品	gōngyìpǐn	（名）	handcraft article

◎ 一件~

17	实用	shíyòng	（形）	practical; pragmatic

① 我的包很~，什么东西都放得下；你的包那么小，只是好看，放不了太多东西。/② 我觉得风雨衣最~，晴天、刮风、下雨、下雪都能穿。

18	哪怕※	nǎpà	（连）	even if; even

① 明天的会议非常重要，~身体不舒服，我也得去参加。/② 学习外语要多说，~说错了也没关系。

19	微波炉	wēibōlú	（名）	microwave stove

◎ 一台~

20	打折	dǎ zhé		to sell at a discount; to be on sale

◎ ~卖/打八折

◎ 今天这家商场人很多，因为所有的东西都~。

21	添	tiān	（动）	增加 to add *(more of the same)*; to increase

① 晚上气温低，你出去要~件衣服。/② 上次出去玩儿，我住在一个朋友家，给他们~了不少麻烦。

| 22 好容易 | hǎoróngyì | (副) | with great difficulty; not easily (*only used for things which has already occurred*) |

①什么？你不想看了？这足球票我~才买到的，你怎么能不去呢？/②这学期一直很忙，上个周末~休息了两天。

| 23 落后 | luòhòu | (形) | backward; outdated |

◎ ~的技术/~的城市/思想很~/交通相当~/工业很~

| 24 事先 | shìxiān | (名) | 事情发生以前 in advance; before a matter is handled |

◎ ~做准备/~通知大家

①这家饭馆儿晚上吃饭的时候人特别多，你最好~打电话预订一个包间。/②这个情况我~不知道。

| 25 决 | jué | (副) | used before "不""没""无""非"，indicating an absolute negation, interchangeable with "绝" |

①他不请我，我~不去。/②这话我~没说过。/③让我和他们这样的公司合作~无可能。/④学好汉语~非一件易事。

| 26 挑 | tiāo | (动) | to seek; to pick |

◎ ~错儿
◎ 我爸爸的爱好就是~报纸上的错别字和语法错误。

| 27 毛病 | máobìng | (名) | flaw; defect; shortcoming |

◎ 挑~
①每个人都会有~，但是自己的态度很重要。/②这件衣服有点儿~，你给我换一件吧。/③这台电视机是不是有什么~？怎么这么便宜？

| 28 化妆品 | huàzhuāngpǐn | (名) | cosmetics |

◎ 丽丽每次去商场都会买~。

| 29 进口 | jìn kǒu | | to import |

◎ ~食品/~汽车
①我们公司主要~外国的现代工艺品，出口中国的传统工艺品。/②现在~的东西比过去便宜了一些。

| 30 价值 | jiàzhí | (名) | value |

◎ 很有~/~很高
◎ 相同~的东西，不同的地方卖的价格可能不一样。

| 31 善于 | shànyú | (动) | to be good at; to be adept in |

◎ ~砍价/~与人交往/~发现别人的优点
①上小学、中学的时候，我最不~写作文。/②学习的时候，不仅要~回答问题，而且要~提出问题。

| 32 | 计算 | jìsuàn | （动） | to calculate; to count |

◎ ~成绩

① 在中国一个月要花多少钱，你~过吗？/ ② 这家饭馆儿~饭费常常出错儿，而且总是多~。

| 33 | 束 | shù | （量） | bunch; bundle |

◎ 一~鲜花/ 一~玫瑰

| 34 | 盒 | hé | （量） | measure word (for things which usually contained in a box, such as tea leaves, cosmetics, etc.) |

◎ 一~巧克力/ 一~冰激凌

| 35 | 茶叶 | cháyè | （名） | tea leaves |

◎ 我给爸爸买了两盒~。

| 36 | 值 | zhí | （动） | to be worth |

① 这件古玩~二十万元人民币。/ ② 许多以前不~钱的东西现在都很贵。

| 37 | 怀疑 | huáiyí | （动） | to suspect; to have a suspicion that... |

① 我~我的钱包会吃钱，因为我放进去的钱总是很快就没了。/ ② 妻子~丈夫有秘密，所以经常检查他的手机。/ ③ 古代的中国人从没~过地是方的。

| 38 | 遭到 | zāodào | （动） | 遇到不幸或不利的事　to suffer; to encounter |

◎ ~批评/ ~怀疑/ ~反对/ ~不幸

◎ 公司的改革计划~了很多人的反对。

| 39 | 的确 | díquè | （副） | indeed; really |

① 小王给我们介绍的那个饭馆儿~不错。/ ② ~，选一件合适的礼物挺难的。/ ③ 对不起，我的的确确忘了你的生日。/ ④ 这幅画儿的的确确是真的。

| 40 | 对方 | duìfāng | （名） | the other side; the other party |

① 在中国古代，结婚以前男女双方常常不能见~。/ ② 寄快递时可以选择~付快递费，叫到付。

| 41 | 存 | cún | （动） | to deposit; to leave with |

◎ ~钱/ ~银行/ ~包

◎ 把箱子~在服务台。

| 42 | 由※ | yóu | （介） | by (pointing out to whom the obligation is imposed, the object of "由" is usually the doer of the action expressed by the verb) |

① 明天的晚会，准备食品的工作~小王负责，音乐~我负责，丽丽负责招呼客人。/ ② 结不结婚，和谁结婚，都得~孩子自己决定。

| 43 假 | jiǎ | （形） | 不是真的　fake; false |

◎ ～钱/ ～花/ ～画儿/ ～话/ ～护照

| 44 珍贵 | zhēnguì | （形） | valuable; precious |

◎ ～的礼物

◎ 这种照片很～，它已经有100多年的历史了。

| 45 生命 | shēngmìng | （名） | life |

① 每个人的～都只有一次。/ ② 没有水就没有～。

| 46 恋人 | liànrén | （名） | 谈恋爱的人　person in love; one's boyfriend or girlfriend |

◎ 小王和丽丽是一对～。

| 47 代替 | dàitì | （动） | to substitute for; to replace |

① 电脑能～人脑吗？/ ② 喝牛奶不舒服的话，可以用豆奶～。

用刚学过的词语回答下面的问题：

1. 你参加过别人的婚礼吗？新郎、新娘给你留下了什么印象？

2. 你觉得收到别人的礼物马上拆开好，还是以后再拆？

3. 在商店里买东西，售货员找你钱以后你会数一下吗？

4. 你知道电脑是什么年代发明的吗？

5. 为了提高汉语水平，你有什么打算？（逐渐）

6. 如果在学校里丢了东西，你会寻找吗？怎么寻找？

7. 你觉得世界上的石油会被用尽吗？

8. 在学校里，什么交通工具比较实用？

9. 你们国家的商场一年里什么时候打折最厉害？

10. 如果有人白送给你家具，你最想在自己的房间添什么？

11. 你觉得中国在哪些方面还比较落后？

12. 你会为了什么事情事先做准备？

13. 你觉得自己以后一定不会做什么事？（决）

14. 你觉得买什么东西一定要认真挑？

15. 如果让每个人给自己找一个毛病，你觉得你最大的毛病是什么？

16. 你们国家进口什么比较多？

17. 请说说你的优点。（善于）

今天都在送什么？

【1】　婚礼结束，新郎新娘送走客人，关起门来，忙了一天的两个人急着做什么？做什么，这还用说吗？当然要说，他们所做的往往并不像你所想的那么浪漫。两个人回到房间后的第一件事很可能就是拆红包①，数钱！

【2】　红包，是现在参加婚礼的人少不了的礼物，结婚送被子、送日用品的年代早已成为历史。这些年来，礼物的标准逐渐提高，在人们为寻找合适的礼物费尽脑子之后，终于发现，最合适的礼物是——人民币！

【3】　实际上，除了钱，你送什么礼物都有可能是不合适的。送衣服，人家喜欢什么颜色、穿多大尺寸的你了解吗？送工艺品，只能放着看，可能人家觉得不实用。哪怕送一台非常实用的微波炉也可能有问题，要是人家已经有了呢？一个家庭绝对用不着两台微波炉，打折卖可能都没人要，放着又占地方，你送这礼物不是给人家添麻烦吗？那送一台人家还没有的电脑怎么样？也不行！也许人家还不会使用，等好容易学会了，几个月过去了，这台电脑可能已经落后了，你又送错了。因此如果想选一件理想的东西送人，首先得懂得这个人的心理，知道他喜欢什么、不喜欢什么。其次还得事先调查你要送的东西他有没有。这不太麻烦了吗？

【4】　送什么都不像送钱那么保险，送钱决不会错，谁都喜欢，谁都用得着，没那么多麻烦。你送礼物给一个爱挑毛病的人，他可能觉得这个花瓶不好看，那幅字画不实用，这块手表不够名贵，那套化妆品不是进口的。但哪怕是最爱挑毛病的人，也挑不出钱的毛病来。钱不管是中国的还是外国的，不管是破一点儿的还是新一点儿的，价值都一样。你送礼物给善于计算的人，不管你送什么，

他都要换成钱来计算。这束玫瑰花可能要100块，那盒茶叶可能要300块。你送钱给他就方便了，他就用不着费劲去猜这东西值多少钱了。送礼物给爱怀疑的人，你送别的东西，都会遭到他的怀疑：你是不是买得太多了？是不是你买了以后又觉得不喜欢的东西？是不是人家送给你而对你没用的东西（实际上有些礼物的确是这样被转送的）？送钱他便不会有疑问了。送钱给了对方最大的自由，他想买什么就买什么，或者想存银行，一切都由他自己决定；送钱还是最放心的，送别的东西一不小心可能买的是假的。

【5】　钱是最保险的礼物，用微信发红包也很方便，但钱却不是最珍贵的礼物。最珍贵的礼物不能用钱计算，比如母亲送给我们的礼物——生命，我们送给恋人的礼物——爱情，还有朋友送给我们的礼物——友谊。这些都不能换成钱来计算，是钱不能代替的礼物。

〔根据莫小米《今天都在送什么》改写，《都市消息》（周介人、陈保平主编），生活·读书·新知上海三联书店，1996年〕

● 注：① 红包：这是中国人送礼的一种习惯，把钱包在红纸里或者放在红色的纸袋里送给别人。比如春节的时候，老人、父母送给孩子；结婚的时候，客人送给新郎新娘。

一 给课文的第3、4段各加一个小标题

第3段：＿＿＿＿＿＿＿＿＿＿＿＿＿＿＿＿＿＿＿＿＿＿＿＿＿

第4段：＿＿＿＿＿＿＿＿＿＿＿＿＿＿＿＿＿＿＿＿＿＿＿＿＿

二 根据课文内容和自己的看法填写下面的表格

送下面的东西可能会有什么问题	送礼物给下面的人可能会有什么问题
衣　服：＿＿＿＿＿＿＿＿＿＿	爱挑毛病的人：＿＿＿＿＿＿＿＿
工艺品：＿＿＿＿＿＿＿＿＿＿	善于计算的人：＿＿＿＿＿＿＿＿
微波炉：＿＿＿＿＿＿＿＿＿＿	爱怀疑的人：＿＿＿＿＿＿＿＿＿
电　脑：＿＿＿＿＿＿＿＿＿＿	
送钱的好处	
● ＿＿＿＿＿＿＿＿＿＿＿＿＿	● ＿＿＿＿＿＿＿＿＿＿＿＿＿
● ＿＿＿＿＿＿＿＿＿＿＿＿＿	● ＿＿＿＿＿＿＿＿＿＿＿＿＿

三 问问你的搭档：在下面这些情况下，他（她）会不会送礼物，如果会，送什么礼物，为什么

不同情况	礼　物	选择的原因
父母过生日		
朋友过生日		
朋友结婚		
朋友搬家		

一 疑问代词表任指（什么、谁）

> 表示任何人、任何事物或事情等，强调所说的没有例外，句子中必须有副词"都"或"也"呼应。例如：
>
> （1）除了钱，你送什么礼物都有可能是不合适的。
>
> （2）送什么都不像送钱那么保险，送钱决不会错，谁都喜欢，谁都用得着，没那么多麻烦。
>
> （3）A：怎么样，我的衣服好看吗？
> 　　B：那还用说？你穿什么都好看！
>
> （4）很多人都说有鬼，可是谁也没见过。

（一）用疑问代词表任指格式改写下面的句子，根据需要可以增加或者减少一些词语

1. 这是一个秘密，不能告诉别人。

2. 今天真是疲劳的一天，回到家里不想说话，不想吃饭，不想洗澡，只想睡觉。

3. 心情好的时候觉得周围的一切都很美好。

4. 因为我爸爸喜欢钓鱼，所以我们家里人都不喜欢吃鱼。

5. 西瓜真是一个好东西，西瓜的肉、西瓜皮、西瓜子都能吃，一点儿都不浪费。

6. 我在我们单位年龄最小。

7. 抽烟的人都知道烟对身体不好，可是很难让他们不抽烟。

（二）用疑问代词表任指格式完成下面的对话

警察：上个月13号你在哪儿？
某男：我在成都出差。
警察：那天晚上8点到12点你做什么了？
某男：我在外面吃完晚饭就回酒店睡觉了。
警察：只有你一个人吗？
某男：对，_____。
警察：你几点回的酒店？
某男：不知道，我喝了点儿酒，_____。
警察：回房间的时候，你遇到谁了？
某男：没有，_____。
警察：那天晚上你在房间听到了什么？
某男：没有，_____。
警察：那天晚上酒店发生了什么，你知道吗？
某男：不知道，我正想问问您呢。

二 哪怕

表示假设的让步，引出的假设常常是较极端的情况，另一部分表示结果或情形不变。多用于口语。例如：

（1）哪怕送一台非常实用的微波炉也可能有问题，要是人家已经有了呢？
（2）哪怕是最爱挑毛病的人，也挑不出钱的毛病来。
（3）电脑发展太快，哪怕是最好的电脑，几个月以后也可能已经落后了。
（4）哪怕是冬天，小王都洗冷水澡。

（5）这篇作文明天要交，我今天晚上一定得写完，哪怕不睡觉。
（6）许多动物都会努力保护自己的孩子，哪怕牺牲自己的生命。

> 哪怕A，也／都B

（一）选择上面的例句填到下面的对话中

1. A：听说小王从来不洗热水澡？
   B：对，_____。

2. A：我希望买台最好的电脑。
   B：没有必要吧，_____。

3. A：作文没写完就明天再写吧。
   B：不行，_____。

4. A：动物的母子感情好像和人差不多。
   B：对，_____。

5. A：朋友要结婚了，我在考虑送什么给他们。
   B：你可以送日用品，最好实用一点儿的。
   A：送日用品可能不行，_____。
   B：那你就送钱吧。
   A：送钱合适吗？
   B：送钱肯定没问题，_____。

（二）用"哪怕"改写下面的句子，根据需要可以增加或者减少一些词语

1. 这件衣服太难看了，白送给我我也不要。
   _____

2. 他奶奶得了一种老年病，刚刚发生的事都记不住。
   _____

3. 为了锻炼身体，老王总是骑自行车上班，刮风、下雨的时候也不坐车。
   _____

4. 音乐是我的生命，不吃饭、不看电视都可以，但没有音乐不行。
   _____

5. 如果我说谎，老板可能会表扬我，给我增加工资，但我不能因为这样就说谎。

6. 小王去哪儿都拿着手机，过马路时也低头看手机。

（三）完成下面的句子

1. 哪怕＿＿＿＿＿＿＿＿＿＿＿＿＿＿＿＿＿＿＿＿＿＿＿＿，我也要学习汉语。
2. 哪怕＿＿＿＿＿＿＿＿＿＿＿＿＿＿＿＿＿＿＿＿＿＿＿＿，我都不愿意加班。
3. 哪怕＿＿＿＿＿＿＿＿＿＿＿＿＿＿＿＿＿＿＿＿＿＿＿＿，我也不戴眼镜。
4. 哪怕＿＿＿＿＿＿＿＿＿＿＿＿＿＿＿＿＿＿＿＿＿＿＿＿，我也不坐飞机。
5. 我已经下了决心要离开父母独立生活，哪怕＿＿＿＿＿＿＿＿＿＿＿＿。
6. 小王决定跟丽丽结婚，哪怕＿＿＿＿＿＿＿＿＿＿＿＿＿＿＿＿＿＿。
7. 我从来不后悔自己做过的事情，哪怕＿＿＿＿＿＿＿＿＿＿＿＿＿＿。

三 用得着 / 用不着

表示需要 / 不需要。例如：

（1）一个家庭绝对用不着两台微波炉。
（2）送钱决不会错，谁都喜欢，谁都用得着。
（3）他就用不着费劲去猜这东西值多少钱了。
（4）二十多年以前到这个国家留学的学生常常带着很多日用品，现在显然用不着带了，因为这里的日用品质量也很好，而且往往更便宜。

◎ 科学技术的发展给我们的生活带来了很多方便，许多以前很麻烦的事情，现在变得非常简单，请至少举三个这方面的例子：

例：以前我们买贵一点儿的东西需要带很多钱，现在用不着带钱，你只要带着手机就行了。

四 由

指出责任归属，某事归某人去做。例如：

(1) 他想买什么就买什么，或者想存银行，一切都由他自己决定。
(2) 今天的会议由王老师主持。
(3) 公司的事情不由我一个人决定，我得跟其他人商量。
(4) 这家银行改革以后由一个年轻人担任行长。

◎ 选择所给的动词和"由"完成下面的句子：

| 选择 | 安排 | 负责 | 设计 | 解释 | 解决 | 控制 |

例：学校周围的交通问题需要由市政府解决，学校自己解决不了。

1. 请你问我们公司的招聘部门，因为这样的问题　　　　　　　　　　　。
2. 我们学校的图书馆是　　　　　　　　　　　　，他们的设计非常成功。
3. 小王说在家里他只管大事，小事　　　　　　　　　　　，不过他们家从他俩结婚以来一直没有大事。
4. 在许多国家，重要的经济部门，例如石油、铁路都　　　　　　　　　　　。
5. 现在有婚庆公司负责为顾客安排婚礼，很多年轻人不愿意自己费事，喜欢　　　　　　　　　　　　　　　　　　婚礼。
6. 孩子在大学里学什么专业应该　　　　　　　　　　　，父母不应该替他们决定。

拓展学习

一 猜一猜下面词语的意思

假币　　假球　　假山　　假牙　　假唱
恋家　　恋旧　　自恋　　网恋　　婚外恋

二 阅读下边的句子，说说画线词语的意思

1. 孩子小的时候，父母说什么他们都信以为真。
2. 小时候每次吃鱼的时候，妈妈都说她爱吃鱼头，我和姐姐都信以为真。
3. 有些人对星座（xīngzuò, zodiac sign）决定人的性格深信不疑，有些人则半信半疑，还有一些人一点儿也不相信。
4. 有一种观点认为，埃及（Āijí, Egypt）金字塔（jīnzìtǎ, pyramid）是外星人（wàixīngrén,

alien）建的，对此很多人深信不疑。

5. 昨天爸爸钓了很多鱼回家，妈妈半信半疑地问："这些真的都是你钓的？怎么都一样大呢？"
6. 母亲送给我们的礼物——生命，我们送给恋人的礼物——爱情，朋友送给我们的礼物——友谊，这些都是无价之宝。
7. 一位农民在自家地底下发现了40公斤黄金和一个花瓶。他把花瓶扔了，没想到这个花瓶是无价之宝。
8. 我们卖的水果都是百里挑一的，质量肯定没问题。
9. 这次展览都是故宫里百里挑一的国宝。

三 选择合适的词语填空

> 信以为真　深信不疑　半信半疑　无价之宝　百里挑一

1. 故宫里有很多_____。
2. 男孩儿_____地问女孩儿："你是真的爱我吗？"
3. 我是跟你开玩笑的，你怎么就_____了呢？
4. 一种新的发明刚出现时，大家总是_____。
5. 我上小学的时候还对圣诞老人的故事_____。
6. 有些老人对微信上的文章_____。
7. 我们公司招聘4个人，五六百人来应聘，真正的_____。
8. 成绩、学历对一个人来说当然重要，但真正的_____是一个人的经历。
9. 获得诺贝尔文学奖的都是_____的作品。

四 回答问题

1. 什么事你小时候深信不疑，长大以后发现不是真的？

2. 以前人们深信不疑的事，哪些不是真的？

3. 有没有人们信以为真的历史实际上不是真的历史？

4. 请介绍一件你们国家的无价之宝。

5. 你有无价之宝吗？如果有，为什么你觉得它是无价之宝？

生日礼物

词语表

| 1 | 餐厅 | cāntīng | （名） | restaurant; dining hall |

◎ 一家~ / 中~ / 西~

| 2 | 庆祝 | qìngzhù | （动） | to celebrate |

① 10月1日国庆节是~中华人民共和国成立的节日。每年的这个时候都有很多~活动。/ ② 为了~我父母结婚20周年，我们全家一起去照相馆照了一张全家福。/ ③ 这次比赛咱们队得了第一名，一定要好好儿~~。

| 3 | 包 | bāo | （动） | to charter; to hire |

◎ ~车 / ~飞机

① 这家餐厅今天晚上被一家公司~了。/ ② 为了庆祝孩子考上大学，父母给亲戚朋友~了一场电影。

| 4 | 厅 | tīng | （名） | hall |

◎ 电影~ / 音乐~ / 餐~ / 客~ / 舞~

| 5 | 放映 | fàngyìng | （动） | to show; to project |

◎ ~电影

| 6 | 部 | bù | （量） | measure word (for book, film, etc.) |

◎ 一~电影 / 一~小说 / 一~词典 / 一~电话 / 一~手机

| 7 | 按照※ | ànzhào | （介） | according to; in accordance with |

① 开学时，老师~汉语水平的高低给学生分班。/ ② ~学校以前的规定，晚上11点以后宿舍楼要锁门。

| 8 | 布置 | bùzhì | （动） | to decorate; to arrange |

◎ ~房间 / ~宿舍 / ~客厅 / ~新房

| 9 | 毫不 | háobù | | 一点儿也不……（后边一般跟双音节词） not at all; not in the least |

① 孩子小的时候，对父母、老师说的话~怀疑。/ ② 父母个子都很矮，孩子的个子很高，这样的事~奇怪。

| 10 知情 | zhīqíng | （动） | 知道情况 to know the facts or details; to be in the know |

◎ 寻人启事

王小毛，男，40岁，身高1.7米左右，较瘦。上个月16日离家，至今未归。离家时上身穿黑大衣，下身穿黑裤子，脚穿黑皮鞋。有～者请速与他的家人联系。……

| 11 联络 | liánluò | （动） | to get in touch with; to contact |

◎ 到了年底，我们公司都要跟老顾客们～～感情。

| 12 增进 | zēngjìn | （动） | to promote; to enhance |

◎ ～了解 /～友谊

| 13 桥梁 | qiáoliáng | （名） | bridge |

① 他的专业是～设计。/② 互联网成了联系世界不同地区人们的～。

| 14 本※ | běn | （代） | one's own; this |

◎ ～人 /～校 /～市

① 我代表～公司全体职员对你们表示热烈欢迎。/② ～周天气以晴为主，风力不大。

| 15 记者 | jìzhě | （名） | journalist |

◎ 新闻～ / 体育～ / 报社～ / 电视台～

| 16 就※ | jiù | （介） | with regard to; concerning; on |

① 专家们～进口汽车的问题进行了讨论。/② 总统～战争问题回答了记者的提问。

| 17 项 | xiàng | （量） | measure word (for sth. consisting of different items or parts) |

◎ 一～计划 / 一～调查

| 18 银 | yín | （名） | silver |

◎ ～筷子 /～婚

| 19 项链 | xiàngliàn | （名） | necklace |

◎ 一条～ / 银～ / 金～ / 戴～

| 20 价格 | jiàgé | （名） | price |

◎ 电脑的～ /～很高 / 控制～

| 21 受 | shòu | （动） | to receive; to suffer; to bear |

◎ ～教育 /～表扬 /～欢迎 /～影响 /～批评

| 22 举行 | jǔxíng | （动） | to hold (a meeting, etc.) |

◎ ～会议 /～婚礼 /～比赛 /～运动会

| 23 真丝 | zhēnsī | （名） | silk |

◎ ～领带 /～上衣

| 24 | 围巾 | wéijīn | （名） | scarf; muffler |

◎ 一条~/长~/方~/真丝~/羊毛~/围~/织~

| 25 | 套 | tào | （量） | suit; set (for sth. in group, etc.) |

◎ 一~咖啡杯/一~西服/一~书/一~邮票

| 26 | 玻璃 | bōli | （名） | glass |

◎ 一块~/~杯/茶色~

| 27 | 副 | fù | （量） | measure word (for sth. in pairs, sets, etc.) |

◎ 一~眼镜

| 28 | 羊毛 | yángmáo | （名） | wool |

◎ ~出在羊身上。

| 29 | 手套 | shǒutào | （名） | glove; mittens |

◎ 一副~/一双~/棉~/皮~/羊毛~/戴~

| 30 | 营养 | yíngyǎng | （名） | nutrition; nourishment |

◎ ~丰富/~价值高/增加~/~品

| 31 | 弱 | ruò | （形） | weak |

① 她的身体很~，需要休息。/② 这个国家的汽车工业还比较~。/③ 到了晚上风会变~

| 32 | 花费 | huāfèi | （动） | to spend; to cost |

◎ ~了很多时间/~大量的钱
◎ 昨天他的电脑坏了，他~了3个小时才修好。

| 33 | 随着※ | suízhe | （介） | along with; with |

① ~人们生活水平的提高，中国的旅游业也有了很大的发展。/② 我们的知识会~年龄的增加越来越丰富。

| 34 | 不断 | búduàn | （副） | ceaselessly; continuously |

◎ ~发展/~变化/~进步/~努力

| 35 | 开放 | kāifàng | （动） | to open (to) |

① 这里是这个国家最早~的城市之一。/② 节日的时候很多公园免费~。

| 36 | 软件 | ruǎnjiàn | （名） | software |

◎ 电脑~/学习~/游戏~/设计~/一套~

| 37 | 如今 | rújīn | （名） | nowadays; now (often used to compare past and present) |

① 妈妈说我出生好像还是昨天的事，~我自己也当爸爸了。/② 过去的小村子~变成了一个现代化的大城市。

| 38 | 个性 | gèxìng | （名） | one's individual character; specific character |

① 我弟弟很有~。/② 现在的父母都很重视发展孩子的~。

| 39 | 时尚 | shíshàng | （名） | fashion |

◎ 最近几年，出国旅行成为一种~。

| | | | （形） | fashionable |

◎ ~（的）生活/~的设计/造型很~

◎ 年轻人喜欢~的东西。

| 40 | 定做 | dìngzuò | （动） | to customize |

◎ ~衣服/~家具/~礼品/~蛋糕

| 41 | 蓝牙 | lányá | （名） | bluetooth |

◎ ~键盘/~手表/~音箱/~充电盒

| 42 | 耳机 | ěrjī | （名） | earphone; headphone |

◎ 一副~/无线~

| 43 | 智能 | zhìnéng | （名） | intelligence |

◎ ~手表/~机器人/~交通/~城市/人工~

| 44 | 电子 | diànzǐ | （名） | electron; electronic |

◎ ~邮箱/~商务/~游戏/~设备/~书

| 45 | 种类 | zhǒnglèi | （名） | sort; kind |

① 世界上不同地区生活着不同~的动物，但有些~的动物哪儿都有。/
② 现在食品的~越来越多，可我们喜欢吃的东西却越来越少。

| 46 | 明显 | míngxiǎn | （形） | obvious; clear |

◎ ~的特点

◎ 老王的腿有点儿毛病，但不太~。

| 47 | 礼品 | lǐpǐn | （名） | 礼物 gift; present |

◎ ~商店/一份~

| 48 | 反映 | fǎnyìng | （动） | to mirror; to reflect |

① 这部电影~了一个家庭从20世纪50年代到90年代的生活变化。/② 这位先生~的问题值得重视。

| 49 | 时代 | shídài | （名） | era; period in one's life |

◎ 新~/儿童~/少年~/青年~

用刚学过的词语回答下面的问题：

1. 你们每年会庆祝家人的生日吗？如果会，怎么庆祝？

2. 来中国后你看过哪部电影？

3. 你按照什么标准在中国交朋友？

4. 你觉得怎么样可以增进朋友之间的感情？

5. 你有家住本市的中国朋友吗？外地的呢？

6. 你受父母影响最大的是什么方面？

7. 在你们国家，孩子免费受教育几年？

8. 在你们国家，一条真丝领带大概多少钱？一副好点儿的眼镜呢？

9. 身体弱的小孩儿可以做什么运动？

10. 现在你哪个方面花费的钱最多？时间呢？

11. 为什么最近几年不断发生自然灾害？

12. 你觉得你是个有个性的人吗？

13. HSK成绩能反映你的听力和口语水平吗？

14. 中学时代你觉得快乐吗？

课 文

生日礼物

前不久，在一家餐厅工作的谢先生为了庆祝女朋友的生日，在电影院包了一个单独的厅，专门为她放映一部最新的电影。电影院按照谢先生的要求事先对电影厅进行了布置。当谢先生带着毫不知情的刘小姐到达电影院的时候，生日蛋糕、玫瑰花、电影……这一切让刘小姐非常惊喜，她兴奋地说自己觉得"很意外、很浪漫、很感动"。

生日礼物现在不仅仅是恋人们表达爱意的方式，同时也是亲戚、朋友、同学之间联络感情、增进友谊的桥梁。本报记者最近就生日礼物的问题作了一项调查。5所大学的50名18岁到25岁的女大学生中，有43人在最近一次过生日时收到了生日礼物。

"我去年过生日收到一条银项链，价值800元左右。"

"今年我收到的礼物是手机，我爸送的。"

"这个生日，男朋友送的是鲜花，爸妈送的是大衣。"

"我让男朋友给买了个冰激凌,价格在10块钱以下。我觉得生日礼物值多少钱并不重要,重要的是它给你带来的感觉。"

……

被调查的女大学生们说,现在要是有人再送文具,肯定不受欢迎。一位家住本市姓季的女同学一般都在生日前就跟家人和亲戚朋友商量好,然后大家根据她的需要给她买礼物,这样她收到的礼物都是最需要的,非常实用,不会造成浪费。另一位姓王的女同学说,她周围的女孩儿过生日,一般都要举行庆祝活动,有的是由家人办的,也有和朋友、同学一起过的,当然生日礼物是不可缺少的。这50名女大学生中,只有两位表示对过生日不是特别感兴趣。

在一家商场,记者又调查了几位正在选生日礼物的女士。36岁的张女士在为她妹妹准备生日礼物,她挑了一条漂亮的真丝围巾和一套进口的玻璃咖啡杯。她说妹妹马上要搬进新家,咖啡杯肯定用得着。她买这些礼物一共花了1000多块钱。40多岁的刘女士给她80岁的母亲买生日礼物,除了160元的鲜花和288元的蛋糕外,她还挑了一副羊毛手套。而50多岁的李女士给朋友买的是200多块钱的营养品。她说朋友的身体比较弱,经常睡不着觉,希望这种营养品能对她的身体有好处。这几位女士都表示,她们过生日时也收到别人送的各种礼物。李女士最近要过生日,孩子们除了买礼物,还准备请她吃饭,一个生日要花费1000元左右。

随着社会经济的发展和人们生活水平的提高,生日礼物也在不断变化。刚刚改革开放①时,大家都喜欢送食品;后来开始送鲜花、工艺品;再后来,人们开始注意礼品的实用性——给孩子送几套好书,给老人送几盆漂亮的花草,给年轻人送电脑软件或者音乐会的门票。如今,人们送礼物更加重视个性,讲究时尚。不少年轻人喜欢给朋友定做特别的礼物,比如印了对方照片的杯子、T恤等,或者给亲戚朋友送蓝牙耳机、智能手表等电子产品,这些礼品不仅实用,而且代表着时尚。不难发现,现在礼物的种类越来越丰富,个性越来越明显,正如一家礼品公司的老板说的:礼物的变化反映着时代的变化。

(根据网络文章改写)

◉ 注:① 改革开放:一般指中国从1978年开始实行的政策,主要包括在农村把土地包给农民,吸引外国朋友到一些专门的开放城市投资,等等。

生日礼物 **8**

一 根据课文内容，用线把下面的送礼人、收礼人和礼物连起来

送礼人	收礼人	礼 物
谢先生	女朋友	手机
男朋友	刘小姐	大衣
爸爸	女儿（甲）	包电影厅放映最新的电影
父母	女儿（乙）	鲜花、蛋糕、羊毛手套
张女士	朋友	鲜花、冰激凌
刘女士	母亲	营养品
李女士	妹妹	真丝围巾、咖啡杯

二 根据课文内容，回答问题

1. 谢先生为女朋友的生日准备了什么礼物？她的女朋友感觉怎么样？
（包　放映　意外　浪漫　感动）

2. 生日礼物的意义是什么？现在人们送生日礼物普遍吗？（方式　桥梁　调查）

3. 那位姓季的女生过生日有什么特别的地方？（事先　实用）

4. 李女士为什么给朋友买营养品？（弱　好处）

5. 从过去到现在，中国人生日礼物的种类有什么变化？为什么会有这样的变化？
（改革开放　如今　个性　时尚　丰富）

6. 在你们国家，不同时代人们送礼物的习惯有什么变化？

三 采访你的搭档，了解他（她）过的印象最深的一次生日，或者是参加过的一次有意思的生日聚会，然后把你采访的情况告诉大家

一 按照

指行为动作要遵循的标准或依照的条件。后面的宾语一般不能是单音节词。例如:

(1) 电影院按照谢先生的要求事先对电影厅进行了布置。
(2) 按照中国的习惯,送礼物给老人最好不要送钟表。
(3) 我们已经按照新的国家标准改变了产品的设计。
(4) A:你为什么不按照公司规定的时间上班?
    B:因为我总是不能按照公司规定的时间下班。

注意:"按照"后不能单独加人。如,不能说"按照老师,……"。

◎ 用"按照"完成下面的句子:

1. _____,进大门的时候不能骑在自行车上,只能推着车走。
2. _____,吃饭的时候不能看电视。
3. _____,病人不能随便离开病房。
4. _____,弟弟妹妹要等哥哥结婚后才能结婚。
5. _____,考试时可以带一本词典。
6. 按照我们家的习惯,_____。
7. 按照我们学校的要求,_____。
8. 按照我们公司的规定,_____。
9. 按照我们国家的传统,_____。
10. 按照我们国家的法律,_____。

二 当……的时候

用于书面语中,表示事情发生的时间。该格式中的成分一般为动词或形容词性结构,有时前面可以加"每",强调经常性或者规律性的事情。例如:

(1) 当谢先生带着毫不知情的刘小姐到达电影院的时候,生日蛋糕、玫瑰花、电影……这一切让刘小姐非常惊喜。
(2) 这是小王第一次坐飞机,当飞机离开地面的时候,他闭上了眼睛。

（3）小王有个奇怪的习惯，当他着急的时候，就会咬自己的手指。
（4）每当我想家的时候，我就看看家人的照片，听听自己喜欢的音乐。

◎ 用"当……的时候"把下面两列句子连到一起并写出来，根据需要可以增加或者减少一些词语：

电视里出现这个音乐	他却躺在汽车里睡觉
我跑到教室	我那两岁的儿子就会开始跳舞
大家都在忙着找他	他非常害怕
蛇遇到人	我都要去郊外玩儿
小明看到爸爸妈妈吵架	它一般会马上逃走
春天到来	考试已经开始了

例：当电视里出现这个音乐的时候，我那两岁的儿子就会开始跳舞。

三 本

1. 用在名词前。指自己或自己所在的集体、机构或者地方等。例如：

（1）本报记者最近就生日礼物的问题作了一项调查。
（2）一位家住本市姓季的女同学一般都在生日前就跟家人和亲戚朋友商量好……
（3）本人对此事毫不知情。

2. "本+名词"复指前面的人、机构或者处所。例如：

（1）这件事要由他本人决定。
（2）北京本地没有这种花。

3. 相当于"这",除了表时间以外,"本+名词"表示的事物一般都和说话人有很密切的关系。例如:

(1) 本词典适合学习汉语的外国人使用。
(2) 本广告长期有效。
(3) 本学期共十七周。(表时间)

(一)根据括号中的意思,在横线处填上带"本"的短语

征婚启事

男,34岁,在_____(这个城市)一家软件公司工作。_____(我)不抽烟、不喝酒。每月工资8000元,在_____(这个城市)有一套住房。希望找一位长相较好、大学以上学历、30岁以下的姑娘为伴。有意者请_____(这个月)30日以前和_____(我)联系。……

(二)用"本"改写句子,根据需要可以增加或者减少一些词语

1. 我们商场从明天开始所有商品全部五折起。

2. 我们公司专门生产各种工艺品、礼品。

3. 在许多大城市干服务行业的大多数是外地人,而不是这些城市的人。

4. 他们中文系自己的学生可以选五门课,我们只能选两门。

5. 这本书由十五位作家合作完成。

6. 这次比赛将在上海举行。

7. 今年我们国家的进口贸易大于出口贸易。

生日礼物

四 就

一般在书面语中使用，用来引进动作（如讨论、调查、分析、思考等）的对象或范围。"就……"后面不能接单个的简单的动词，一般跟带名词〔如例（1）〕或动词性宾语〔如例（2）—（4）〕的述宾结构。例如：

（1）本报记者最近就生日礼物的问题作了一项调查。
（2）校长就教学改革计划对学生们进行了解释。
（3）专家们就目前中国经济发展中的问题展开了热烈讨论。
（4）外交部发言人就中国政府在这个问题上的看法回答了中外记者的提问。

◎ 完成下面的句子：

1. 经理就＿＿＿＿＿＿＿＿＿＿＿＿＿＿＿＿＿＿＿＿＿＿＿作了一个总结。
2. 今年政府将就＿＿＿＿＿＿＿＿＿＿＿＿＿＿＿＿＿＿＿制定一项新的法律。
3. 我们公司就＿＿＿＿＿＿＿＿＿＿＿＿＿＿＿＿＿＿＿＿＿进行了研究。
4. 校长就＿＿＿＿＿＿＿＿＿＿＿＿＿＿＿＿＿＿＿＿＿回答了学生们的问题。
5. 本报记者就＿＿＿＿＿＿＿＿＿＿＿＿＿＿＿＿＿＿＿＿＿写了一个报道。
6. 在这本书中，作者就＿＿＿＿＿＿＿＿＿＿＿＿＿＿＿＿作了详细的介绍。
7. 市长就＿＿＿＿＿＿＿＿＿＿＿＿＿＿＿＿＿＿＿＿＿＿＿＿＿。

五 随着

引出行为、状态变化的条件。常用"随着A……（动词），B……"或"B随着A……（动词）……"格式。例如：

（1）随着社会经济的发展和人们生活水平的提高，生日礼物也在不断变化。
（2）随着我们汉语水平的提高，跟中国人交往变得越来越容易。
（3）石油的价格随着国际形势的变化在不停地涨落。
（4）他的身体随着岁数的增加越来越不好。

（一）用"随着"改写下面的句子

1. 世界人口越来越多，资源越来越少。

2. 他听力水平提高了，看汉语电视节目不明白的地方越来越少。

3. 接近下班时间了，地铁上的人在不断增加。

4. 新的技术在不断发展，人们的生活更加方便了。

5. 社会发展变化了，人们的很多思想都改变了。

6. 石油的价格上涨，很多工业品的价格就会上涨。

（二）用"随着"描述下面表中的情况

表1　老王的身体检查情况表

方　面	2024年	2022年	2020年
身高（cm）	176.5	177	178
体重（kg）	78	75	72
血压（kPa）	19.5/13	18.5/12	17/11.5

例：随着老王年龄的增长，他的个子越来越矮。

表2　中国内地人口（单位：万人）

年　份	年底总人口	城　镇		乡　村	
		人口数	比例（%）	人口数	比例（%）
1980	98705	19140	19.39	79565	80.61
1985	105851	25094	23.71	80757	76.29
1990	114333	30195	26.41	84138	73.59
1995	121121	35174	29.04	85947	70.96
2000	126743	45906	36.22	80837	63.78
2005	130756	56212	42.99	74544	57.01
2010	134091	66978	49.95	67113	50.05
2015	138326	79302	57.33	59024	42.67
2020	141212	90220	63.89	50992	36.11

（资料来源：《中国统计年鉴2023》，国家统计局编）

拓展学习

一 从下列词语中分别选出可以和"毫不""毫无"搭配的词语

词语			毫 不	毫 无
办法	关系	害怕		
后悔	怀疑	价值		
担心	客气	利益		
例外	秘密	前途		
兴趣	意义	营养		
知情	希望			

二 从上面练习中选择合适的短语替换下面句子中画线的部分

1. 曾经被认为<u>肯定不会成功</u>的球队后来赢得了世界杯。（　　　　）
2. 孩子从后座摔出了车外，家长<u>一点儿也不知道</u>。（　　　　）
3. 对于这种新出现的传染病，医生们目前<u>一点儿办法也没有</u>。（　　　　）
4. 我们学校规定，通过英语四级考试才能毕业，<u>每个学生都必须这样</u>。（　　　　）
5. 妈妈为了照顾我和哥哥而牺牲了自己的工作，可是她<u>一点儿也不后悔</u>。（　　　　）
6. 随着新媒体（méitǐ, media）的发展，越来越多的人认为像报纸这样的传统媒体<u>没有未来</u>。（　　　　）
7. 老王给朋友准备了好多菜，朋友<u>一点儿也不客气</u>地都吃完了。（　　　　）

三 回答问题

1. 你觉得什么食物毫无营养？

2. 你觉得学生成绩的好坏跟什么有很大关系？跟什么毫无关系？

3. 你小时候有哪些父母毫不知情的秘密？

4. 教育孩子的时候，你认为父母哪些做法毫无意义？

5. 在你家，哪些规定可以有例外？哪些规定毫无例外？

6. 你觉得什么礼物毫无个性？为什么？

7. 什么事让很多人担心但是你毫不担心？

8. 你觉得什么样的工作毫无前途？

9. 人们为了联络感情通常会做什么？这些活动中，你对哪些毫无兴趣？

第 5 单元　热身活动

◎ 说出图中人体各个部位的名称，然后说说每个部位和哪些动作有关系：

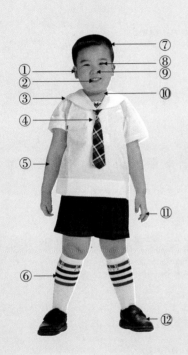

名　称　　　　　　　动　作

① _____　_____

② _____　_____

③ _____　_____

④ _____　_____

⑤ _____　_____

⑥ _____　_____

⑦ _____　_____

⑧ _____　_____

⑨ _____　_____

⑩ _____　_____

⑪ _____　_____

⑫ _____　_____

锻炼计划

词语表

1 乒乓球	pīngpāngqiú	（名）	table tennis; ping-pong

◎ 打~ / ~比赛

2 羽毛球	yǔmáoqiú	（名）	badminton

◎ 打~ / ~比赛

3 至少	zhìshǎo	（副）	at (the) least

① 丽丽每天中午~要睡两个小时觉。/ ② 刚来中国的时候我什么都不明白，现在我~能听懂老师说的话了。

4 增长	zēngzhǎng	（动）	to increase; to grow

① 小王随着年龄的~，知识也~了不少。/ ② 最近两年居民的收入不断~。/ ③ 近几年中国的人口~速度开始变慢了。

5 极	jí	（副）	extremely

① 情人节那天，花店的鲜花~贵。/ ② 最近的天气~不正常。

6 忍不住	rěnbuzhù		cannot help (*doing sth.*)

① 孩子找不到妈妈，~哭了起来。/ ② 医生不让小王抽烟，但小王看到烟总~要闻一闻。

7 招手	zhāo shǒu		to beckon; to wave

◎ 向某人~ / 招了招手 / 招一下手

8 电梯	diàntī	（名）	elevator; lift; escalator

◎ 一部~ / 坐~ / 乘~ / 等~

9 有时	yǒushí	（副）	sometimes

① 我一般在学校食堂吃早饭，~来不及就不吃。/ ② 我每个周末都要运动，~游泳，~打羽毛球。

10 只得	zhǐdé	（副）	不得不 to have no alternative but; to have to

① 昨天回家太晚，公共汽车都没了，~坐出租车。/ ② 妈妈不在家，我和爸爸~吃方便面。

| 11 | 楼梯 | lóutī | （名） | stairs |

◎ 走~/爬~

| 12 | 酸 | suān | （形） | ache; tingle |

① 昨天爬了一天山，今天腿有点儿~。/② 用了一天的电脑，眼睛又~又疼。

| 13 | 不得了※ | bùdéliǎo | （形） | terribly; very much (used after "得" as a complement of degree) |

◎ 累得~/喜欢得~
◎ 那儿的东西便宜得~。

| 14 | 婆婆 | pópo | （名） | 丈夫的妈妈　husband's mother |

◎ 她~今年已经80岁了。

| 15 | 老太太 | lǎotàitai | （名） | old woman; old lady |

① 这几个~每天都去公园跳舞。/② ~人老心不老。

| 16 | 心慌 | xīn huāng | | 心里惊慌　flustered; nervous |

① 丽丽第一次见男朋友时有些~。/② 考试前小明总是感觉心有点儿慌。

| 17 | 喘 | chuǎn | （动） | to pant; to gasp for breath |

① 他咳得~不过气来。/② 跑完步以后他~得厉害。

| 18 | 力气 | lìqi | （名） | 劲儿　strength |

◎（没）有~/~很大
◎ 他今天病得连说话的~也没有了。

| 19 | 女子 | nǚzǐ | （名） | woman; female |

◎ ~长跑/~学校/~乒乓球比赛

| 20 | 健身 | jiànshēn | （动） | to build oneself up |

◎ ~运动/~房/~中心

| 21 | 俱乐部 | jùlèbù | （名） | club |

◎ 乒乓球~/足球~/英语~/健身~/一家~

| 22 | 傻乎乎 | shǎhūhū | （形） | silly; stupid |

◎ ~的样子/~地笑/~跟着别人做错事

| 23 | 练 | liàn | （动） | to practice; to rehearse |

◎ ~发音/~口语/~听力/~书法/~太极拳

| 24 | 泡 | pào | （动） | to steep; to soak; to make (tea, instant noodles, etc.) |

◎ ~方便面
① 衣服先~一会儿再洗。/② 他虽然不会游泳，但喜欢到水里~一~。

| 25 | 游泳池 | yóuyǒngchí | （名） | swimming pool |

◎ 这家五星级酒店有一个很大的~。

| 26 | 回 | huí | （量） | time |

① 因为他的生日是2月29日，所以他四年才过一~生日。/② 这是他头一~来中国。

| 27 | 结实 | jiēshi | （形） | strong; beefy |

① 老太太虽然70多岁了，身体还挺~的。/② 这孩子长得真~。

| 28 | 照 | zhào | （介） | in accordance with (*has the same meaning as* "按照" *but may take* "着") |

① 我这个菜是~着书上的说明做的。/② ~现在的速度，这些活儿一个星期也干不完。

| 29 | 减轻 | jiǎnqīng | （动） | to lighten; to ease; to relieve |

◎ ~体重/~痛苦

| 30 | 恐怕※ | kǒngpà | （副） | I'm afraid (*indicating an estimation and anxiety*) |

① 我头疼得厉害，~是感冒了。/② 老王的儿子学习不太好，~考不上好大学。

| 31 | 经 | jīng | （介） | as a result of; through (*usually followed by a subject-predicate structure indicating a person's action, and then the result of the action*) |

① ~朋友介绍，小王认识了丽丽，两个月以后他们就结婚了。/② 未~办公室同意，不能提前考试。

| 32 | 保龄球 | bǎolíngqiú | （名） | bowling |

◎ 打~/~馆

| 33 | 胳膊 | gēbo | （名） | arm |

◎ 一只~/一条~/把~伸直/举起~

| 34 | 粗 | cū | （形） | 与"细"相反 thick (*of relatively great distance between opposite sides*) |

◎ 胳膊很~/脖子很~/腰很~

◎ 树长~了。

| 35 | 斜 | xié | （形） | oblique; slanting; inclined |

◎ ~线/~塔/~对面

| 36 | 袖（子） | xiù(zi) | （名） | sleeve |

◎ 长~/短~

9 锻炼计划

| 37 | 项目 | xiàngmù | （名） | project; event (*in sports*) |

◎ 男子~/女子~/老人的运动~

| 38 | 量 | liàng | （名） | quantity |

① 我哥哥饭~很大，一个人能吃一斤饺子。/② 小王没有酒~，喝一瓶啤酒就醉。/③ 在我们公司，每个人的工资是根据一个月的工作~定的。/④ 身体不好的人运动~不要太大。

| 39 | 求 | qiú | （动） | to beg; to request |

◎ ~某人做某事/~婚/~助

① 医生，~你救救他吧。② 孩子：妈妈，~~你给我买一台新的电脑吧。妈妈：这事~我没用，你去~你爸爸吧。

| 40 | 饮料 | yǐnliào | （名） | beverage; drink |

◎ 一瓶~/喝~

| 41 | 约 | yuē | （动） | to make an appointment; to arrange |

① 我们班同学~好了星期六晚上一起吃饭。/② 我们~个时间一起打保龄球吧。/③ 你们~了在哪儿见面？

| 42 | 着 | zháo | （动） | used after a verb as a complement to indicate accomplishment or result |

① 我去了好几家书店才买~你要的词典。/② 我的自行车丢了再也没找~。/③ 昨天晚上我喝了一杯咖啡以后一直睡不~，到夜里3点才睡~。

| 43 | 拍子 | pāizi | （名） | bat or racket |

◎ 乒乓球~/羽毛球~/一副网球~

| 44 | 理由 | lǐyóu | （名） | reason; argument |

① 请说说你这样做的~。/② 他这样做是对的，我们没有~反对。/③ 妈妈：你为什么爱他？女儿：爱一个人不需要~。

| 45 | 借口 | jièkǒu | （名） | excuse; pretext |

① 每次迟到他都说是闹钟坏了，这显然是~。/② 工作忙是~，他只是不想回家。/③ 借书是一个~，实际上小王是想跟丽丽多见几次面。

用刚学过的词语回答下面的问题：

1. 你每天花多长时间学汉语？（至少）

2. 来中国留学有什么好处？（增长）

3. 在中国什么东西极便宜？什么极贵？

4. 什么时候你会忍不住想家？

5. 你在中国遇到过什么困难的事情吗？那时候你是怎么办的？（只得）

6. 你每天练多长时间的口语？

7. 你常常运动吗？（回）

8. 你觉得什么牌子的汽车比较结实？

9. 如果要到一个没去过的地方，你会怎么走？（照）

10. 你觉得用什么方法可以减轻我们的压力？

11. 你觉得学好汉语要多长时间？（恐怕）

12. 你觉得玩儿什么运动量比较大？

13. 你觉得求别人做什么比较困难？

14. 在你们国家，女孩子主动约男孩子出去玩儿，别人会觉得不好吗？

15. 如果上课迟到了，你会找借口吗？你会找什么样的借口？

锻炼计划

【1】　运动对我来说真是太难了。

【2】　小时候,乒乓球、羽毛球、足球、篮球、排球都摸过,虽然玩儿得不算好,但至少还动一动。随着年龄的增长,人也变得越来越懒。尽管家门口就有地铁,乘公共汽车也极方便,可是,下了楼一看见出租车,我就忍不住要招手,连半步路都怕走。我家住在七层,也不算太高,但每次我都要等很长时间,跟楼里的老人孩子一起挤那部老出问题的电梯。有时回家太晚,电梯关了,只得爬楼梯。我往往是走一层停一停,爬两层再歇一歇,好不容易爬到七层以后,腿脚总是酸疼得不得了,还不如我们家70多岁的婆婆呢。

【3】　最让我觉得不好意思的是,有一次陪一个国外回来的亲戚逛了几天商场,每天逛街回来,人家60多岁的老太太心不慌、气不喘,而我却累得连说话的力气都没了。晚上人家还要拉我去女子健身俱乐部运动。我只好老实告诉她我太累了。我问她为什么逛了半天街精神还那么好,她说这是她每天锻炼的好处。我又傻乎乎地问她练什么,怎么练,她说:"跑步游泳打球去健身房,怎么都可以,想锻炼还不容易吗?"于是我决定开始运动。

【4】　我先是决定尝试游泳。虽然还不会游,而且有点儿怕水,但根据书上说的,只要在水里泡一泡对身体就有好处,所以我向一个五六岁的孩子借来一个游泳圈去了游泳池。学着游了两回以后,觉得身体果然一下子结实了不少。可是没游几回就游不下去了,因为每次游完泳回来,我吃得都比平时多几倍。要是照这样锻炼下去,我的体重不但不会减轻,恐怕还会增加。算了,只能放弃不游了。

【5】　然后经人介绍,我又去打保龄球。拿起一个大球,用尽力气往前一扔,看着那么多小瓶子哗啦啦地倒下,感觉真不错。打了两天,腿脚倒是不酸了,可是胳膊疼得不得了。而且听别人说,老打保龄球将来会一条胳膊粗,一条胳膊细,肩恐怕也会变斜。那我连没袖的上衣和裙子都不能穿了!算了,算了,这保龄球我不能再打下去了。

【6】　后来,我又开始打乒乓球。这回终于找到了合适的运动项目——打乒乓球运动量正好,不大也不小,运动完了饭量也不会增加很多。而且乒乓球不像保龄球

那么重，不用担心将来会一条胳膊粗，一条胳膊细。问题是这个运动需要两个人，我自己倒是能坚持下去，可找人一块儿打球成了最大的问题。求了这个求那个，还得给人家买饮料、请人家吃饭。本来已经约好了时间的，或者因为这个家里有事来不了，或者因为那个不舒服，常常找不着人一块儿打。看来不爱锻炼的不只是我一个。拿着刚买回来的拍子却打不了球，一生气，我把它送人了。这乒乓球也不打了。

【7】　我知道这些不运动的理由全是自己找出来的借口。说老实话，就是不爱动。

（根据张人捷《健身计划》改写，《女人俱乐部》，百花文艺出版社，2000年）

一　阅读课文，给第3—6段各加一个小标题

第2段：我是个不爱运动的人
第3段：_____
第4段：_____
第5段：_____
第6段：_____

二　根据课文内容和你自己的看法，谈谈下面几项运动的优点和缺点，并说说你自己喜欢的运动

运动项目	优　点	缺　点
游泳		
打保龄球		
打乒乓球		
我喜欢的运动：_____		

三　下面是有关课文内容的问题的答案，请写出问题

例：问题：在运动方面，她现在有什么变化？
　　答案：现在不如以前爱运动。

1.问题：_____？
　答案：她老坐出租车，老坐电梯，不爱走路，不爱爬楼梯。

2. 问题：_____?
   答案：因为受她亲戚的影响。她的亲戚虽然60多岁了，可逛街一点儿也不累，原因是她每天都锻炼。

3. 问题：_____?
   答案：因为怕水，所以她借了一个游泳圈。

4. 问题：_____?
   答案：游泳以后她觉得身体一下子结实了很多。

5. 问题：_____?
   答案：打完保龄球以后，腿脚不酸了，胳膊却疼得不得了。

6. 问题：_____?
   答案：有的人因为家里有事，有的人因为不舒服。

7. 问题：_____?
   答案：因为找人一起打球很麻烦。

语言点

一 不得了

表示程度很深，常常用作程度补语，前面有"得"。例如：

（1）好不容易爬到七层以后，腿脚总是酸疼得不得了。
（2）打了两天保龄球，腿脚倒是不酸了，可是胳膊疼得不得了。
（3）比赛的时候，她紧张得不得了。
（4）听说儿子考试得了100分，老王高兴得不得了。

◎ 用下列词语和"不得了"完成句子：

| 穷 | 忙 | 着急 | 兴奋 | 紧张 | 好吃 | 淘气 | 落后 |

1. 小王刚才_____，因为他找不到自己的护照了。
2. 这个孩子_____，每天都把家里弄得很乱。

3. 这个菜_____，我最喜欢吃了。
4. 他对足球很感兴趣，一聊到足球比赛，他就_____。
5. 最近我_____，每天都12点才睡觉，6点就得起床。
6. 那儿的交通_____，没有火车，也没有汽车，只能靠自行车。
7. 考试的时候，我_____，有一个非常简单的问题我都没能回答出来。
8. 有的农村地区现在还_____，许多家庭给孩子买衣服的钱都没有。

二 一下子

> 表示动作、状态在短时间里有了非常快的发展变化（包括数量方面的变化），常与"就"一起使用。例如：
>
> （1）学着游了两回以后，我觉得身体果然一下子结实了不少。
> （2）下了一场雨以后，天气一下子就冷了。
> （3）这本书不太厚，我一下子就看完了。
> （4）这个故事很长，一下子说不完。
> （5）昨天的饺子真好吃，我一下子吃了30个。

（一）用"一下子"改写下面的句子，根据需要可以增加或者减少一些词语

1. 打保龄球不太难，我很快就学会了。
   _____

2. 时间过得真快，大学毕业好像还是昨天的事，可现在我们都已经老了。
   _____

3. 丽丽喝了一种减肥茶，一个星期瘦了5斤。
   _____

4. 上个月的工资我去了一趟商场就花完了。
   _____

5. 今天超市里的鸡蛋真便宜，所以老王买了10斤。
   _____

（二）用"一下子"完成下面的句子

1. 这个问题我没考虑过，_____，想好了再回答你。
2. 昨天的作业不太多，_____。
3. 小王的家很好找，上次我们去他家玩儿，_____。

4. 这本书极受欢迎，_____。

5. 帅帅家的亲戚很多，所以他每年春节都能收到很多红包，今年春节_____。

6. 昨天我没吃午饭，所以饿得要命，晚饭_____。

三 动词/形容词 + 下去

> 表示某种动作或者状态将继续存在或发展。前面如果是动词，如例（1）—（5），该动词后一般不带宾语；如果是形容词，如例（6），该形容词一般表示消极意义。动词、形容词前还可以用"继续"。例如：
>
> （1）可是没游几回就游不下去了，因为每次游完泳回来，我吃得都比平时多几倍。
> （2）要是照这样锻炼下去，我的体重不但不会减轻，恐怕还会增加。
> （3）算了，这保龄球我不能再打下去了。
> （4）我自己倒是能坚持下去，可找人一块儿打球成了最大的问题。
> （5）他话还没说完，你让他继续说下去。
> （6）如果继续胖下去，我的许多衣服都穿不了了。

（一）用"动词/形容词 + 下去"改写下面的句子，根据需要可以增加或者减少一些词语

1. 他们的会今天没开完，明天还要继续开。
   _____

2. 这孩子，如果我不给他买玩具，他就会一直哭。
   _____

3. 如果石油继续这么贵，世界经济就会受影响。
   _____

4. 有人说，运动以后觉得肌肉疼很正常，应该继续锻炼。
   _____

5. 爸爸：如果你以后还这么懒，肯定不会成功。
   儿子：如果你继续这么说，我就告诉妈妈。
   _____

（二）用"动词/形容词 + 下去"完成下面的句子

1. 后来呢？你的故事还没给我们讲完呢，_____。

2. 他找了三个月还没找到工作，看来还得继续_____

3. 我本来打算学习一年汉语，可一年以后我的汉语还不太好，所以我想＿＿＿＿＿＿。
4. 小王要在北京学习、工作、结婚，在北京一直＿＿＿＿＿＿。
5. 你再＿＿＿＿＿＿的话身体肯定受不了。
6. 小张已经等了三年了，可女朋友还不想结婚，小张再也不愿意＿＿＿＿＿＿。

四 恐怕

似乎；大概。表示推测。常常兼有担心色彩。例如：

（1）要是照这样锻炼下去，我的体重不但不会减轻，恐怕还会增加。
（2）老打保龄球将来会一条胳膊粗，一条胳膊细，肩恐怕也会变斜。
（3）我等了10分钟电梯也没下来，恐怕是又坏了。
（4）很多人老说自己没时间运动，这恐怕是借口。他们不运动恐怕是因为他们不喜欢运动。

◎ 用"恐怕"完成下面的句子和对话：

1. 这盒牛奶已经放了很长时间了，＿＿＿＿＿＿。
2. 这次考试我没好好儿复习，＿＿＿＿＿＿。
3. 今天天气不太好，＿＿＿＿＿＿。
4. 我家里的花已经一个月没人管了，＿＿＿＿＿＿。
5. 丽丽：喂，是小王吗？今天晚上你有时间吗？
   小王：今天晚上我要加班，＿＿＿＿＿＿。
6. A：我想休息一个星期，你觉得经理会同意吗？
   B：公司最近这么忙，＿＿＿＿＿＿。
7. 小王：经理，我试用期结束以后，能给我涨工资吗？
   经理：＿＿＿＿＿＿。
8. 小张：大夫，我的腿好了以后还能踢足球吗？
   大夫：＿＿＿＿＿＿。
9. 小王：下个月我和丽丽结婚，你能来参加我们的婚礼吗？
   小张：＿＿＿＿＿＿。

五 算了

表示使某一件事结束，不再做或不再谈。用于口语。例如：

（1）游完泳以后体重不但不会减轻，恐怕还会增加。算了，只能放弃不游了。
（2）打保龄球可能会一条胳膊粗，一条胳膊细，算了，算了，这保龄球我不能再打下去了。
（3）如果你没有时间跟我一起去就算了，我自己一个人去也没问题。
（4）算了，我们明天再来玩儿吧，今天人太多了。

◎ 用"算了"完成下面的对话：

1. A：从今天开始我要戒（jiè，to quit）烟。
   B：＿＿＿＿＿＿＿＿＿＿＿＿＿＿＿＿＿＿＿＿＿＿＿＿。

2. A：真对不起，我把你的书弄丢了，我再给你买一本吧。
   B：＿＿＿＿＿＿＿＿＿＿＿＿＿＿＿＿＿＿＿＿＿＿＿＿。

3. A：我请我们老板参加咱们的婚礼，可他说没时间。
   B：＿＿＿＿＿＿＿＿＿＿＿＿＿＿＿＿＿＿＿＿＿＿＿＿。

4. A：听说小王住院了，我想去看看他。
   B：＿＿＿＿＿＿＿＿＿＿＿＿＿＿＿＿＿＿＿＿＿＿＿＿。

5. A：下午一起去游泳吧。
   B：＿＿＿＿＿＿＿＿＿＿＿＿＿＿＿＿＿＿＿＿＿＿＿＿。

6. 孩子：妈妈，我长大了想当歌星。
   妈妈：＿＿＿＿＿＿＿＿＿＿＿＿＿＿＿＿＿＿＿＿＿＿＿。

7. 妈妈：你得教育教育小明了，都上中学了，还不会洗衣服。
   爸爸：＿＿＿＿＿＿＿＿＿＿＿＿＿＿＿＿＿＿＿＿＿＿＿。

8. 丈夫：每天都是你做饭，今天是你的生日，我来做饭吧。
   妻子：＿＿＿＿＿＿＿＿＿＿＿＿＿＿＿＿＿＿＿＿＿＿＿。

六 或者……或者……

表示几种情况交替出现。前面或后面常有概括性的话。例如：

（1）本来已经约好了时间的，或者因为这个家里有事来不了，或者因为那个不舒服，常常找不着人一块儿打。

（2）我非常喜欢运动，每个周末或者去健身房健身，或者找朋友打保龄球，或者骑自行车去郊外。

（3）虽然家门口就有公共汽车站，但我出门或者骑自行车，或者坐出租车，从来不愿意挤公共汽车。

（4）或者上网聊天儿，或者看小说，或者玩儿游戏，我从没见过他学习。

◎ 用"或者……或者……"完成下面的对话：

1. A：周末你常常干什么？
   B：＿＿＿＿＿＿＿＿＿＿＿＿＿＿＿＿＿＿＿＿＿＿＿＿＿。

2. A：你一般在哪儿吃饭？
   B：＿＿＿＿＿＿＿＿＿＿＿＿＿＿＿＿＿＿＿＿＿＿＿＿＿。

3. A：你一般上网干什么？
   B：＿＿＿＿＿＿＿＿＿＿＿＿＿＿＿＿＿＿＿＿＿＿＿＿＿。

4. A：在你们国家，朋友结婚一般送什么礼物？
   B：＿＿＿＿＿＿＿＿＿＿＿＿＿＿＿＿＿＿＿＿＿＿＿＿＿。

5. A：你认为人们说谎的原因是什么？
   B：＿＿＿＿＿＿＿＿＿＿＿＿＿＿＿＿＿＿＿＿＿＿＿＿＿。

6. A：现在很多人结婚以后不要孩子，你觉得是为什么？
   B：＿＿＿＿＿＿＿＿＿＿＿＿＿＿＿＿＿＿＿＿＿＿＿＿＿。

拓展学习

一 阅读下边的句子，说说画线词语的意思

1. 电影里的超人一般都长得<u>虎背熊腰</u>。
2. 我不喜欢穿T恤，因为我穿T恤看起来<u>虎背熊腰</u>。
3. 走在明星身边，戴着墨镜、穿着黑西服，长得<u>五大三粗</u>，这样的人一看就是保镖（bǎobiāo，bodyguard）。
4. 他虽然长得<u>五大三粗</u>，但是心非常细。
5. 坐了20个小时飞机以后我<u>腰酸背疼</u>。
6. 昨天爬了一天山，今天早上起床以后<u>腰酸背疼</u>，没有力气。
7. 我爷爷奶奶岁数差不多，爷爷现在眼睛、耳朵都不好，但是奶奶还<u>耳聪目明</u>。
8. 虽然他已经80岁了，但仍然<u>耳聪目明</u>，这都是长期锻炼的结果。
9. 我一进教室，就看到几个同学在吵架，个个<u>脸红脖子粗</u>，好像就要打起来了。
10. 不管什么比赛，只要一看到教练（jiàoliàn，coach）<u>脸红脖子粗</u>，就知道情况不好。

二 选择合适的词语填空

| 虎背熊腰　　五大三粗　　腰酸背疼　　脸红脖子粗　　耳聪目明 |

1. 开了一天的会，坐得大家_____。
2. 我奶奶和她的朋友们每天散步、锻炼身体，所以现在还_____。
3. 他虽然长得_____，但是他会织毛衣，手很巧。
4. 你不能再喝酒了，你看你已经喝得_____了。
5. 小王以前很瘦，最近两年他天天去健身房，现在看起来肌肉发达、_____。

压力与健康

词语表

1	压力	yālì	（名）	pressure; (mental) burden

◎ 学习~/工作~/精神~/~很大/减轻~

| 2 | 管理 | guǎnlǐ | （动） | to manage; to administer |

◎ ~公司/~商店/~饭店/~学生/~交通/经济~/工商~专业

| 3 | 欣赏 | xīnshǎng | （动） | to appreciate |

◎ ~一幅画儿/~音乐/~某人

| 4 | 失眠 | shī mián | | to suffer from insomnia |

① 因为学习压力太大，最近我常常~。/② 和丽丽分手以后，小王已经~好几个晚上了。/③ 最近你失过眠吗？

| 5 | 记忆力 | jìyìlì | （名） | memory; one's power to remember |

◎ ~很好/~非常强/增强~

| | 力 | lì | （名） | power; ability |

◎ 理解~/脑~/体~

| 6 | 发火 | fā huǒ | | 生气 to get angry; to lose one's temper |

① 因为丢了工作，最近爸爸在家里常常~骂人。/② 经理为什么发那么大的火？

| 7 | 催 | cuī | （动） | to urge; to hurry |

① 小王，经理~你赶紧把开会要用的文件准备好。/② 妈妈，别~我了，我看会儿手机就去做作业。

| 8 | 检查 | jiǎnchá | （动） | to examine; to check up; to inspect |

◎ ~电脑/~汽车有没有问题
◎ 大夫，请帮他~一下身体。

| 9 | 生理 | shēnglǐ | （名） | physiology |

◎ 青春期的时候人的~变化很大。

压力与健康 10

| 10 | 疾病 | jíbìng | （名） | disease |

① 这家公司生产的这种新药对各种呼吸~都非常有效。/② 除了生理~，现代人对心理~也越来越重视。

| 11 | 判断 | pànduàn | （动） | to judge |

◎ ~对错/不好~/~不出来

| 12 | 引起※ | yǐnqǐ | （动） | to lead to; to cause |

① 压力太大会~各种生理、心理疾病。/② 孩子们玩儿的游戏~了大人们的兴趣。

| 13 | 物质 | wùzhì | （名） | substance; material (antonym of spiritual) |

◎ 在大城市，~生活非常丰富；而在一些落后的农村地区，~条件还比较差。

| 14 | 改善 | gǎishàn | （动） | to improve; to make better |

◎ ~生活条件/~住房条件/~婚姻关系/~两国之间的关系/~环境

| 15 | 同事 | tóngshì | （名） | colleague; fellow worker |

◎ 一名~/单位的~

| 16 | 因素 | yīnsù | （名） | factor |

◎ 重要~/社会~/~很多

| 17 | 污染 | wūrǎn | （动） | to pollute |

◎ ~空气/~环境

| 18 | 保持 | bǎochí | （动） | to keep; to maintain |

① 请大家~安静。/② 蔬菜应该做了以后马上吃，这样才能~新鲜的味道。/③ 这个国家的新政府向其他国家保证他们的政策（zhèngcè, policy）会~不变。

| 19 | 婚姻 | hūnyīn | （名） | marriage |

◎ 幸福的~/不幸的~/成功的~
◎ 他有过一次失败的~。

| 20 | 稳定 | wěndìng | （形） | stable; steady |

◎ ~的生活/~的关系/~的婚姻/社会~/物价~
◎ 由于多年战争，这个国家的社会环境一直不太~。

| | | | （动） | to stabilize |

◎ ~社会/~情绪/~物价

① 经过医生的努力，老王的病情~下来了。② 经过政府的努力，物价终于~住了。

| 21 | 与 | yǔ | （连） | and |

◎ 婚姻~爱情/经验~教训/政治利益~经济利益/《战争~和平》/《红~黑》/《四个婚礼~一个葬礼》

① 找工作的时候，学历~能力哪个更重要？/② A：请谈谈您获奖以后的心情。B：兴奋~激动，还有不安。

| 22 | 真心 | zhēnxīn | （名） | wholehearted; sincere; true intention |

① 做错了事就应该~接受批评。/② 她觉得他不是~爱自己，所以没有和他结婚。

| 23 | 心口不一 | xīnkǒu-bùyī | | to speak one way and think another |

① 小王虽然很饿，想先吃饭再工作，可是他~，告诉老板没关系。/② 和朋友在一起，不能~，怎么想就怎么说。

| 24 | 避免 | bìmiǎn | （动） | to avoid; to prevent sth. from happening |

◎ ~犯错误/~重复/~交通事故的发生

| 25 | 游戏 | yóuxì | （名） | game |

◎ 电脑~/玩儿~

| 26 | 麻将 | májiàng | （名） | mahjong |

◎ 一副~/~桌/打~

| 27 | 表明 | biǎomíng | （动） | to indicate; to demonstrate |

① 政府还没有~他们对这件事的态度。/② 医学研究~，经常发火对身体健康有害。

| 28 | 严重 | yánzhòng | （形） | serious; critical |

◎ 很~的问题

① 那里的空气污染非常~。/② 吸烟太多~危害他的身体健康。

| 29 | 升 | shēng | （动） | to rise; to go up; to ascend |

① 太阳~起来了。/② 飞机~上了天空。/③ 我爸爸一发火血压就~高。

| 30 | 危害 | wēihài | （动） | to harm; to jeopardize |

◎ 爸爸：抽烟~身体健康。儿子：可是戒烟会~我的心理健康。

| 31 | 有效 | yǒuxiào | （形） | effective; valid |

① 这种药对心脏病很~。/② 用这种方法学汉字不太~。/③ 睡觉前喝一杯热牛奶能~地改善睡眠。

| 32 | 状态 | zhuàngtài | （名） | state; condition |

① 运动员参加比赛的时候，要保持稳定的心理~。/② 老王虽然已经病了很长时间，不过他的精神~还不错。

压力与健康

| 33 | 逼 | bī | （动） | to force; to compel |

① 老板~着大家加班，谁不加班，谁就得离开公司。/ ② 现在很多父母~着孩子学一些他们不喜欢的东西。

| 34 | 合理 | hélǐ | （形） | reasonable; rational |

① 不干活儿的人比干活儿的人拿钱还多，这太不~了。② 学习和玩儿都需要，因此要~地安排时间。

| 35 | 饮食 | yǐnshí | （名） | diet; food and beverage |

① 不同国家的人、不同地区的人，甚至不同家庭的人，~习惯可能都不太一样。/ ② 你的胃不太好，平时一定要注意~，不要吃太凉、太硬的东西，不要喝酒。

| 36 | 充足 | chōngzú | （形） | abundant; sufficient |

◎ ~的时间/雨水很~

| 37 | 睡眠 | shuìmián | （名） | sleep |

① 充足的~能有效地恢复脑力和体力，长期~不足容易引起各种疾病。/ ② 成人每天要保证七八个小时的~，儿童每天要保证10个小时的~。

| 38 | 适当 | shìdàng | （形） | suitable; appropriate |

① 昨天你跟经理开的玩笑让他很不高兴，找个~的机会向他解释一下。/ ② 不~的减肥对身体没有好处。

| 39 | 保证 | bǎozhèng | （动） | to guarantee; to ensure |

① 我们饭店的菜和服务~让您满意。/ ② 现代人的压力特别大，所以特别要注意~充足的营养和睡眠。

| 40 | 减肥 | jiǎn féi | | to reduce weight; to be on a diet |

◎ ~茶/~药
① 为了~，丽丽不吃早饭，晚饭也只吃一个苹果。/ ② 老王减过两次肥，不过都没有成功。

| 41 | 酸奶 | suānnǎi | （名） | yogurt |

◎ 一杯~

| 42 | 性 | xìng | （名） | suffix which is added to certain nouns, verbs and adjectives, indicating specified quality, property, etc. |

◎ 实用~/重要~/严重~/普遍~/急~
① 中医治疗对一些慢~病很有效。/ ② 最近经济不太好，老板给我们涨工资的可能~不太大。

| 43 | 减少 | jiǎnshǎo | （动） | to decrease; to reduce |

① 过去二十年中，森林面积~了20%。/ ② 企业希望政府~各种收费。

| 44 | 程度 | chéngdù | （名） | level; degree |

◎ 文化~/外语~/疲劳~/紧张~/满意~/严重~/相同的~/不同的~/胖瘦~/冷热~/新旧~/快慢~

| 45 | 降低 | jiàngdī | （动） | to lower; to cut down; to reduce |

◎ ~标准/~价格/~高度/~质量/~要求

| 46 | 增强 | zēngqiáng | （动） | to strengthen; to enhance |

◎ ~实力

| 47 | 信心 | xìnxīn | （名） | confidence |

◎ 有~/~不足/充满~/增强~/失去~

| 48 | 及时 | jíshí | （形） | timely; without delay |

① 这个地区三个月没下雨了，昨天的一场大雨下得真~。/② 车祸（chēhuò, car accident）发生以后，警察和医生~赶到了车祸发生的地点。

用刚学过的词语回答下面的问题：

1. 你觉得学生的哪些事情用不着学校管理？
2. 在哪儿可以欣赏到世界上最美的风景？
3. 怎么能提高我们的记忆力？
4. 你最近对谁发过火？为什么？
5. 你小时候做什么事情需要爸爸妈妈催？
6. 在你们国家，哪些事情会引起老师不高兴？
7. 怎么样可以改善同学之间的关系？
8. 你觉得一个人学习成绩好不好，由什么因素决定？
9. 你觉得如果想保持健康，要怎么做？
10. 你觉得稳定的婚姻重要吗？
11. 离婚可以避免吗？怎样可以避免太多人离婚？
12. 他一连夺得三个世界冠军，是不是很了不起？（表明）
13. 你认为抽烟有什么危害？
14. 小时候你父母逼你做过什么事情？
15. 你觉得现在世界上有什么特别不合理的事情？

16. 考试的时候怎样可以降低自己的紧张程度?

17. 你觉得想学好外语,有哪些重要的方面?(保证、信心、及时)

◎ 填写下面的表格,看看在最近一个月内,你有没有出现过下面的情况:

序号	情况	从来没有	有时候	常常
1	总觉得自己作业(工作)太多,做不完。			
2	总觉得时间不够,走路和说话都很快。			
3	觉得没有时间玩儿,总想着要学习(工作)。			
4	遇到困难或者失败的时候很容易生气。			
5	担心别人对自己学习(工作)的看法。			
6	觉得老师(老板)和家人都不喜欢自己。			
7	担心自己的经济状况。			
8	头疼(胃疼/背疼)。			
9	需要用烟酒、药、零食控制自己紧张的情绪。			
10	需要吃安眠药才能睡着。			
11	与家人(朋友/同学/同事)一起的时候常常生气。			
12	睡觉以前,想很多事情,很长时间睡不着。			
13	作业(工作)太多,不能每件事都做得特别好。			
14	玩儿的时候总觉得自己不应该玩儿,应该去学习(工作)。			
15	做事着急,没有认真考虑就去做,做完以后又后悔。			

和你的搭档比较一下,看看你们的情况有什么不同,然后看看143页关于这个表格的说明。

压力与健康

【1】　钱先生是一家大公司的总经理，平时工作非常紧张，总是从早忙到晚，经常是今天飞这儿，明天飞那儿。在他的管理下，公司的状况一年比一年好，老板非常欣赏他。钱先生事业上相当成功；在经济方面，当然也是不愁吃不愁穿。可是他最近却常常失眠、头疼，总觉得没有力气，记忆力也差极了，还常常为了一点儿小事就生气、发火。他本人也知道这样不好，可就是控制不住自己。老板催他去看看医生。医生检查以后，并没发现他生理上有什么疾病，所以判断他的问题是压力太大引起的。

【2】　如今，随着社会的进步，人们的物质生活和工作环境都有了极大的改善，但是就像钱先生一样，大家的压力也越来越大。从学习、工作到家庭生活，在人生的不同阶段、不同方面我们都会遇到各种压力。在学校里，作业、考试、老师的表扬或批评、父母和亲戚对学习成绩的关心等，让你想玩儿却不能玩儿。到了大学毕业，首先就遇到找工作的压力。好容易找到工作以后，加班、老板的高要求、和同事的关系、担心失去工作等因素，让你的压力越来越大。在生活中，空气污染、交通拥挤、教育孩子、照顾父母、保持恋爱婚姻家庭的稳定等，也会引起很大的压力。而且现在人与人的关系变得越来越复杂，人与人之间的真心交流也越来越少，心口不一的人越来越多。有时候即使是在玩儿也避免不了紧张和压力，特别是参加一些有输赢的活动（如网络游戏、麻将等）时。

【3】　科学家们的研究表明，人的压力越大，就越容易出现生理和心理疾病。压力会引起感冒、头疼、失眠、背疼。有些人压力大了还会掉头发。更严重的是压力还会使人血压升高，时间长了，就会引起心脏病或其他疾病，严重危害身体健康。

【4】　那么，怎样才能减轻压力呢？医学专家就这一问题提出了不少有效的方法。

【5】　首先要正确解决工作、学习和生活中的困难。可以把自己需要解决的问题按照最困难到最容易的顺序写下来，然后在自己精力最好的时候完成最困难的事情。一般每天上午十点到下午两点是我们精神最好的时候，这段时间做最困难的事压力往往没那么大。如果在状态不好的情况下逼着自己工作或学习，感到的压力就会大得多。

【6】　其次要有合理的饮食、充足的睡眠和适当的运动。每天保证充足的营养，但也不能吃得太多，尤其是去饭馆儿吃饭的时候。为了减肥而吃得特别少对身体显然也没有好处。维生素对人体健康作用巨大，是绝对不能缺少的。我们的心理压力越大，需要的维生素C就越多，因此需要多吃新鲜蔬菜、水果等维生素C丰富的食品。另外，牛奶、酸奶也能让激动的情绪平静下来。

【7】　大部分人可能都知道睡眠对健康的重要性，充足的睡眠对生理健康和心理健康都很重要，但社会压力已经使我们的睡眠时间比一百年前减少了20%。实际上，如果你每天少睡一个小时，到了第八天，你大脑的疲劳程度就和一夜没睡一样。因此，我们没有理由因为忙就减少自己的睡眠。

【8】　除了饮食和睡眠以外，运动也是帮助减轻压力最简单、最有效的方法。我们需要经常运动，运动量最好达到能出汗，这样可以有效地降低身体的紧张程度，增强自己的信心。

【9】　最后就是要注意自己的心理状况，及时发现问题、解决问题。觉得压力很大的时候，可以跟家人、朋友谈一谈，也可以痛痛快快地大哭一场。如果自己解决不了，还可以去找心理医生，在专家的帮助下恢复心理健康。

一 阅读课文，回答下面的问题

1. 钱先生的工作怎么样？　（紧张　从……到……）

2. 最近钱先生有什么问题？他为什么有这些问题？　（失眠　头疼　差　发火　引起）

3. 为什么有时候人们在玩儿也会有压力？　（输赢）

4. 为什么要在精力最好的时候做最困难的事？　（感到）

5. 压力特别大的时候应该多吃什么？情绪激动的时候可以吃什么？　（新鲜　丰富　平静）

6. 和以前相比，现在人们的睡眠时间有什么变化？　（减少）

7. 如果每天少睡一个小时会有什么问题？　（疲劳）

8. 为什么运动能减轻压力？ （出汗　有效　增强）

9. 社会越来越进步，人们的生活越来越好，可压力却越来越大，你觉得这是什么原因引起的？

10. 采访你的搭档，问问他（她）什么时候压力最大。他（她）用什么方法来减轻自己的压力？

二 总结课文内容，填写下面的表格

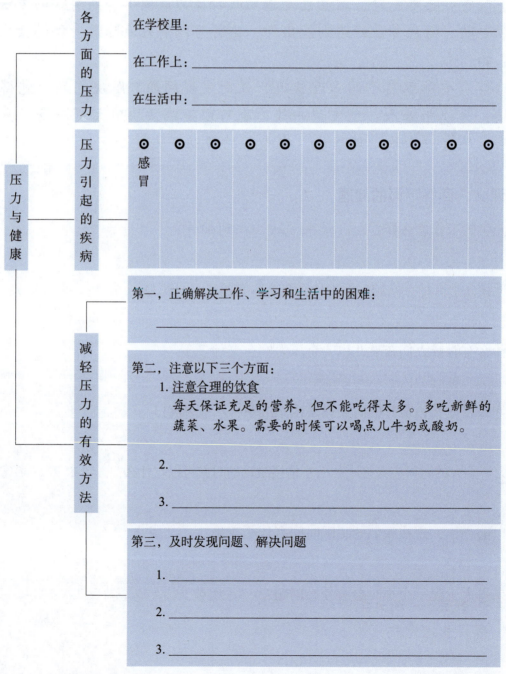

一 在……下

表示某种条件、情况，后面的部分说明相应的结果。例如：

（1）在他的管理下，公司的状况一年比一年好。
（2）如果在状态不好的情况下逼着自己工作或学习，感到的压力就会大得多。
（3）如果自己解决不了，还可以去找心理医生，在专家的帮助下恢复心理健康。
（4）在朋友的影响下，他也到中国留学了。

◎ 用"在……下"改写下面的句子，根据需要可以增加或者减少一些词语：

1. 受父母的影响，我从小就喜欢听古典音乐。

2. 科学家的研究表明，如果人的压力太大，很容易生病。

3. 经过护士的细心照顾，他的病很快就好了。

4. 售票员搀扶着老人上了公共汽车。

5. 大家帮助警察抓住了小偷儿。

6. 听了大夫的建议，老王把烟、酒都戒了。

7. 常常受到父母批评的孩子，长大以后可能没有自信心。

二 极

表示程度非常高，常用的格式有"A极了""极A"和"极不A"。"A极了"口语色彩较强。"极不A"中A一般为积极意义的形容词或动词。例如：

（1）最近钱先生常常失眠、头疼，总觉得没有力气，记忆力也差极了。
（2）爷爷生了一场大病以后，身体弱极了。
（3）情人节的鲜花极贵。

（4）人们的物质生活和工作环境都有了极大的改善。
（5）最近的天气极不正常。

> 形容词/动词 + 极了
> 极（不）+ 形容词/动词

（一）用"极"改写下面的句子，根据需要可以增加或者减少一些词语

1. 说谎非常普遍，我们经常处在说谎的环境中。

2. 小王上午没去上课，中午在食堂遇到了老师，他的表情非常不自然。

3. 昨天夜里有人偷偷进了我的房间，真是太可怕了。

4. 很多孩子只爱吃肉，不吃蔬菜，这样的饮食习惯非常不合理。

5. 开空调时不关窗户十分费电，我们不应该这样。

（二）判断下面哪些词能用在"极"的三种不同格式中，然后每种格式至少造两个句子

| 厚 | 穷 | 软 | 弱 | 粗 | 难过 | 孤独 | 落后 |
| 丰富 | 淘气 | 自然 | 巧妙 | 正常 | 理想 | 实用 |

| 极了 | 极 | 极不 |

三 引起

表示一种事情、现象、活动使另一种事情、现象、活动出现，可带名词、动词或形容词宾语，可带"了""过"，不能重叠，不带补语，一般也不带否定性动词短语。例如：

(1) 医生检查以后，判断他的问题是压力太大引起的。
(2) 压力会引起感冒、头疼、失眠、背疼。
(3) 压力会使人血压升高，时间长了，就会引起心脏病或其他疾病，严重危害身体健康。
(4) 全球气候变暖引起了世界各国科学家的注意。
(5) 能不能克隆人的问题引起了大家长时间的争论。
(6) 这次火灾是有人吸烟引起的。
(7) 丽丽虽然为公司付出了很多，但一直未引起过领导的重视。

（一）用"引起"改写下面的句子，根据需要可以增加或者减少一些词语

1. 员工反对公司改革工资制度。

2. 我们常常讨论什么是幸福。

3. 经理注意到新来的秘书每天都加班。

4. 外国公司对中国的投资环境很感兴趣。

5. 环境污染越来越严重，世界各国都很重视这个问题。

6. 过去，人们常常会议论离婚的事。现在离婚越来越普遍，人们就不再议论了。

7. 很久以来，"我是谁""我从哪里来""我要去哪里"一直是人们讨论的问题。

（二）用"引起"说明下面的情况

例：开玩笑→不满

小王和女同事开玩笑引起了丽丽的不满。

1. 病毒→感冒

2. 战争→死亡

3. 雷电→森林大火

4. 改革计划→反对

5. 总统说谎→麻烦

6. 不自然的表情→怀疑

7. 大晴天穿着雨衣→注意

8. 不健康的生活习惯→生理、心理疾病

四 越A越B

表示B的程度随着A的变化而变化。例如：

（1）人的压力越大，就越容易出现生理和心理疾病。
（2）我们的心理压力越大，需要的维生素C就越多。
（3）以前人们觉得手机越小越好，现在觉得手机越贵越好。
（4）到中国以后，我的汉语越说越流利。
（5）丽丽买了一种很贵的减肥药，可是越吃越胖。

> X越A越B
> X越A，Y越B

（一）用"越A越B"完成句子或对话

1. 考试的时候不要紧张，因为＿＿＿＿＿＿＿＿＿＿。
2. 买这种葡萄要买大一点儿的，因为＿＿＿＿＿＿＿＿＿＿。
3. A：你的西瓜昨天还是一块钱一斤，今天怎么就一块五了？
   B：昨天才30度，今天35度，＿＿＿＿＿＿＿＿＿＿。

4. A：你喜欢喝冰咖啡还是热咖啡？
   B：＿＿＿＿＿＿＿＿＿＿＿＿＿＿＿＿＿＿＿＿。

5. A：什么样的酒好？
   B：＿＿＿＿＿＿＿＿＿＿＿＿＿＿＿＿＿＿＿＿。

6. A：你怎么总是买那么贵的衣服？
   B：＿＿＿＿＿＿＿＿＿＿＿＿＿＿＿＿＿＿＿＿。

7. A：你为什么住那么远的地方？
   B：＿＿＿＿＿＿＿＿＿＿＿＿＿＿＿＿＿＿＿＿。

（二）根据下列情况，用"越A越B"造句

1. 昨天的雨：小雨→中雨→大雨
   ＿＿＿＿＿＿＿＿＿＿＿＿＿＿＿＿＿＿＿＿

2. 跑步的时候：不累→有点儿累→很累
   　　　　　　很快→不快→很慢
   ＿＿＿＿＿＿＿＿＿＿＿＿＿＿＿＿＿＿＿＿

3. 汽车：20千米/小时→60千米/小时→100千米/小时
   ＿＿＿＿＿＿＿＿＿＿＿＿＿＿＿＿＿＿＿＿

4. 小王晚上的睡觉时间：12:00pm→1:00am→3:00am
   ＿＿＿＿＿＿＿＿＿＿＿＿＿＿＿＿＿＿＿＿

5. 从家到学校需要的时间：两年前30分钟→一年前45分钟→现在一个多小时
   ＿＿＿＿＿＿＿＿＿＿＿＿＿＿＿＿＿＿＿＿

6. 小偷儿偷的钱：第一次50元→第二次100元→第三次500元
   ＿＿＿＿＿＿＿＿＿＿＿＿＿＿＿＿＿＿＿＿

7. 中国人送红包：二十年前送10块→十年前送100块→现在送500块
   ＿＿＿＿＿＿＿＿＿＿＿＿＿＿＿＿＿＿＿＿

8. 丽丽减肥：减肥前60公斤→减肥后63公斤
   ＿＿＿＿＿＿＿＿＿＿＿＿＿＿＿＿＿＿＿＿

一 猜一猜下面词语的意思

好心　粗心　细心　多心　黑心　一心　二心　变心
手心　脚心　圆心　中心

二 阅读下边的句子，说说画线词语的意思

1. 你说这酒不好喝，怎么还喝了这么多呢？心口不一。
2. 有些父母非常爱自己的孩子，但另一方面他们每天都在不停地批评孩子。不理解他们为什么如此心口不一。
3. 只有小孩子能做到说的和自己想的一样，心口如一。
4. 我想什么就说什么，心口如一，绝对不骗你。
5. 公司最近出现问题的原因是领导做错了决定，大家都心知肚明。
6. 政治家总是说社会上人人平等，但这不可能做到。我们对此都心知肚明。
7. 一起生活了三十年后，老王跟妻子心平气和地离婚了。
8. 你俩昨天吵得那么严重，今天竟然能心平气和地坐在这儿喝咖啡，太不可思议了。
9. 3枝玫瑰：我爱你；11枝玫瑰：一心一意……99枝玫瑰：天长地久；100枝玫瑰：百分之百的爱！
10. 学校旁边这家小饭馆儿，一心一意只卖面条儿，生意好得没有不排队的时候。

三 选择合适的词语填空

> 心口不一　心口如一　心平气和　一心一意　心知肚明

1. 小王喜欢丽丽，丽丽也喜欢小王，他们俩_____，可是谁都不愿意先说出口。
2. 孩子做错了，你脸红脖子粗没有用，你得_____地跟他谈。
3. 一生只喜欢一个人有点儿难，但是你可以喜欢一个人的时候_____。
4. 有高血压和心脏病的人，医生建议要少生气、不着急，尽量_____。
5. 对孩子来说，喜欢就是喜欢，不喜欢就是不喜欢，他们总是_____，不会_____。

四 下边是一些心口不一的情况，你觉得说话的人心里想的可能是什么或者他说的可能是什么

1. 丈夫（对妻子）："你不胖，你最美，我就喜欢这样的你！"
——_____

2. 爸爸（对孩子）："最近爸爸太忙了，等我有时间了带你去动物园。"
——_____

3. 女朋友（对男朋友）："亲爱的，生日礼物不重要，你送什么我都喜欢。"
——_____

4. 女孩儿（在电话里对追自己的男孩儿）："我在开会。"
——_____

5. 售货员（对顾客）："_____。"
——你穿这件衣服看起来虎背熊腰。

6. 女儿（对妈妈）："_____。"
——妈妈真的老了，走一会儿路就心慌气喘。

7. 妻子（对丈夫）："_____。"
——这个菜怎么这么咸啊！

8. 正在减肥的人："_____。"
——这个肉看起来可真好吃啊！

第133页表格的说明：

如果你回答"有时候"超过7次，那么说明你有压力，应该注意。如果回答"常常"超过7次，那么说明你压力比较大，应该想办法减轻压力。

第6单元　热身活动

◎ 采访你的搭档,了解他(她)在中国去过的一个地方,然后向全班同学介绍一下。

例如:1. 那儿的交通怎么样?

2. 那儿的人多吗?

3. 那儿有没有特别的东西卖?

4. 你在那儿吃到好吃的东西了吗?

5. 在那儿你有没有遇到什么让你印象深刻的人或者事?

6. 你最(不)喜欢那儿的什么方面?

7. 你下次还打算去吗?

周 庄

词语表

1	天堂	tiāntáng	（名）	paradise; heaven

◎ 这儿的风景太美了，就好像到了～一样。

| 2 | 具有 | jùyǒu | （动） | to possess; to have (normally used with abstract things) |

◎ ～重要意义/～……资格/～……特征

① 这首诗～早期诗歌的特点。/② 电脑在现代社会生活中～无法代替的作用。

| 3 | 镇 | zhèn | （名） | town |

◎ 江南小～/欧洲小～

| 4 | 位于 | wèiyú | （动） | to be located; to be situated |

① 中国～亚洲的东部。/② 天安门～北京的中心。

| 5 | 面积 | miànjī | （名） | area |

◎ 住房～/森林～

◎ 你的房间～是多大？

| 6 | 平方 | píngfāng | （名） | square (as a calculation of area) |

① 这套房子总面积70～米，每月租金6500元。/② 中国的国土面积是约960万～千米。

| 7 | 外界 | wàijiè | （名） | the outside world |

◎ 以前中国大学生主要待在校园里，现在的学生跟～的接触显然多得多。

| 8 | 较 | jiào | （副） | 〈书〉比较 comparatively; relatively (usually used in written language) |

① 王小毛，男，35岁，个子大约1.7米，头发～长，脸～瘦，眼睛～小，皮肤～黑，于4月1日下午离家，至今未归。请知情者与他的家人联系。/② 最近几年中国的经济发展速度～稳定。

| 9 | 保存 | bǎocún | （动） | to keep; to preserve |

① 我父母还～着我小时候画的画儿。/② 这幅画儿已经～了好几百年了。/③ 故宫里大部分的建筑～得较好。

Quasi-Intermediate 2 (Third Edition) / Textbook 145

| 10 | 古代 | gǔdài | （名） | ancient |

◎ ～历史/～社会/～文化/～城市

| 11 | 面貌 | miànmào | （名） | (of things) appearance; state |

◎ 城市～/社会～/历史～/改变～/恢复原来的～/真实～/落后的～/本来的～

| 12 | 时期 | shíqī | （名） | period |

◎ 学生～/危险～/困难～/和平～

◎ 青少年～正是长身体的～。

| 13 | 建筑 | jiànzhù | （名） | building; structure |

◎ 现代～/古代～/传统～/～学/～特点

| 14 | 富 | fù | （形） | rich; wealthy |

① 那时的政策是让一部分人先～起来。/ ② 20%的～人掌握了80%的财富，贫～不均是很多国家面临的问题。

| 15 | 供 | gōng | （动） | to provide; for the use or convenience of |

① 这本教材～中级及以上汉语水平的人学习使用。/ ② 故宫原来是皇帝住的地方，现在变成了～人们参观的博物馆。/ ③ 我们公司为这名女明星专门租了一间房，～她拍电影的时候换衣服、休息。

| 16 | 园林 | yuánlín | （名） | garden; park |

◎ 苏州～/～艺术

◎ 北京～和苏州～是中国两种不同～风格的代表。

| 17 | 连 | lián | （动） | to connect; to link |

① 我的老家在山里，门前山～着山。/ ② 远处的海～着天，天～着海，不知道哪个是海，哪个是天。/ ③ 这个练习是把这两句话～成一句话。

| 18 | 井 | jǐng | （名） | well |

◎ 一口～/打～

◎ 夏天的时候～水特别凉。

| 19 | 包 | bāo | （动） | to wrap |

◎ ～饺子/把礼物～起来

| 20 | 花 | huā | （形） | multi-coloured; coloured |

◎ ～衬衫/小～狗/小～猫

| 21 | 毛巾 | máojīn | （名） | towel |

◎ 一条～

| 22 | 服装 | fúzhuāng | （名） | dress; clothing; apparel |

◎ 传统～/～市场/～店/～广告

| 23 | 形成 | xíngchéng | （动） | to form; to take shape |

① 艺术家都希望能够~自己独特的风格。/② 一个人的性格~以后很难改变。/③ 王教授专门研究汉字的~过程。

| 24 | 分别 | fēnbié | （副） | respectively; separately |

① 儿童节的时候，老王~给三个孙子准备了不同的礼物。/② 比赛开始前，两个球队的队员~向自己的球迷挥手。/③ 过年的时候，小王和妻子~回自己的父母家。

| 25 | 独特 | dútè | （形） | distinctive; unique |

◎ ~的风景/~的性格/~的风格/~的方法

| 26 | 故 | gù | （动） | to die (used in written language) |

◎ 友人病~/已~画家

| 27 | 著名 | zhùmíng | （形） | famous; renowned |

◎ ~的画家/~的城市
◎ 武则天是中国历史上~的女皇帝。

| 28 | 故乡 | gùxiāng | （名） | hometown |

① 虽然离开~已经三十年了，可他说话还带着~的口音。/② 中国是我的第二~。

| 29 | 石油 | shíyóu | （名） | petroleum; oil |

◎ 中国~大学/~资源

| 30 | 大王 | dàwáng | （名） | magnate |

◎ 石油~/钢铁~

| 31 | 将※ | jiāng | （介） | usage and meaning are the same as the preposition "把", usually used in written language |

① 老王~自己的经历写成了一本书。/② 那位著名的画家~自己的一些画作送给了国家博物馆。

| 32 | 吸引 | xīyǐn | （动） | to attract; to draw one's attention |

◎ ~对方的注意
① 五颜六色的鲜花~了一大群蜜蜂。/② 观众被精彩的比赛~住了。

| 33 | 至 | zhì | （动） | to; until |

① 银行开门时间为早上9点~下午5点。/② 北京~上海的高铁很多。

| 34 | 阿婆 | āpó | （名） | term of respect for an old female |

◎ 这位~一直生活在这儿。

| 35 | 满月 | mǎn yuè | | a baby's completion of its first month of life |

① 孩子~的时候，父母要请亲朋好友吃饭。/② 在中国，孩子~前，父母不会带他（她）出门。

| 36 | 如 | rú | （动） | as; like; as if |

◎ 风景～画/心急～火/泪～雨下/吓得面～土色
◎ 老王每天第一个到办公室，三十年～一日。

| 37 | 土地 | tǔdì | （名） | earth; land |

◎ ～交易/～面积

| 38 | 旅游 | lǚyóu | （动） | to make a tour |

◎ 寒假的时候，我打算去南方～。

| 39 | 名胜 | míngshèng | （名） | scenic spots; place famous for its scenery or historic relics |

◎ ～古迹/风景～/参观～/保护～

| 40 | 纷纷※ | fēnfēn | （副） | one after another; in great numbers |

① 中秋以后山上的树叶慢慢红了，人们～来到这里观赏红叶。/② 这家公司换了老板以后，很多人～离开了这儿。

| 41 | 悠久 | yōujiǔ | （形） | （历史）很长　long; age-old |

◎ 历史～

| 42 | 古老 | gǔlǎo | （形） | ancient; old-aged |

◎ ～的民族/～的国家/～的文化/～的建筑

| 43 | 则※ | zé | （连） | while (used to form a contrast between two things, "则" is used within the latter clause) |

◎ 婚姻就像一座城，城外的人想进去，城里的人～想出来。

| 44 | 大批※ | dàpī | （形） | large quantities; a lot |

◎ ～图书资料
◎ 最近几年～海外留学生回到了国内。

| 45 | 游人 | yóurén | （名） | tourist; sightseer |

① 今年我们公园进口了很多珍贵的花草供～欣赏。/② 办公区，～止步！

| 46 | 促进 | cùjìn | （动） | to promote; to accelerate |

◎ ～经济发展/～中外文化交流

| 47 | 商业 | shāngyè | （名） | commerce; trade |

◎ ～区/～中心/～活动/发展～

| 48 | 结合 | jiéhé | （动） | to combine; to integrate |

① 各国的经济发展要～本国的具体情况。/② 学校教育、家庭教育、社会教育三者互相～才能有较好的效果。/③ 请大家～自己的生活经历写一篇作文。

| 49 | 长途 | chángtú | （名） | long-distance |

◎ ～电话/～汽车/～旅行

| 50 | 旅馆 | lǚguǎn | （名） | hotel |

◎ 一家～/住～

周庄 11

专名

1 周庄	Zhōuzhuāng	name of a town between Suzhou and Shanghai
2 江南	Jiāngnán	长江下游以南地区，包括江苏和安徽的南部以及浙江的北部 south of the Yangtze River's lower reaches, the area of southern Jiangsu and Anhui, and northern Zhejiang
3 上海虹桥机场	Shànghǎi Hóngqiáo Jīchǎng	Shanghai Hongqiao International Airport
4 明（朝）	Míng (cháo)	the Ming Dynasty
5 清（朝）	Qīng (cháo)	the Qing Dynasty
6 沈厅	Shēntīng	name of a garden in Zhouzhuang
7 张厅	Zhāngtīng	name of a garden in Zhouzhuang
8 双桥	Shuāngqiáo	name of a bridge in Zhouzhuang
9 陈逸飞	Chén Yìfēi	a famous Chinese painter
10 邓小平	Dèng Xiǎopíng	name of a former Chinese leader

用刚学过的词语回答下面的问题：

1. 你觉得什么菜可以代表中国菜的特点？（具有）

2. 你的老家在哪儿？（位于）

3. 你觉得你们国家大学的老师跟外界的接触多吗？

4. 你小时候的东西还在吗？（保存）

5. 你比较喜欢学校里的哪个建筑？

6. 你认为幸福和钱的多少有关系吗？（富）

7. 在你们国家，地铁和公共汽车上有特别的座位吗？（供）

8. 去哪儿买东西可以砍价？（服装）

9. 你觉得我们的性格现在还能改变吗？（形成）

10. 你觉得我们这个城市有什么独特的方面？

11. 你知道武则天吗？（著名）

Quasi-Intermediate 2 (Third Edition) / Textbook 149

12. 设计广告的人需要注意什么？（吸引）

13. 在中国你去哪儿旅游过？

14. 你看过哪些中国的名胜？

15. 国际旅游有什么好处？（促进）

16. 有人认为教育孩子主要是学校和老师的事情，你同意吗？（结合）

周　庄

【1】　上有天堂，下有苏杭①，中间有个周庄。

【2】　周庄是个具有900多年历史的江南小镇。它位于上海和苏州之间，距离上海虹桥机场65千米，距离苏州城区大约38千米。周庄的面积有80平方千米，人口大约是13.8万。由于过去交通不便，周庄跟外界的接触不像苏州、上海那么多，所以它较好地保存了古代江南小镇的面貌。在这里，50%以上的房子都是明清时期的建筑。过去一些富人家的院子，如今已变成了供人们参观的园林，例如有名的沈厅和张厅。

【3】　作为江南小镇的代表，周庄是一个水的世界，到处都有河、有水，这些河连在一起就像一个"井"字。河上常常有小船经过，船上的周庄妇女头上包着一块花毛巾或一块蓝布，穿着传统服装，一边摇着船，一边唱着江南民歌。周庄河多，桥自然也多，其中最有名的是双桥。双桥的桥洞一方一圆，两座桥连在一起，形成一个90°的角，你的两只脚可以分别同时站在两座桥上。双桥有名，不仅是因为它们形状独特，还因为是它们让周庄走向了世界，让世界开始了解周庄。当年，已故著名画家陈逸飞画了一幅《故乡的回忆》。这幅画儿被美国一位石油大王买去。后来这位石油大王访问中国时，将它送给了中国当时的国家领导人邓小平。邓小平被画儿中美丽的风景所吸引，就很想知道它是什么地方。后来他了解到，原来这是周庄的双桥。周庄从此越来越有名。

【4】　　因为河多水多,过去周庄人的生活中有很多与河有关的活动。例如,每年春天和秋天到了收获的时候,或者有人结婚,人们常常会举行摇船比赛。如果天气好,到了晚上,人们还会在船上点着各种颜色的灯,几十条船在一起就像一条五颜六色的"龙"。这条"龙"从头至尾有几十里长,它在音乐声中慢慢地向前游动,给人的感觉既浪漫又美丽。

【5】　　周庄人爱喝茶,而且喝茶有很多讲究,比如"阿婆茶""春茶"和"满月茶"等。在周庄,你经常可以看到六七十岁的老太太们坐在一起喝茶、吃小吃。这就是所谓的"阿婆茶"。"春茶"是指每年春节的时候到别人家喝茶,每天去一家,一直到所有人家都去过才结束。"满月茶"则是在孩子出生一个月时请亲戚朋友喝茶,庆祝孩子满月[②]。

【6】　　周庄最大的特点就是小桥、流水、人家。这里春夏秋冬一年四季风景如画。历史上的周庄人在这美丽的土地上,一直过着平静的生活。可是,现在的周庄一下子变成了旅游名胜,热闹了起来。人们纷纷从世界各地来到这里——有的为了欣赏周庄美丽的风景,有的为了了解周庄悠久的历史和古老的文化,还有的则希望在这里找到一份好心情……大批游人来到周庄,一方面促进了周庄的经济发展,改善了当地人民的生活;可另一方面也使周庄失去了原来的平静,变得哪儿都是游人,哪儿都是商店。不过,也有人说,现代的商业和古老的文化结合在一起,正好形成了周庄独特的风景。

- 旅游时间:游周庄,春夏秋冬一年四季都可以,不过最好不要周末去,因为人太多。
- 交通:上海和苏州都有到周庄的长途汽车。
- 住:可以住在当地人的家里,比住旅馆便宜一点儿。
- 玩:可以坐船看周庄的风景,听江南民歌。

- 注:①上有天堂,下有苏杭:中国古人的说法,意思是苏州、杭州的风景非常美丽,好像天堂一样。
　　②满月:婴儿出生后满一个月。很多父母在孩子满月的这一天给孩子理发,请亲戚朋友吃饭。

一 阅读课文,回答下面的问题

1. 周庄在什么地方? 　（位于　距离）

2. 为什么周庄较好地保存了古代江南小镇的面貌? 　（交通　接触）

3. 为什么说周庄是江南小镇的代表？ （水 河 桥）

4. 双桥是什么样的桥？ （形状 桥洞 分别）

5. 人们是怎么知道周庄的？ （画家 石油大王 领导人）

6. 周庄人有哪些与河有关的活动？ （比赛 点灯）

7. 周庄最大的特点是什么？ （春夏秋冬 风景）

8. 现在的周庄和过去有什么不同？有什么变化？ （平静 热闹 独特）

9. 你认为像周庄这样的地方是否应该发展旅游业？

10. 旅游业对古迹的保存有什么好处和坏处？

二 阅读课文第5段，填写下面的表格

特 点	阿婆茶	春 茶	满月茶
和谁一起			
什么时候			
在哪儿	不一定		

三 从下面的标题中分别为第2—6段找一个合适的标题

A. 周庄的过去与现在
B. 周庄是一个水的世界
C. 周庄人喝茶的习惯
D. 旅游名胜与经济发展

E. 周庄人的水上活动
F. 周庄的交通
G. 双桥让周庄走向世界，让世界了解周庄
H. 周庄的地理位置与古貌保存

四 根据课文内容填空

周庄已经有900多年的悠久_____，是一座美丽的江南小镇。周庄在上海和苏州_____，_____上海虹桥机场65千米，_____苏州城区约38千米。周庄的_____有80平方千米，_____大约有13.8万。由于过去_____不便，所以周庄较好地保存了古代江南小镇的面貌。周庄50%以上的房子都是明清时期的_____。过去一些富人家的院子，现在变成了供人们参观的_____，例如有名的沈厅、张厅。周庄最大的_____就是小桥、流水、人家，一年四季风景如画。

语言点

一 其中

表示在前面所提到的范围以内。例如：

（1）周庄河多，桥自然也多，其中最有名的是双桥。
（2）我们班一共有15名学生，其中男生6人，女生9人。
（3）江南有很多保存完好的小镇，周庄就是其中的一个。

（一）用"其中"回答下面的问题

1. 在中国，你去过哪些地方？你最喜欢哪个地方？

2. 汉语难不难？哪方面最难？

3. 你每个月要花多少钱？吃饭要花多少钱？

4. 哪些东西会影响人的健康？什么影响最大？

5. 你现在压力大吗？有哪些压力？什么压力最大？

6. 你觉得人聪明不聪明和什么有关系？和什么的关系最密切？

7. 从小到大，你收到过哪些生日礼物？你最喜欢哪一个？为什么？

（二）用"其中"描写下面的图表

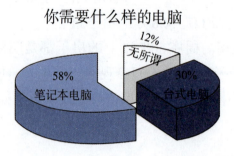

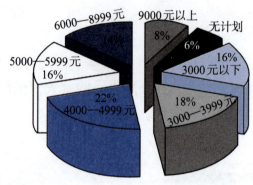

中国球类运动场地数量

单位：万个

体育场地	2022年	2023年	增加数量（百分比）
足球场地	13.59	14.87	1.28(9.42%)
篮球场地	110.28	117.64	7.36(6.67%)
排球场地	10.12	11.04	0.92(9.09%)
乒乓球场地	93.53	101.49	7.96(8.51%)
羽毛球场地	24.61	27.79	3.18(12.92%)
总　数	252.13	272.83	20.70(8.21%)

（数据来源：中国国家体育总局2022年、2023年"全国体育场地统计调查数据"）

二 将

介词，表示对人或事物的处置，有"把"的意思。多用于书面语。用"将"的句子中，"将"后的动词一般不能是简单形式，句中的否定词或助动词一般放在"将"前。
例如：

（1）石油大王将《故乡的回忆》这幅画儿送给了邓小平。
（2）离开房间前请将门窗关好！
（3）家里人和医生都没有将病情告诉病人。
（4）将爱情进行到底。

◎ 用"将"改写下面的句子，根据需要可以增加或者减少一些词语：

1. 我们是公司，当然把经济利益放在第一位。

2. 为了给病重的父亲治病，他卖掉了房子和汽车。

3. 老王每个月的工资都交给妻子。

4. 蜜蜂采蜜回来以后，养蜂人要及时取出蜂蜜。

5. 一个5岁的孩子用一支玩具手枪吓走了小偷儿。

6. 很多女性结婚以后，所有的精力都放在家庭、丈夫和孩子身上，忽视了自己的事业。

7. 所有这些不愉快的事情我都要彻底忘记。

三 纷纷

多放在动词短语前，表示接二连三地出现某种情况。例如：

（1）人们纷纷从世界各地来到周庄。
（2）周庄人纷纷开起了商店，做起了生意。
（3）音乐响起来后，孩子们纷纷跳起舞来。

（一）用"纷纷"完成句子

1. 小王和丽丽要结婚了，朋友们　　　　　　　　　　　　。
2. 一听经理说周末需要两个人加班，大家　　　　　　　　。
3. 听说HSK的成绩出来了，　　　　　　　　　　　　　　。
4. 最近因为流行感冒，　　　　　　　　　　　　　　　　。
5. 夏天到了，　　　　　　　　　　　　　　　　　　　　。
6. 圣诞节（春节）快到了，　　　　　　　　　　　　　　。

（二）用"纷纷"回答问题

1. 什么是"流行"？
   _____

2. 用"纷纷"说一说中国大学生的特点。
   大学一年级　参加各种俱乐部、社团：大学一年级学生们纷纷参加各种俱乐部、社团。
   大学二年级　谈恋爱：_____
   大学三年级　打工挣钱：_____
   大学四年级　找工作或考研：_____

3. 用"纷纷"说一说你们国家大学生的特点。
   _____

四　则

> 表示几种情况形成对比，"则"放在最后一个小句中。例如：
>
> （1）他们有的为了欣赏周庄美丽的风景，有的为了了解周庄悠久的历史和古老的文化，还有的则希望在这里找到一份好心情。
> （2）小王平时很早就起床，周末则喜欢睡懒觉。
> （3）北京的园林面积很大，有山有水；南方的园林则面积较小，注重设计的巧妙。

（一）用"则"比较中国南北方的差别

方　面	南　方	北　方
天气（冬天）	湿润、暖和	干燥、寒冷
主　食	米饭	面食
喜欢的口味	甜	咸
人们的性格	细腻	豪爽

（二）用"则"比较一下中餐和你们国家的菜有什么不同

_____

周庄 11

五 大批

表示数量多,一般只作定语。例如:

(1) 现在周庄变得非常有名了,大批游人纷纷来到周庄。
(2) 过去有一段时间,大批城里的年轻人都去了农村。
(3) 这个国家每年出口大批日用品,进口大批汽车。

◎ 用"大批"改写下面的句子,根据需要可以增加或者减少一些词语:

1. 因为经济不好,很多大学毕业生都找不到理想的工作。

2. 在城市发展过程中,很多古老的建筑受到了破坏。

3. 如果养蜂人照顾得不够周到,就会有很多蜜蜂死掉。

4. 近几年,很多留学生回到国内工作,他们被称为"海归(龟)"。

5. 前些年金融危机的时候,很多公司都破产了。

6. 机场因为天气原因取消了20多个航班,4000多名旅客受到影响。

7. 警察在这家公司发现了很多盗版(dàobǎn, pirate)图书。

拓展学习

一 阅读下边的句子,说说画线词语的意思

1. 江南有很多古镇历史悠久,风景如画。
2. 黄山一年四季风景如画,游人众多。
3. 广西桂林(Guìlín, name of a place)山清水秀,奇洞(dòng, cave)美石,吸引了很多游人。

4. 春天的西湖边，山清水秀，花红柳绿，吸引了很多游人。
5. 人们坐在绿水青山之间，喝着西湖龙井茶，欣赏着美丽的风景，真是一种享受。
6. 绿水青山就是金山银山。
7. 黄山、泰山（Tài Shān, Mountain Tai），长江（Cháng Jiāng, the Yangtze River）、黄河（Huáng Hé, the Yellow River），都是中国的名山大川。
8. 他喜欢旅游，中国的很多名山大川，比如华山、五台山、长江等，他都去过。
9. 夏天，水天一色的青海湖吸引了很多避暑的游人。
10. 黄浦江、长江、东海三水相连处，水天一色。

二 用合适的词语描写下边的图片

绿水青山　水天一色　名山大川　山清水秀　风景如画

旅行经历

词语表

| 1 | 行 | xíng | （动） | to walk; to go (*in a vehicle, boat, etc.*) |

◎ 人～道/日～千里

| 2 | 胜 | shèng | （动） | 比……好 to surpass; to exceed; to outstrip |

① 有些孩子，老师一句话～过父母一百句。/② 一件合适的礼物～过千言万语。

| 3 | 卷 | juàn | （量） | volume |

① 这套书分上、中、下三～。/② 这部词典共九～。

| 4 | 外出 | wàichū | （动） | 去外面 to go away; to go out |

① 口语老师因公～，停课一次。/② 住院病人～必须得到医生批准。

| 5 | 死 | sǐ | （形） | inflexible; mechanical |

◎ 他学习很努力，就是方法太～了。

| | | | （副） | inflexibly; mechanically |

◎ 学习汉字不能～记，应该了解汉字每个部分的意思。

| 6 | 开阔 | kāikuò | （动） | to widen; to open |

◎ ～路面

| 7 | 眼界 | yǎnjiè | （名） | field of vision; outlook |

◎ 大开～

◎ 读书可以开阔人的～。

| 8 | 各种各样 | gèzhǒng-gèyàng | | all kinds of; various |

◎ ～的衣服/～的玩具/～的麻烦

| 9 | 古人 | gǔrén | （名） | 古代的人 the ancients |

① 你知道哪些中国有名的～？/② ～说得好：民以食为天。

| 10 | 一辈子 | yíbèizi | （名） | a life time; throughout one's life |

① 奶奶～没离开过老家。/② 爷爷～不抽烟，不喝酒。/③ 老王教了～书。

| 11 | 家乡 | jiāxiāng | （名） | hometown |

◎ 丽丽的~在山东。

| 12 | 现代化 | xiàndàihuà | （动） | modernize |

◎ 实现农业~。
◎ 公司的发展一方面需要~的设备，另一方面也需要~的管理。

| 13 | 甚至 | shènzhì | （副） | even; so far as to |

◎ 这种游戏，小孩儿、大人~七八十岁的老人都喜欢。

| 14 | 到达 | dàodá | （动） | to arrive; to reach |

① 火车大约下午4点~上海。/② 你知道~的时间以后马上通知我。

| 15 | 感受 | gǎnshòu | （名） | impression; feeling |

◎ 生活~/旅游的~
◎ 请谈谈您获奖后的~。

| | | | （动） | to experience |

① 我想住在中国人的家里，~一下中国人的日常生活。/② 离开家以后才~到家庭的温暖。

| 16 | 机关 | jīguān | （名） | organ (of government, etc.) |

◎ 国家~/政府~/中央~/秘密~/重要~

| 17 | 人员 | rényuán | （名） | personnel; staff |

◎ 工作~/教学~/科研~/技术~

| 18 | 转 | zhuàn | （动） | to stroll |

① 刚吃完饭就看书不好，咱们去外边~~吧。/② 我在超市~了半天，什么都没买到。/③ 每到一个城市，我都喜欢去当地的市场~~。

| 19 | 遥远 | yáoyuǎn | （形） | distant; remote |

◎ ~的地方/~的古代
◎ 那个地方离这儿很~。

| 20 | 少数 | shǎoshù | （名） | small number; minority |

① 以前只有~中学生能上大学。/② 中国有55个~民族。

| 21 | 强烈 | qiángliè | （形） | strong; intense |

◎ ~的愿望/~要求/~反对/~不满

| 22 | 对比 | duìbǐ | （动） | to contrast; to compare |

◎ 专家~了两幅画儿以后，发现其中一幅是假的。

| | | | （名） | contrast |

◎ 姐姐内向，妹妹活泼，两人的性格形成了强烈的~。

| 23 | 迷人 | mírén | （形） | attractive; enchanting |

◎ ~的风景/~的音乐/~的眼睛/笑得很~

24	警察	jǐngchá	（名）	police

◎ 今天这儿有重要活动，来了很多~。

25	收入	shōurù	（名）	income; earnings

◎ 王教授的~包括工资、稿费和其他学校请他讲课的钱。

26	糟糕	zāogāo	（形）	terrible; bad

① 这么~的天气，飞机恐怕起飞不了了。/② 昨天的比赛真是太~了。/ ③ ~，我忘了锁自行车了。

27	黄金	huángjīn	（名）	gold

① 最近~市场的价格不太稳定。/② 这条项链是~做的。

			（形）	比喻宝贵的 golden

① 电视台~时间的广告费最贵。/② 每年秋天，天气又好，风景又漂亮，是游览北京的~季节。

28	人山人海	rénshān-rénhǎi		huge crowds of people; a sea of people

◎ 放假的时候，博物馆里~。

29	休闲	xiūxián	（动）	to have a leisure time

① 现代人的~时间比以前增加了许多。/② 中老年人的~活动丰富多彩，比如打太极拳、逛公园等。

30	兔子	tùzi	（名）	hare; rabbit

◎ 两只~/可爱的小~

31	选择	xuǎnzé	（动）	to select; to choose

① 小长假去旅行的话，最好不要~太热门的地方。/② 过去，中国人不能~自己结婚的对象，常常是父母替他们~的。

32	胡同	hútòng	（名）	narrow lane; alley

① 北京有很多~，有些~的名字特别有意思。/② 老王从小在~长大，搬进楼房以后很不习惯。

33	窄	zhǎi	（形）	narrow

① 这条路太~了，所以是单行道。/② 厨房的门有点儿~，冰箱搬进去的时候特别费劲。

34	稍微	shāowēi	（副）	slightly

① 师傅，我要赶飞机，请您~开快点儿。/② 现在食堂人太多，咱们~晚一点儿去，人也许能~少一些。

35	到底※	dàodǐ	（副）	what on earth (used in an interrogative sentence to indicate that a definite reply is requested)

① 这些衣服你已经试了5件了，你~买不买？/② 刚才你说想去上海，现在又说想去西安，你~想去哪儿？

36	教师	jiàoshī	（名）	teacher

◎ 老~/年轻~/大学~/幼儿园~

37	从事	cóngshì	（动）	做某种工作　to be engaged in; to go in for

◎ ~科学研究/~教育工作/~医学研究/~对外文化交流工作

38	游山玩水	yóushān-wánshuǐ		to tour the scenic spots; to make a sightseeing tour

① 北京的秋天是~的好季节。/② 小王只喜欢~，不喜欢看书。

39	旗子	qízi	（名）	flag

◎ 一面小~

40	古迹	gǔjì	（名）	historic site

◎ 一处~/参观~/保护~

41	相似	xiāngsì	（形）	similar; alike

① 这两幅画儿非常~，但只有一幅是真的。/② 姐妹俩的外貌虽然十分~，但性格却完全不同。/③ 我们公司刚生产出一种新产品，市场上很快就出现了许多~的产品。/④ 幸福的家庭是~的，不幸的家庭各有各的不幸。

42	群	qún	（量）	group; herd; flock

◎ 一~游人/一~朋友/一~老太太/一~蜜蜂/一~牛/一~羊/一~鸡

43	自助	zìzhù	（动）	自己帮助自己　(guests, travelers, etc.) to serve oneself

◎ ~餐/~旅游

44	森林	sēnlín	（名）	forest

◎ 一片~

45	田野	tiányě	（名）	field; open country

◎ 一片美丽的~

◎ 春天到了，~里一片绿色。

46	人工	réngōng	（形）	artificial (as opposed to natural); manmade (as opposed to mechanically-produced)

◎ ~湖/~降雨/~呼吸/~智能

47	目标	mùbiāo	（名）	target

◎ 学习~/政府工作~/达到~/实现~/长期~/近期~/共同的~/明确的~

48	省	shěng	（动）	to save; to economize

◎ ~钱/~时间/~水/~电

49	乐趣	lèqù	（名）	delight; pleasure; joy

◎ 读书的~/旅游的~

① 孩子的出生给全家添了不少~。/② 丽丽最大的~就是逛商场。

| 50 | 克服 | kèfú | （动） | to overcome; to get rid of |

◎ ~困难/~缺点/~坏毛病/~不良习惯

专名

1	云南	Yúnnán	name of a province
2	海南	Hǎinán	name of a province
3	青岛	Qīngdǎo	a city in Shandong Province
4	越南	Yuènán	Vietnam
5	朝鲜	Cháoxiǎn	the Democratic People's Republic of Korea
6	昆明	Kūnmíng	capital of Yunnan Province
7	丽江	Lìjiāng	a city in Yunnan Province
8	十一	Shí-Yī	National Day of China
9	苏杭	Sū-Háng	Suzhou and Hangzhou (located in Jiangsu Province and Zhejiang Province respectively)
10	故宫	Gùgōng	the Forbidden City
11	西藏	Xīzàng	Xizang (name of an autonomous region)

用刚学过的词语回答下面的问题：

1. 我的朋友学习很努力，为什么汉语进步不快？(死)
2. 你来教室上课是步行、骑车还是坐车？
3. 你觉得除了旅行，还有什么方法可以开阔眼界？
4. 学校食堂的饭菜有什么？(各种各样)
5. 在中国学习和生活了这么长时间，你有什么感受？
6. 你觉得现在多远的距离可以说是很遥远？
7. 怎么判断我的发音对不对？(对比)
8. 在你们国家，一个大学毕业刚工作的人一年的收入大概多少？
9. 你对这个城市的哪个方面不满意？(糟糕)
10. 你见过什么地方的人特别多？(人山人海)
11. 你觉得人们选择恋人的标准是什么？
12. 你打算以后做什么工作？(从事)
13. 汉语和你们的母语有相似的地方吗？
14. 这学期你有什么目标？
15. 在中国生活，你有什么省钱的方法吗？

旅行经历

【1】　　人们常说"行千里路胜读万卷书"，意思是说多外出走走，多去别的地方旅行，比待在家里死读书有用。旅行的确能让人增长知识、开阔眼界。但是，过去交通条件比较落后，人们旅行极不方便，长途旅行只能靠骑马或坐船，不仅费时费力，而且往往会遇到各种各样的麻烦。所以，大多数古人一辈子从没离开过自己的家乡。如今，有了汽车、火车、飞机等现代化的交通工具，我们一天就能行几千里甚至上万里路。古人需要十几天甚至几个月才能到达的地方，我们仅需几个小时就能来回一趟。"行千里路"不再是件了不起的事情。现在，人们利用周末、假日时间外出旅行已经非常普遍，旅行变成了现代人生活的一部分。不过，对于不同的人，旅行的意义、方式和目的地往往不同，旅行的感受也不一样。下面让我们来听听一些人的旅行感受。

【2】　　**徐先生（机关工作人员）**：我非常喜欢旅行，只要有时间，我就爱到处去转转。我先后去过云南、海南等省份，以及西安、青岛等城市，还去过越南、朝鲜等国家。其中印象最深的是云南，没去以前觉得云南是一个特别遥远的地方，少数民族很多，好像外国一样。快要到昆明的时候，从飞机上往下看，到处都是红色和绿色，不像我住的城市总是一片灰色，两个城市强烈的对比使我更加喜欢云南。现在只要一有时间我就去，大概已经去了不下四五趟了。在云南，我最喜欢的地方是丽江，那里迷人的少数民族文化一直吸引着我。

【3】　　**李先生（警察）**：我和妻子收入都不高。妻子常常很羡慕地告诉我谁又去哪儿玩儿了，谁刚从哪儿回来。所以我们去年"十一"小长假的时候去了趟周庄和苏杭。那些地方的园林当然很漂亮，但糟糕的是，因为是旅游的黄金季节，到处人山人海，除了人的头，别的好像什么也没看见。玩儿没玩儿好，吃没吃好，住没住好，哪里是休闲，感觉比上班还累，还不如在家里看看书、听听音乐舒服呢。

【4】　　**兔子（学生）**：我和女朋友都是学生，没有经济收入，生活主要靠父母，所以没有很多钱，不能去远的地方旅行。我们最喜欢骑车在北京城里逛。最爱去的地方是故宫，我们选择不一样的时间和季节去，先后去过五六趟了吧。走在故宫里边，你感受到的是历史。有时候，哪怕是蓝天上飞过一只小鸟，我们

也觉得很激动。此外，我们还喜欢去逛北京的胡同。这些胡同或长或短，或宽或窄。我知道的最长的胡同有6.5千米；最短的则只有10来米；最窄的胡同才0.7米，稍微胖点儿的人想通过都不太容易。谁也不知道北京到底有多少条胡同。我觉得要真正了解北京的人和文化，就要到胡同里走一走、转一转。

【5】　阿静（教师）：我是一个普通人，从事着普通的职业，我喜欢自己去游山玩水，不愿意跟着旅行社的小旗子，从这个名胜赶到那个古迹，那样的旅行经历都很相似。1988年，我和一群搞艺术的朋友去了一趟西藏。从那以后，就爱上了这种自助的旅行方式。我比较喜欢森林、田野等自然的风景，不喜欢看人工造出来的东西。我的目标就是花最少的钱玩儿最多、最好的地方。为了省钱，我一路上都住便宜的旅馆，五块钱一夜的旅馆也能住。还有的时候找不到旅馆，就享受"天当房，地当床"的乐趣，这是在城市里永远也不可能有的经历。自助旅行除了让我享受到大自然的美，还让我发现自己原来这么坚强，可以克服遇到的各种困难。此外，旅行中说不定还能遇到很多浪漫的事情。

（根据《今日中国》2000年第2期《都市"背包族"》、2001年第4期《今天我们怎样休闲》等改写）

一　根据课文内容，回答下面的问题

1. "行千里路胜读万卷书"是什么意思？　　（死　知识　眼界）

2. 为什么现在"行千里路"不再是件了不起的事情？　　（现代化）

3. 昆明和徐先生住的城市有什么不同？　　（颜色　对比）

4. 在云南，徐先生最喜欢什么地方？为什么？　　（迷人　少数民族）

5. 李先生喜欢旅行吗？　　（A没A好，B没B好　糟糕　人山人海）

6. 兔子和女朋友为什么不去远的地方玩儿？　　（收入　靠）

7. 兔子觉得要了解北京的人和文化，应该去哪儿？　（胡同　长　短　窄）

8. 阿静什么时候开始喜欢自助旅行的？　（趟）

9. 阿静喜欢看什么？不喜欢看什么？　（自然　人工）

10. 阿静找不到旅馆的时候怎么办？　（当　乐趣）

二 根据课文内容，填写下面的表格

关于旅行	徐先生	李先生	兔子	阿静
地点或方式				自助旅行
特　点			古迹、胡同	
(不)喜欢的原因	和自己住的城市不一样			

一 上（万里）

表示"达到，够（一定的数量）"，后面带"年纪、岁数"或表示数量的宾语。
例如：

(1) 如今，有了汽车、火车、飞机等现代化的交通工具，我们一天就能行几千里甚至<u>上</u>万里路。
(2) <u>上</u>千人参加了那个电影明星的婚礼。
(3) 我们学校已经有<u>上</u>百年的历史了。
(4) 小王的父母都已经<u>上</u>年纪了，可还要给他带孩子。

◎ 下面是一些新闻标题，根据标题用"上百""上千""上万""上亿"完成下列句子：

新闻标题	句　子
例：旅游业进一步发展	今年接待游客上千万人次，旅游业总收入上百亿元。
1. 麦当劳开遍中国	＿＿＿＿＿＿＿＿＿＿＿＿＿＿＿＿城市有麦当劳。
2. 新电脑问世	价格＿＿＿＿＿＿＿＿＿＿＿＿＿＿＿＿＿＿＿。
3. 教师成为热门职业	一个教师职位＿＿＿＿＿＿＿＿＿＿＿＿＿＿。
4. 多条旅游路线降价	最多降价＿＿＿＿＿＿＿＿＿＿＿＿＿＿＿＿。
5. 失业问题日益严重	＿＿＿＿＿＿＿＿＿＿＿＿＿＿＿找不到工作。
6. 历时6年的战争结束	死伤＿＿＿＿＿＿＿，经济损失＿＿＿＿＿＿＿。
7. 运水果的车翻车	果农损失＿＿＿＿＿＿＿＿＿＿＿＿＿＿＿＿。
8. 经济快速发展	＿＿＿＿＿＿＿＿＿＿＿＿＿＿＿＿＿＿＿＿。

二 对于

> 表示对待关系，用来介绍有关的人或事物。"对于"构成的介词短语后可以跟名词、动词、短语及小句。用"对于"的句子一般都能用"对"；但用"对"的句子，有些不能用"对于"。例如：
>
> （1）对于不同的人，旅行的意义、方式和目的地往往不同，旅行的感受也不一样。
> （2）科学家对于很多疾病的原因还不清楚。
> （3）请谈谈你对于克隆人的看法。

◎ 下面哪些句子中的"对"能用"对于"代替？

1. 喝少量的酒对身体有好处，抽烟则对身体毫无益处。
2. 猴子看见我手上拿着香蕉，就对我笑，还向我招手。
3. 我对人工的旅游景点不太感兴趣。
4. 父母对他的考试成绩不太满意。
5. 我代表公司对贵公司的热情帮助表示衷心的感谢。
6. 越来越多的国家在发展经济的同时对保护环境也开始重视起来。
7. 他是我的老板，对我的工作也很欣赏。他让我加班，我能对他说"不"吗？
8. 很多中国人对外国人很好奇。
9. 不管孩子长到多大，父母对孩子仍然不放心。

10. 运动对我来说真是太难了。
11. 维生素对人体的作用巨大。
12. 本报记者就大家关心的交通问题对市长进行了采访。

三 疑问代词的虚指

> 疑问代词可以用来指不确定的人、事物或地方。所指的人、事物或地方常常是不知道的或不需要说明的。例如：
>
> （1）妻子常常很羡慕地告诉我谁又去哪儿玩儿了，谁刚从哪儿回来。
> （2）春天到了，天气真好，应该去哪儿玩儿玩儿。
> （3）我有点儿饿了，想吃点儿什么。

（一）下面句子中的疑问词哪些表示疑问，哪些不表示疑问？在表示疑问的句子后边加问号（？），不表示疑问的句子后边加句号（。）

1. 怎么有烟味？谁在抽烟
2. 你听，好像有谁在敲门
3. 这个人我好像在哪儿见过
4. 你是在哪儿认识他的
5. 我的同屋不知从哪儿弄回来一只小猫
6. A：你哪儿不舒服
   B：嗓子疼。
7. 妈妈的生日快到了，我想买点儿什么送给她
8. 说好了，什么时候我请你吃饭
9. 有的人有一种心理疾病，老觉得自己得了什么病
10. 他们没有孩子，年轻的时候觉得二人世界很自由，很浪漫，可过了40岁，心里总觉得缺少点儿什么

（二）用疑问代词完成下面的句子

1. 退休以后在家待着真没意思，_____。
2. 只要去了商店，_____。
3. 她的嘴在动，好像_____。
4. 他不知道这件事该怎么办，_____。
5. 这么多东西你一个人搬不了，_____。

旅行经历 12

6. 一个人旅行真没意思，_____。

7. 小王刚买了汽车，_____。

8. 考试的时候不管会不会，_____，别留着空白。

9. 有什么烦恼藏在心里不好，_____。

四 到底

表示进一步追究，想要知道最后的决定、结果。不能用于带"吗"的问句中。回答问题时不能用"到底"。例如：

（1）谁也不知道北京到底有多少条胡同。

（2）A：我们明天什么时候走？8点怎么样？

　　B：8点太早。我还在睡觉呢。

　　A：那9点怎么样？

　　B：9点路上车多。

　　A：10点呢？

　　B：10点又太晚了吧。

　　A：那我们到底什么时候走？

（3）你刚才说喜欢，现在又说不喜欢，你到底想不想要？

◎ 用"到底"完成下面的对话：

1. A：这件衣服怎么样？
   B：颜色我不喜欢。
   A：那件呢？
   B：样子不太好。
   A：_____

2. 爸爸：你应该学画画儿。
   妈妈：你应该学钢琴。
   孩子：_____

3. 医生A：吃完饭以后应该活动活动。
   医生B：吃完饭以后应该休息一会儿。
   病人：_____

4. 儿子：我要吃麦当劳。
   女儿：我想吃日本菜。

爸爸：我要吃四川菜。
妈妈：_____

5. A：小王和丽丽分手是因为感情不好。
   B：我听说他们分手是因为距离太远。
   C：我怎么听说是因为小王喜欢上了别人？
   D：_____

6. 小王：谁用过我的电脑？我电脑里的文件怎么都没有了？
   小张：我自己有电脑，不需要用你的。
   小李：我刚从外边回来。
   老赵：我根本不会用电脑。
   小王：_____

7. A：咱们去哪儿玩儿？长城怎么样？
   B：长城有点儿远。
   A：_____
   B：不行。
   A：_____

8. A：咱们怎么去呢？骑自行车去怎么样？
   B：_____
   A：_____
   B：_____
   A：_____

9. A：下星期小王过生日，咱们给他买个什么礼物？工艺品怎么样？
   B：_____
   A：_____
   B：_____
   A：_____

拓展学习

一 阅读下边的句子，说说画线词语的意思

1. 我觉得导游的工作很好，不仅能免费<u>游山玩水</u>，还有工资。
2. 老板气得脸红脖子粗："你们是来工作的，不是来<u>游山玩水</u>的。"
3. 东北的长白山夏天可以避暑，冬天可以滑雪，因此每年吸引了<u>成千上万</u>的游人。
4. 为了赶花期，哪里有花，养蜂人就赶往哪里。到了一个地方，养蜂人打开蜂箱，<u>成千上万</u>的蜜蜂飞出来采蜜。
5. 在机场，不管是送别还是迎接，一个拥抱胜过<u>千言万语</u>。
6. 有时一张图片胜过<u>千言万语</u>。
7. 城市中河流受到污染，危害<u>千家万户</u>的生活。
8. 为了解决浪费水的问题，政府将200万个节水水龙头（shuǐlóngtóu, water tap）免费送给<u>千家万户</u>。
9. 哥哥一直跟我们说他的设计师女朋友心灵手巧，我们都半信半疑。后来参观了她设计的书房，我们就毫不怀疑了。真是<u>百闻不如一见</u>。
10. 很多留学生来中国以前都看过不少关于中国的书，但是<u>百闻不如一见</u>，来中国以后才真正了解到中国是什么样的。

二 选择合适的词语填空

> 成千上万　千言万语　千家万户　游山玩水　百闻不如一见

1. 很多人的理想是退休以后去世界各地_____。
2. 这个城市每年的音乐节都会吸引_____的音乐爱好者来到这里。
3. 环境保护关系到_____，不能觉得它跟自己毫无关系。
4. 离开老家去上大学的那一天，一句"放假早点儿回来"代替了妈妈的_____。
5. 妈妈：你住的那个小镇上，有超市吗？晚上安全吗？
   孩子：妈妈，_____，你有时间来这里看看吧，这儿的生活跟大城市没有两样。

三 回答问题

1. 什么职业需要走遍千山万水？

2. 哪些工作需要走进千家万户？

3. 干什么工作常常要说尽千言万语？

4. 举例说明一张图片（或照片）胜过千言万语。

5. 你经历过的哪件事让你对"百闻不如一见"有了更好的理解？

第 7 单元　热身活动

◎ 下面的表一列出了中国历史上的几个朝代、每个朝代开始和结束的时间,以及每个朝代一些重要的人物或事件;表二列出了几位中国古代的名人。请根据表一中的线索,在表二中完成:

1. 把对人物的介绍和对应的人名连起来;
2. 写出每个人所在的朝代。

| 东周　　汉朝　　明朝　　秦朝　　清朝　　三国　　唐朝　　战国 |

表一

朝　代	起止时间	重要人物或者事件
东周	前770—前256	出现了中国历史上最伟大的思想家、教育家。
秦	前221—前206	出现了中国古代第一个皇帝。
汉	前206—公元220	中国古代历史名著《史记》在这个时期完成。
三国	220—280	出现了几位中国古代著名的军事家、政治家,如曹操、孙权、刘备和诸葛亮等。
唐	618—907	诗歌非常发达,中国古代最优秀的诗人大多出现在这个时期。
明	1368—1644	中国古代最有名的医学家、药物学家完成了《本草纲目》一书。
清	1616—1911	小说进一步发展,四大古典小说的最后一部《红楼梦》完成。

表二

重要人物或者事件	人物	朝代
中国古代最伟大的思想家、教育家。	曹雪芹(约1715或1721—约1764)	
中国古代历史名著《史记》的作者。	孔子(前551—前479)	东周
中国古代第一个皇帝。	李白(701—762)	
中国古代著名的军事家,在中国他被看作是聪明人的代表。	李时珍(1518—1593)	
中国古代最伟大的诗人之一。	秦始皇(前259—前210)	
中国古代最有名的医学家、药物学家之一。	司马迁(约前145或前135—?)	
中国古典小说《红楼梦》的作者。	诸葛亮(181—234)	

中国历史

词语表

1	文字	wénzì	（名）	character; script

◎ 古~/~学

2	记录	jìlù	（动）	to record; to write down

① 这本书~了他一生的经历。/② 今天下午开会时由小王负责~会议内容。③ 中国有文字~的历史有三千多年。

3	……之一※	……zhī yī		one of...; among

◎ 历史最悠久的国家~/最著名的园林~
◎ 橘子是维生素比较丰富的水果~。

4	勇敢	yǒnggǎn	（形）	brave; courageous

◎ 勤劳又~/~的精神
◎ 面对坏人，小王~地站了出来。

5	祖先	zǔxiān	（名）	ancestor; forefather

◎ 我们家的~最早住在山西。

6	有关	yǒuguān	（动）	to have sth. to do with; to relate to

① 人的性格和生活环境~。/② 专业的选择~个人前途，不能马虎。

			（介）	about; on

① 他写了两本~中国周庄的书。/② ~战争的电影受到很多人的喜爱。

7	传说	chuánshuō	（名）	legend; lore

◎ 古老的~
◎ 你听说过有关长城的~吗？

8	世纪	shìjì	（名）	century

◎ 21~/19~末，20~初

9	战争	zhànzhēng	（名）	war

◎ 一场~/~时期/发生~

| 10 力量 | lìliàng | (名) | force; power |

◎ 经济~

① 知识就是~。/ ② 医院正在尽一切~抢救病人。

| 11 强大 | qiángdà | (形) | big and strong; powerful |

◎ 力量~

◎ 军队建设必须以~的经济力量为基础。

| 12 然而※ | rán'ér | (连) | 〈书〉但是 however; nevertheless |

① 有的父母为了孩子牺牲了一切，~孩子并不一定理解父母的这种爱。/ ② 小王对音乐、旅游都感兴趣，~他最感兴趣的还是看地图。

| 13 批 | pī | (量) | batch; group |

◎ 一~货/两~学生

◎ 这~进口汽车质量有问题。

| 14 军事 | jūnshì | (名) | military affair; military |

◎ ~知识/~计划/~组织/~行动/~力量/~学院/~博物馆/~家

| 15 外交 | wàijiāo | (名) | diplomacy; foreign affairs |

◎ ~关系/~政策/~官/~家

| 16 败 | bài | (动) | to defeat; to lose a battle |

◎ 打~敌人

◎ 三场比赛我们队都~给了对方。

| 17 统一 | tǒngyī | (动) | to unify; to unite |

◎ ~国家/~思想

| | | (形) | unified |

◎ 意见不~/~的价格/~的标准

| 18 贡献 | gòngxiàn | (名) | contribution |

① 老王为公司作出了很大的~。/ ② 每个人应该首先问一问自己对社会有什么~，而不应该先考虑社会给了自己什么。

| | | (动) | to contribute |

◎ ~力量/~青春/~生命

| 19 货币 | huòbì | (名) | 〈书〉钱 currency |

| 20 建 | jiàn | (动) | to build; to establish |

◎ ~一家医院/~一座大桥/~停车场

◎ 大城市不停地~高楼，楼~得越来越高。

中国历史 13

| 21 | 连接 | liánjiē | （动） | to connect; to join |

① 这座新建的大桥把两个城市~了起来。/ ② 一封封信把两颗相爱的心~在一起。

| 22 | 残酷 | cánkù | （形） | cruel |

◎ ~的竞争
◎ 战争很~。

| 23 | 巩固 | gǒnggù | （动） | to strengthen; to consolidate |

◎ ~学过的知识/~感情/~军事力量

| 24 | 杀 | shā | （动） | to kill |

◎ 在农村，如果有客人来的话，主人可能会~一只鸡招待客人。

| 25 | 知识分子 | zhīshi fènzǐ | | intellectual |

◎ ~家庭/大批~

| 26 | 大量 | dàliàng | （形） | 很多 a great quantity of; a great deal of |

① 每天除了上课以外，还有~的作业。/ ② 我们国家每年~出口服装。/ ③ 经济发展的过程中肯定会出现~的问题。

| 27 | 议论 | yìlùn | （动） | to comment; to talk over |

① 怎么我一进来你们就不说话了？是不是在~我呢？/ ② 大家纷纷~这次的比赛不公平。

| 28 | 人物 | rénwù | （名） | person; figure |

◎ 历史~/新闻~/重要~/电影~

| 29 | 朝代 | cháodài | （名） | dynasty |

① 学习中国历史至少要记住各个~的名称。/ ② 李白是哪个~的人？

| 30 | 改朝换代 | gǎicháo-huàndài | | to change dynasties (regime); the old dynasty was replaced with a new one |

① 如果统治者一点儿也不关心老百姓的生活，就离~不远了。/ ② 历史上的~，可能不是越改越好。

| 31 | 动荡 | dòngdàng | （动） | to be turbulent |

◎ 社会~不安

| | | | （形） | shaky and unstable |

◎ 社会很~/~的年代

| 32 | 封建 | fēngjiàn | （形） | feudal |

◎ ~社会

① 重男轻女是一种~思想。/ ② 你爸爸怎么这么~？现在都21世纪了，你的婚姻还要由他来安排？

| 33 | 买卖 | mǎimai | （名） | buying and selling; business; deal |

① 他父母退休以后就在市场里做点儿小~。/② 对不起，你的车停在这儿影响我们做~。/③ 最近~怎么样？

| 34 | 直※ | zhí | （副） | all the way |

◎ 从学习什么专业，到找什么工作，~至交什么朋友，老王都替小王安排好了。

| 35 | 唐人街 | tángrénjiē | （名） | China town |

| 36 | 军队 | jūnduì | （名） | army |

◎ 一支~

| 37 | 战胜 | zhànshèng | （动） | to defeat; to triumph over |

◎ ~敌人/~困难/~疾病

| 38 | 制度 | zhìdù | （名） | system; institution |

◎ 政治~/经济~

| 39 | 以及※ | yǐjí | （连） | as well as; and |

① 本书介绍了中国的历史、文化~风景名胜。/② 上课、做作业~上各种辅导班占去了学生们大部分的时间，他们根本就没有玩儿的时间。

| 40 | 破坏 | pòhuài | （动） | to destroy; to damage |

◎ 经济遭到~
◎ 第三者~了别人家庭的幸福。

| 41 | 损失 | sǔnshī | （名） | loss |

◎ ~严重/造成了重大的~

| | | | （动） | to lose |

◎ 敌人~了三架飞机。

| 42 | 纠正 | jiūzhèng | （动） | to correct; to rectify |

◎ ~错误/~缺点

| 43 | 实行 | shíxíng | （动） | to put into practice; to carry out |

◎ ~计划/~五天工作制

| 44 | 政策 | zhèngcè | （名） | policy |

◎ 外交~/军事~/教育~/实行……的~

| 45 | 进入 | jìnrù | （动） | to enter; to get into |

◎ ~一个新的历史时期
◎ 汽车不得~公园。

13 中国历史

专名

1	黄河	Huáng Hé	the Yellow River
2	长江	Cháng Jiāng	the Yangtze River
3	黄帝	Huángdì	Yellow Emperor (*a legendary ruler in prehistoric period*)
4	夏朝	Xiàcháo	Xia Dynasty
5	商朝	Shāngcháo	Shang Dynasty
6	西周	Xī Zhōu	Western Zhou Dynasty
7	春秋	Chūnqiū	Spring and Autumn Period
8	战国	Zhànguó	Warring States
9	孔子	Kǒngzǐ	Confucius, *name of a person*
10	孙子	Sūnzǐ	Sun Zi, *name of a person*
11	孟子	Mèngzǐ	Mencius, *name of a person*
12	秦朝	Qíncháo	Qin Dynasty
13	汉（朝）	Hàn(cháo)	Han Dynasty
14	三国	Sān Guó	Three Kingdoms
15	唐（朝）	Táng(cháo)	Tang Dynasty
16	宋（朝）	Sòng(cháo)	Song Dynasty
17	元（朝）	Yuán(cháo)	Yuan Dynasty
18	长安	Cháng'ān	*an ancient city in Shaanxi Province*
19	抗日战争	Kàng Rì Zhànzhēng	War of Resistance against Japan
20	国内战争	Guónèi Zhànzhēng	Civil War
21	中国共产党	Zhōngguó Gòngchǎndǎng	the Communist Party of China
22	中国国民党	Zhōngguó Guómíndǎng	Nationalist Party of China; the Chinese Kuomintang
23	中华人民共和国	Zhōnghuá Rénmín Gònghéguó	the People's Republic of China

用刚学过的词语回答下面的问题：

1. 你觉得当警察应该有什么条件？（勇敢）

2. 你认为一个人生活幸福不幸福跟什么有关？

3. 你知道中国的哪些传说?
4. 你们国家第一所大学是什么时候建立的?(世纪)
5. 你知道中国的战国时期吗?(战争)
6. 一个国家的经济力量和军事力量哪个更重要?
7. 作为个人,我们能为世界和平做什么贡献?
8. 为什么我们应该及时复习学过的东西?(巩固)
9. 我们的汉语怎么才能说得跟中国人差不多一样?(大量)
10. 你觉得人类能战胜癌症(áizhèng, cancer)吗?
11. 请说说战争有什么不好。(破坏、损失)
12. 20世纪七八十年代中国发生了什么变化?(实行、政策)

课 文

中国历史

【1】　中国历史悠久,有文字记录的历史就有三千多年,是世界上最古老的国家之一。

【2】　在五六千年以前,黄河和长江的两边就生活着很多人,黄帝就是当时一个地区的最高领导。他既勇敢又聪明,受到人们的尊敬。后来黄帝被称为中原民族的祖先,历史上留下了很多有关他的传说。

【3】　公元前21世纪,中国历史上的第一个国家——夏朝建立了。夏朝之后经历了商朝和西周,到了春秋时期,大大小小的国家有上百个。这些国家之间常常发生战争,到了战国的时候主要剩下七个力量比较强大的国家。春秋战国时期因为战争不断,所以社会很不稳定。然而,也因此出现了一大批著名的政治家、思想家、军事家和外交家,例如人们所熟悉的孔子、孙子和孟子等人就生活在那个年代。

【4】　公元前221年,秦国打败了其他六个国家,统一了中国,建立了秦朝。秦朝的建立者秦始皇成为中国历史上第一个皇帝。秦始皇为中国历史的发展作出

了很多贡献。例如，在统一以前，每个国家使用的文字和货币都不一样，不同地区的经济文化交流极不方便。秦始皇统一中国以后，将全国的文字和货币统一了起来，对不同地区的交流和发展起到了促进作用。他还把原来各个国家建的长城连接到一起，这便是最早的万里长城。然而，一般人对秦始皇最深的印象是他非常残酷。他为了巩固自己的统治而杀死了很多知识分子，烧掉了大量的书籍。直到现在，秦始皇还是人们议论得最多的历史人物之一。

【5】　秦朝以后，中国又经历了汉、三国……唐、宋、元、明、清等十几个朝代。每次改朝换代，中国社会都会经历巨大的动荡，一直到1911年，孙中山领导的革命结束了中国几千年由皇帝统治的封建王朝。

【6】　其中唐朝是中国古代历史上经济、政治和文化最发达的时期之一。首都长安城（现在的西安附近）的人口有一百多万，大批外国人来到中国学习或者做生意，也有很多中国人到外国做买卖。直至今天，一些国家还用"唐人"和"唐人街"这样的词语。当时有些来中国学习的日本人，学习结束以后就留在中国，人们称之为"留学生"。后来，所有来中国学习的外国人都被称为"留学生"。

【7】　1911年以后，中国经历了抗日战争和国内战争等重要历史时期。1949年，中国共产党领导的军队战胜了国民党的军队，建立了中华人民共和国。新中国成立以后，从政治制度到经济建设，以及外交、军事和科学技术都发生了很大的变化。但是，1966年到1976年的"文化大革命"使中国的社会、经济和文化遭到了极大的破坏，各方面的损失非常严重，社会的进步与发展受到很大影响。后来，"文化大革命"的错误得到纠正。1978年，中国开始实行改革开放政策，从此中国进入了一个新的历史时期。

一　根据课文内容，回答下面的问题

1. 中国的历史是三千多年，对吗？　　（文字　记录）

2. 黄帝是谁？　　（勇敢　聪明　尊敬　祖先）

3. 中国的春秋战国时代有什么特点？　　（大大小小　战争　不断）

4. 战争对春秋战国时代的中国社会有什么影响？　　（稳定　著名　……家）

5. 举例说明秦始皇对中国历史的发展有什么贡献。　（统一　促进　连接）

6. 为什么中国人对秦始皇的印象是他非常残酷？　（巩固　大量　书籍）

7. 为什么说唐朝是中国古代历史上最发达的时期之一？　（人口　大批）

8. 请说说"唐人街"和"留学生"两个词是怎么来的。　（买卖　结束）

9. 1949年以后，中国有哪些变化？　（建立　从……到……　以及）

10. "文化大革命"对中国的历史有什么样的影响？　（破坏　损失）

二 下面这些年代中国发生了什么重要的事情？你还可以加上自己知道的重要事情

公元前21世纪

公元前221年

1911年

1949年

1966—1976年

1978年

三 采访你的搭档，问问他（她）最了解中国历史的哪段时期，请他（她）讲一讲这个时期的某个人或某件事

中国历史 13

一 之一

指前面提到的人或事物中的一个。例如：

（1）中国历史悠久，是世界上最古老的国家之一。
（2）直到现在，秦始皇还是人们议论得最多的历史人物之一。
（3）唐朝是中国古代历史上经济、政治和文化最发达的时期之一。
（4）中国南方有很多漂亮的小镇，周庄就是其中之一。

（一）完成下面的句子

1. ＿＿＿＿＿＿＿＿＿＿＿＿＿＿＿是人们说谎的原因之一。
2. ＿＿＿＿＿＿＿＿＿＿＿＿＿＿＿是引起压力的原因之一。
3. ＿＿＿＿＿＿＿＿＿＿＿＿＿＿＿是我最爱吃的水果（蔬菜/菜/点心）之一。
4. ＿＿＿＿＿＿＿＿＿＿＿＿＿＿＿是世界上最难干的职业之一。
5. ＿＿＿＿＿＿＿＿是世界上最＿＿＿＿＿＿＿＿的人之一。
6. ＿＿＿＿＿＿＿＿是世界上最＿＿＿＿＿＿＿＿的城市之一。

（二）找出下面各组人、物、地方等的共同特点，至少再增加一个，然后用"之一"说一句话

如：中国、埃及、印度、伊拉克。
特点：都是世界上最古老的国家。
句子：中国是世界上最古老的国家之一。

1. 北京大学、清华大学、南京大学、＿＿＿＿＿＿＿＿＿＿＿
   特点：＿＿＿＿＿＿＿＿＿＿＿＿＿＿＿＿＿＿＿＿＿＿＿＿
   句子：＿＿＿＿＿＿＿＿＿＿＿＿＿＿＿＿＿＿＿＿＿＿＿＿

2. 长城、故宫、秦始皇陵兵马俑、＿＿＿＿＿＿＿＿＿＿＿＿＿
   特点：＿＿＿＿＿＿＿＿＿＿＿＿＿＿＿＿＿＿＿＿＿＿＿＿
   句子：＿＿＿＿＿＿＿＿＿＿＿＿＿＿＿＿＿＿＿＿＿＿＿＿

3. 上海、深圳、大连、＿＿＿＿＿＿＿＿＿＿＿＿＿＿＿
   特点：＿＿＿＿＿＿＿＿＿＿＿＿＿＿＿＿＿＿＿＿＿＿＿＿
   句子：＿＿＿＿＿＿＿＿＿＿＿＿＿＿＿＿＿＿＿＿＿＿＿＿

Quasi-Intermediate 2 (Third Edition) / Textbook

4. 电脑、电话、_____

   特点：_____

   句子：_____

5. 游泳、跑步、打乒乓球、_____

   特点：_____

   句子：_____

6. 爱因斯坦、诺贝尔、_____

   特点：_____

   句子：_____

7. 高血压、糖尿病、_____

   特点：_____

   句子：_____

二 为 (wéi)

> 多用在书面语中，常用格式是"A+被+动词+为+B"或"动词+A+为+B"，表示在某种行为、动作或思想作用下，A等同于B或者A变成B。例如：
>
> （1）黄帝被称为中原民族的祖先。
> （2）当时有些来中国学习的日本人，学习结束以后就留在中国，人们称之为"留学生"。
> （3）大家选他为代表。
> （4）我们要变敌人为朋友。

◎ 用"为"改写下面的句子：

1. 中国人把大熊猫叫作国宝。

   _____

2. 我们公司聘请老王做公司的顾问（gùwèn, consultant）。

   _____

3. 我们老板的能力很强，他总是能把消极因素变成积极因素。

   _____

4. 小王把老王看作自己最好的朋友。

   _____

5. 他的一幅画儿被选作礼物送给外国领导人。

   _____

三 然而

表示转折，引出和上文相对立的意思，如例（1）—（3）；或者限制、补充上文的意思，如例（4）（5）。多用于书面语。例如：

（1）春秋战国时期因为战争不断，所以社会很不稳定。然而，也因此出现了一大批著名的政治家、思想家、军事家和外交家。
（2）秦始皇为中国历史的发展作出了很多贡献。然而，一般人对秦始皇最深的印象是他非常残酷。
（3）虽然人们的生活水平有了很大的提高，然而许多人并没有感到幸福。
（4）这里的风景非常美，然而最美的还是这里的人，他们给了我最美好的真情。
（5）我一个人的力量不够，然而大家一起努力的话我们肯定就能成功。

◎ 用"然而"完成下面的句子：

1. 他很聪明，_____。
2. 我不愿意让孩子很早就有学习的压力，_____。
3. 虽然他的汉语水平进步很快，_____。
4. 虽然他们认识的时间不长，_____。
5. 这次比赛中，他们俩的水平并不是最好的，_____。
6. 尽管我已经复习了几遍，_____。
7. 虽然有的动物比较危险，_____。
8. 人们都知道抽烟危害健康，_____。
9. 发展汽车工业对经济有好处，_____。

四 直到、直至

表示某种行为、动作或状态持续时间长，或涉及的范围广。常和"还""才"一起用。有时"直"和"到""至"之间可以插入动词。例如：

（1）……。直到现在，秦始皇还是人们议论得最多的历史人物之一。
（2）……。直至今天，一些国家还用"唐人"和"唐人街"这样的词语。
（3）"春茶"是指每年春节的时候到别人家喝茶，每天去一家，直到所有人家都去过才结束。
（4）从学什么专业，到做什么工作，直至交什么朋友，老王都替小王安排好了。
（5）爸爸妈妈会在经济方面支持我，直到我大学毕业。
（6）旅游以后回到家，他从下午直睡到第二天晚上。

◎ 把下面各组词语组织成一句话：

1. 直至 周庄 许多 保存 时期 的 明清 建筑 现在 都 很好 得
   _____

2. 中国 也 没 离开 古代 直到 许多 人 的 家乡 去世 过 自己
   _____

3. 直至 现在 我 老师 还 记得 一年级 的 小学 我 的 名字
   _____

4. 病人 健康 需要 直至 完全 待 在 医院 里 恢复
   _____

5. 太多 昨天 完成 的 直到 下班 我 的时候 都 没有 工作
   _____

6. 最后 一个 这个 到 很晚 开 酒吧 每天 离开 才 直到 客人 关门 会
   _____

五 以及

连接并列的词、短语或小句构成整个句子的一部分，多用在书面语中。例如：

(1) 新中国成立以后，从政治制度到经济建设，以及外交、军事和科学技术都发生了很大的变化。
(2) 她比较喜欢海边、森林、田野以及其他自然风景。
(3) 徐先生先后去过云南、海南等省份，以及西安、青岛等城市，还去过越南、朝鲜等国家。
(4) 跑步、游泳、打球以及其他许多形式的运动，都能帮你减轻压力。
(5) 他们俩怎么认识、怎么相爱，以及如何分手的过程，我都知道。

（一）用"以及"完成下面的句子

1. 老人们比较喜欢看电视、_____。
2. 中国的真丝、_____都可以作为礼物带回国送人。
3. 古人去远的地方只能靠骑马、坐船以及步行，而现在我们有_____。
4. 周庄人爱喝茶，而且喝茶有很多讲究，比如"阿婆茶"_____。
5. 要想减轻自己的压力，我们需要有合理的饮食、_____。
6. 说谎是一门学问，什么时候可以说谎，_____，都得好好儿研究。

（二）用"以及"回答下面的问题

1. 你有什么爱好？

2. 来中国以后你去过哪些地方？

3. 在中国，你经常和哪些中国人打交道？

4. 你一般在哪儿买日用品？

5. 你常常吃什么菜？

6. 你知道中国的哪些城市？

7. 你觉得在大学里，现在哪些专业比较热门？

拓展学习

一 说一说下面词语或句子中的"之"是什么意思

之前　　之后　　之间

之一　　百分之百

鱼米之乡　　不毛之地

留在中国学习的人，人们称之为"留学生"。

二 根据下面的意思写出合适的四字短语

1. 只是见面点个头打招呼的朋友。　　　　　　　　（　　　　）
2. 可以同生共死、感情很深的朋友。　　　　　　　（　　　　）
3. 没有办法计算价值的宝贝。　　　　　　　　　　（　　　　）
4. 十个中间有八九个。　　　　　　　　　　　　　（　　　　）
5. 不长草木、庄稼的地方。　　　　　　　　　　　（　　　　）

三 阅读下边的句子，说说画线词语的意思

1. 中国历史上，改朝换代的时候大多会发生战争。

2. 今年的冠军是个非常年轻的选手，世界网球的历史要改朝换代了。
3. 古往今来，人们一直在追求甜蜜的爱情和幸福的生活。
4. 苏州、杭州是古往今来无数的中国诗人、画家喜欢游玩的地方。
5. 这次地震带来的损失是史无前例的。
6. 在最近结束的世界乒乓球比赛中，中国队实现了史无前例的11连冠。
7. 有些公司认为女性结了婚、生了孩子才会安心工作，言外之意就是他们不想要没结婚的女性。
8. 老师对父母说"你家孩子挺聪明的"，言外之意可能是说孩子不努力。

四 选择合适的词语填空

古往今来　改朝换代　史无前例　不毛之地　鱼米之乡　言外之意

1. 月球是一个_____，不适合人类居住。
2. _____，从来没有人不犯错误。
3. 去年夏天多个城市出现了_____的高温天气。
4. 球队_____，新来的洋教练（jiàoliàn，coach）能让球队赢球吗？
5. 孩子问妈妈："这种冰激凌好吃吗？"他的_____可能是他想吃这种冰激凌。
6. 我出生在_____，当我去北方上大学的时候，父母曾经很担心我吃不惯北方的面食。

采访孔子

词语表

| 1 | 治理 | zhìlǐ | （动） | to administer; to govern |

◎ ~国家／~一个公司／~社会环境

| 2 | 理论 | lǐlùn | （名） | theory |

◎ 科学~／经济学~／~问题／基本~

| 3 | 构成 | gòuchéng | （动） | to form; to constitute |

① 草地上五颜六色的鲜花~了一幅美丽的图画。／② 旅游业~了这个岛国的经济基础。

| 4 | 跨越 | kuàyuè | （动） | to span; to cut across (*the limits of space or time*) |

① 土耳其~亚欧两大洲。／② 这本小说的内容~了两千年的历史。

| 5 | 成长 | chéngzhǎng | （动） | to grow up; to grow to maturity |

◎ 在我们~的过程中，不同时期会遇到不同的问题。

| 6 | 背景 | bèijǐng | （名） | background; setting |

◎ 历史~／社会~／家庭~／小说写作的时代~

| 7 | 贫穷 | pínqióng | （形） | poor; impoverished |

◎ ~落后的地方
◎ 失业以后，他一直很~。

| 8 | 放 | fàng | （动） | to put (*cattle*, etc.) out to pasture |

◎ ~牛／~羊

| 9 | 仓库 | cāngkù | （名） | warehouse; storehouse |

◎ 一座~

| 10 | 广泛 | guǎngfàn | （形） | extensive; widespread |

◎ 兴趣非常~／影响~

① 这本汉语教材的话题非常~。／② 我们公司对顾客的意见进行了~的调查。本次调查得到了大家的~支持和帮助，对此我们非常感谢。

Quasi-Intermediate 2 (Third Edition) / Textbook 189

| 11 | 技能 | jìnéng | （名） | skill |

◎ 语言~
◎ 外语和电脑是大学生必须掌握的两项~。

| 12 | 射 | shè | （动） | to shoot; to fire |

◎ ~门

| 13 | 箭 | jiàn | （名） | arrow |

◎ 放~/射~/冷~

| 14 | 什么的 | shénmede | （助） | and so on; and what not |

① 院子里种了些花啊，草啊~。/② 周末就上上网，看看电影~，时间很快就过去了。

| 15 | 赞成 | zànchéng | （动） | to approve of; to agree with |

◎ ~……的意见/~……的想法/对……表示~/不~

| 16 | 主张 | zhǔzhāng | （名） | proposal; view |

① 大家的~都很有道理，我们开会研究一下然后再决定。/② 小王从来没有自己的~，他什么都听父母的。

| | | | （动） | to hold (an opinion); to claim |

① 我不~打孩子，应该以教育为主。/② 中国政府~独立平等的外交政策。

| 17 | 宣传 | xuānchuán | （动） | to propagate; to publicize |

◎ ~国家的政策
◎ 为了~自己的产品，各个公司都采用各种方法做广告。

| 18 | 请教 | qǐngjiào | （动） | to ask for advice; to consult |

◎ ~某人一个问题
◎ 这个问题我需要~老师。

| 19 | 具体 | jùtǐ | （形） | concrete; specific |

◎ ~地址/~问题/~时间
① 他的计划不够~。/② 大家只知道他很忙，~忙什么就不清楚了。

| 20 | 强调 | qiángdiào | （动） | to emphasize; to stress |

① 明天开会的时候，请你再向大家~一下考试的时间。/② 经理多次~上班不要迟到，可还有人迟到。

| 21 | 道德 | dàodé | （名） | morals; morality |

◎ 传统~/职业~/商业~/公共~/缺乏应有的~/提倡……的~

| 22 | 礼 | lǐ | （名） | rite; ceremonial observances in general (*a key concept in Confucianism*) |

采访孔子

| 23 | 仁 | rén | （形） | benevolent; kind-hearted |

◎ 为富不~

| 24 | 和谐 | héxié | （形） | harmonious |

◎ 彼此感情~/~的关系/~的家庭/~的社会
◎ 这两种颜色在一起很~。

| 25 | 含义 | hányì | （名） | meaning; implication |

① 老师帮助我们了解这首诗的~。/② 古人这句话的~很深刻。

| 26 | 兄弟 | xiōngdì | （名） | brothers |

① ~俩的性格很不一样。/② 丽丽没有~姐妹，她是独生女。

| 27 | 总之※ | zǒngzhī | （连） | in a word; in short |

① 身体不好会影响学习，影响工作，没有好的身体，很多方面都会受影响。~，身体健康是最重要的。/② 我喜欢面条儿、饺子、包子。~，我比较喜欢面食。

| 28 | 骄傲 | jiāo'ào | （形） | proud; arrogant |

① 父母为孩子考上了名牌大学而感到~。/② 中国人为自己悠久的历史和古老的文化而感到~。/③ 比赛时他太~，结果输了。

| 29 | 整理 | zhěnglǐ | （动） | to put in order; to sort out |

◎ ~房间/~书籍/~会议记录

| 30 | 资料 | zīliào | （名） | data; material |

◎ 图书~/珍贵的历史~/大量的~/整理~

| 31 | 关于※ | guānyú | （介） | about; on |

① ~中国历史，我知道的不太多。/② 今天开会主要讨论一下~学校改革的问题。

| 32 | 私人 | sīrén | （名） | private; personal |

◎ ~关系/~感情/~企业

| 33 | 地位 | dìwèi | （名） | position; status |

◎ 政治~/经济~/社会~/国际~/历史~/提高~/~非常高/~很低

| 34 | 传播 | chuánbō | （动） | to propagate; to disseminate |

◎ ~经验/~思想/~文化
◎ 病毒（bìngdú, virus）~得很快。

| 35 | 清 | qīng | （形） | clear |

① 老师，您能写得大一点儿吗？我看不~。/② A：你什么时候还我钱啊？B：什么？你说什么？大声点儿，我听不~。/③ 我都记不~什么时候休过假了。

| 36 | 教学 | jiàoxué | （动） | to teach |

◎ ～方法/～经验

| 37 | 体会 | tǐhuì | （名） | understanding; experience |

◎ 学习～/工作～

① 请你谈谈读了这篇文章的～。/② 我曾经在南方住过两年，所以对那里夏天炎热的天气深有～。

| | | | （动） | to understand; to experience |

◎ ～……的感情/～……的心情/认真～/～不到

| 38 | 提倡 | tíchàng | （动） | to advocate; to recommend |

◎ ～说普通话

| 39 | 采用 | cǎiyòng | （动） | to employ; to apply |

◎ ～新技术/～……的方法
◎ 因为～了老王的合理建议，公司每年能节约上万元钱。

| 40 | 虚心 | xūxīn | （形） | modest; open-minded |

◎ ～接受别人的意见
◎ 中国人常常用"哪里哪里"表示～。

| 41 | 优点 | yōudiǎn | （名） | merit; strong point |

◎ 小王的～是诚实。

| 42 | 缺点 | quēdiǎn | （名） | shortcoming; weak point |

① 很多城市都有一个共同的～：没有自己的特色。/② 和别人一起旅行有什么优点和～。

| 43 | 实事求是 | shíshì-qiúshì | | to seek truth from facts |

① 对历史人物的评价应该～。/② 小王虽然有很多缺点，可～地说，他也为公司作出了很多贡献。

| 44 | 装 | zhuāng | （动） | to pretend; to feign |

① 丽丽不想和小王打招呼，所以就～没看见他。/② 他不想参加考试，就在家里～病。/③ 别～不知道，快说吧。

| 45 | 建议 | jiànyì | （名） | suggestion; proposal |

◎ 一条～/一些～
① 请你给我们的设计提一点儿～。/② 经理，我已经把大家的～整理出来了。

| | | | （动） | to suggest |

◎ ～他去一下/～提高工资/～大家说普通话

| 46 | 启发 | qǐfā | （名） | inspiration; enlightenment |

◎ 王教授的课对我很有～。

采访孔子 14

47 接受　　jiēshòu　　（动）　　to accept
◎ ～礼物/～批评/～教训/～采访

专名

1	鲁国	Lǔguó	name of a state during Spring and Autumn Period and Warring States
2	泰山	Tài Shān	Mountain Tai, *name of a mountain in Shandong Province*
3	曲阜	Qūfù	*a city in Shandong Province*

用刚学过的词语回答下面的问题：

1. 关于人类的历史，你知道什么理论？
2. 构成我们生命和健康的最重要因素有哪些？
3. 在你的成长过程中，你觉得谁对你的影响最大？
4. 你认为怎么样才能帮助贫穷的人？
5. 计算机有什么作用？（广泛）
6. 你吃过哪些中国菜？（什么的）
7. 你觉得父母可以打孩子吗？（赞成、主张）
8. 中国传统思想强调人与人、人与自然要和谐，你有什么看法？
9. 每个人都有一些值得骄傲的回忆，你值得骄傲的回忆是什么？
10. 你多长时间整理一次你的房间？
11. 对"做比说难"你有什么体会？
12. 你认为自己最大的优点和缺点分别是什么？
13. 对于老师上课的方法，你有什么建议？
14. 人类从动物身上接受了哪些启示？

采访孔子

孔子是中国古代伟大的思想家和教育家。他治理国家的理论对中国历史的发展产生了巨大的影响。他的教育思想构成了中国传统教育的基础。直到今天,人们还在学习他,研究他。

为了让大家更好地了解孔子,我们的记者跨越了两千多年的历史,对孔子进行了"采访"。下面请听记者与孔子的"对话":

记者:孔先生,非常高兴今天有机会能和您聊一聊。能不能请您先简单介绍一下自己的情况,特别是您的成长背景和学习经历?

孔子:好。我是鲁国人,老家在泰山南边的曲阜。

记者:我知道那是个风景优美的地方。

孔子:我父亲很早就去世了,小时候家里很贫穷。为了帮助母亲,我替人家放过牛羊,管过仓库。15岁的时候,我下决心要好好儿学习。从那以后我一直没有停止过学习。

记者:您的老师都是什么样的人呢?

孔子:我没有固定的老师,因为我周围的人都可以是我的老师。我觉得任何人都有值得我学习的地方。

记者:那您跟他们学习什么呢?

孔子:我的兴趣很广泛,各方面的知识和技能,像数学、音乐、射箭什么的我都喜欢学习。

记者:据说您对音乐特别感兴趣。

孔子:对,记得有一次我学习音乐时,听到一种古代音乐,非常好听,听了以后,过了三个月吃肉都不觉得有味道。

记者:听说您在鲁国当过官,而且干得不错,后来为什么不做了呢?

孔子:原因很多,最主要的是因为他们不赞成我的政治主张,我的很多理想根本无法实现,所以后来我和我的学生去了一些别的国家,一方面去了解其他国家的情况,另一方面也为了宣传我们的有关主张。

记者：能不能请教一下您的具体主张是什么？

孔子：在政治上，我主张不应该只强调法律的作用，还需要依靠道德的力量。所有的人都应该懂得"礼"和"仁"，明白自己的身份，了解自己能做什么，不能做什么。这样才能做到人与人、人与社会的和谐。

记者：您常常谈到"仁"，能否请您解释一下"仁"的含义？

孔子："仁"简单地说就是要爱人，包括爱自己、爱父母兄弟、爱妻子朋友、爱社会上的人。总之就是要爱所有的人。

记者：孔先生，我们都知道您做了很多事情，对于您那个时代以及后来的中国贡献很大。您能不能告诉我们，在您做过的事中，最让您感到骄傲的是什么？

孔子：我自己觉得最有意义的有两件事，一是整理古代的图书资料，比如关于鲁国历史的书；二是办学校。

记者：在那以前都是国家办学校，私人办学校您是第一个吧？

孔子：对。以前的学校都是由政府办的，只有地位高的人才能上学读书，一般老百姓没有机会读书；而我办的学校，不管学生的家庭和社会地位怎么样，也不管他们是不是很聪明，都可以来上学。我要让更多的人有机会学习，让知识和文化在社会上得到传播。

记者：您大概教过多少学生？

孔子：很多，具体是多少我也说不清，至少应该有三千吧。

记者：您不但自己很善于学习，而且还善于把学习的知识和技能教给学生，您能谈谈您在教学上的经验和体会吗？

孔子：根据我的经验，我觉得首先需要提倡的是教师在教学中应该根据学生的特点，采用不同的教学方法。其次，我们每个人都应该虚心向别人学习，学习人家的优点，克服自己的缺点。最后，对待知识，我们应该实事求是，知道就是知道，不知道就是不知道，不能不懂装懂。另外，学习时应该重视复习，在复习旧知识的过程中，我们也能有新发现、新体会。

记者：您的这些建议，对我们大家，特别是对学生很有启发。谢谢您接受我们的采访。

一 根据课文内容，回答下面的问题

1. 简单介绍一下孔子。　（思想家　教育家　巨大　构成）

2. 孔子小时候的生活怎么样？　　（去世　贫穷　为了　下决心）

3. 孔子喜欢学习什么？他的老师是谁？　（广泛　像……什么的　固定）

4. 孔子后来为什么不做官了？　（赞成　实现）

5. 孔子有什么主张？　（强调　依靠　和谐）

6. 让孔子感到骄傲的事情是什么？　（整理　办）

7. 孔子为什么要办学校？　（地位　机会）

8. 对于教学，孔子有什么经验和体会？　（首先　其次　最后　另外）

二 阅读下面的文章，并根据课文内容，指出下面文章中的四个错误，然后把错误的地方改过来

　　大约两千五百年以前，当时的中国分成很多小国家，比如韩国、秦国、鲁国、齐国等。孔子是当时的秦国人，公元前551年出生在山东曲阜。他很小的时候父母就去世了，家里比较穷。他喜欢读书，学习数学、射箭等，但不喜欢音乐。孔子50岁的时候做了官，但做得不好，所以很快就不做了。孔子是一位伟大的思想家，他认为"仁"是最重要的，他主张人与人之间要互相爱，互相合作。孔子还是一位伟大的教育家，创办了中国最早的学校。他教过的学生很多，有人说他"弟子三千，贤者七十二"。他的很多思想和言论都记录在《论语》一书中。不过孔子也有一些对现代人来说有点儿落后的思想，比如他看不起体力劳动，反对他的学生劳动，他也看不起妇女。但不管怎么说，孔子还是中国古代历史上最有影响的人之一。

三 将孔子说的话和它的意思用线连起来

1. 学而时习之
2. 三月不知肉味
3. 三人行，必有我师
4. 仁者爱人
5. 温故而知新
6. 知之为知之，不知为不知

a. "仁"就是爱人，包括爱自己、爱父母兄弟……爱所有的人。
b. 知道就是知道，不知道就是不知道。
c. 复习旧的知识，能有新发现、新体会。
d. （听了好听的音乐）很长时间吃肉时都感觉不到自己是在吃肉。
e. 学习了以后要经常复习。
f. 走在一起的几个人，一定有值得我学习的人。

一 （政治）上

表示某一方面，前面常常可以加"在"。例如：

(1) 在政治上，我主张不应该只强调法律的作用。
(2) 工作上、生活上的压力使王经理病倒了。
(3) 小王长相上像他妈妈，性格上像他爸爸。
(4) 在如何教育子女的问题上，小王和老王看法不同。

◎ 选择合适的短语填空（每个短语只能用一次）：

| 工作上 | 管理上 | 精神上 | 情绪上 | 生理上 | 思想上 |
| 外交上 | 心理上 | 学习上 | 语言上 | 个人感情问题上 | |

1. _____ 有什么问题尽管问老师。
2. 因为没考上大学，小王 _____ 有很大的负担。
3. 体育比赛中首先要在 _____ 战胜对方。
4. 这篇作文内容不错，不过 _____ 还有一些问题，应该再修改修改。
5. _____，中国政府主张独立自主、平等互利。
6. 一个人 _____ 的变化可以从他的表情看出来。
7. 我们公司在 _____ 还存在很多问题，迟到、早退、有事不请假的情况还很多。

8. 我们没有检查出你的孩子在_____有什么问题,所以我们认为他的问题是_____的。

9. 在_____,没人怀疑小王的能力,不过在_____,大家都为他着急,30多岁了,还没谈过恋爱。

二 总之

总结前面所说的内容。例如:

(1)"仁"简单地说就是要爱人,包括爱自己、爱父母兄弟、爱妻子朋友、爱社会上的人。总之就是要爱所有的人。

(2)学习外语要多听、多说、多读、多写,总之要多练习。

(3)因为旅游业的发展,周庄的游人多了,商店多了,周庄人也富起来了。总之,旅游改变了周庄。

(4)吃得太甜会让人变胖,吃得太咸容易得高血压,吃得太辣可能会上火。总之,饮食和健康的关系非常密切。

(5)我喜欢音乐、电影、京剧、绘画。总之,我对艺术都很感兴趣。

◎ 用"总之"完成下面的句子:

1. 我们这儿夏天太热,冬天太冷,春天多风,秋天多雨。_____。
2. 老大成熟、独立,老二内向、坚强,老三乐观、积极。_____。
3. 不运动不好,运动量太大也不好,_____。
4. 今天晚上我们吃炸鱼、红烧鱼、清蒸鱼,喝鱼汤,_____。
5. 普通人应该遵守法律,总统也应该遵守法律,_____。
6. 我喜欢去森林、田野,看星星、月亮,听风声、雨声,_____。
7. 我去旅游的时候,住最便宜的旅馆,吃最便宜的东西,能走路就不坐车。_____。
8. _____。总之,每个人的爱好都不一样。
9. _____。总之,每个城市的特点都不相同。
10. _____,总之,上班的时候不能做和工作无关的事。
11. _____,总之,我妹妹挑食挑得厉害。
12. _____,总之,选礼物是件特别头疼的事。

三 关于

引进某种行为或事物的关系者。所引进的对象可以是名词，也可以是动词短语或主谓结构。

由"关于"和它的引进对象组成的短语一般用在句首，如例（1）（2）；或放在名词短语前，如例（3）（4）。例如：

(1) 关于中国历史，我知道的不太多。
(2) 关于保存古代建筑，王教授提出了自己的看法。
(3) 孔子整理了一部关于鲁国历史的书。
(4) 现在大家都在讨论关于机关工作人员工资改革的问题。

注意：由"关于"组成的短语一般不能出现在主语后、动词前。不能说：
×我们关于旅行的问题讨论一下。
×他关于经济方面的情况了解很多。

◎ 用"关于"完成下面的句子：

1. ＿＿＿＿＿＿＿＿＿＿＿＿＿＿＿＿＿＿＿＿＿＿＿＿＿，记者采访了市领导。
2. ＿＿＿＿＿＿＿＿＿＿＿＿＿＿＿＿＿＿＿＿＿＿＿＿＿，科学家一直在进行研究。
3. ＿＿＿＿＿＿＿＿＿＿＿＿＿＿＿＿＿＿＿＿＿＿＿＿＿，学校已经接受了大家的意见。
4. ＿＿＿＿＿＿＿＿＿＿＿＿＿＿＿＿＿＿＿＿＿＿＿＿＿，我考虑考虑再告诉你。
5. ＿＿＿＿＿＿＿＿＿＿＿＿＿＿＿＿＿＿＿＿＿＿＿＿＿，公司还没有做决定。
6. ＿＿＿＿＿＿＿＿＿＿＿＿＿＿＿＿＿＿＿＿＿＿＿＿＿，两国还有不同的看法。
7. 李博士写了很多＿＿＿＿＿＿＿＿＿＿＿＿＿＿＿＿＿＿＿＿＿。
8. 两家公司正在讨论＿＿＿＿＿＿＿＿＿＿＿＿＿＿＿＿＿＿＿＿。
9. 最近我听了一个＿＿＿＿＿＿＿＿＿＿＿＿＿＿＿＿＿＿＿＿＿。
10. 小王昨天买了一本＿＿＿＿＿＿＿＿＿＿＿＿＿＿＿＿＿＿＿＿。

四 首先……其次……

用于列举事项。例如：

(1) 在教学上，孔子觉得，首先教师在教学中应该根据学生的特点，采用不同的教学方法。其次，我们每个人都应该虚心向别人学习，学习人家的优点，克服自己的缺点。最后，对待知识，我们应该实事求是，知道就是知道，不知道就是不知道，不能不懂装懂。另外，学习时应该重视复习，在复习旧知识的过程中我们也能有新发现、新体会。

(2) 想要让老板打折,首先不能让老板看出你对这个东西感兴趣,其次要多挑一些商品的毛病。
(3) 今天我们的课主要内容是讲李白,首先介绍一下他的生活经历,其次读一些他的诗歌,最后总结一下他的作品的特点。
(4) 自助旅行首先让她享受到了大自然的美,其次,让她发现自己可以克服遇到的各种困难,此外,旅行中她还认识了不少人。

(一)用"首先……其次……"回答下面的问题

1. 在你们国家,怎么才能上一所好大学?

2. 你能谈谈互联网(hùliánwǎng,internet)的优点和缺点吗?

3. 汉语和你的母语有什么不同?

4. 你觉得怎样才算是好朋友?

5. 当你和老板或父母看法不一样时,你怎么办?

(二)用"首先……其次……""总之"谈谈你对下面问题的看法(你是赞成还是反对)

例:喝酒
　　首先,喝酒能使人很容易交到很多朋友,对某些工作很有帮助;其次,喝酒能让你忘了所有的烦恼;最后,喝酒能减轻压力,减少得心脏病的可能性。总之,我认为喝酒的好处比坏处多,所以我赞成喝酒。

1. 独身

2. 说谎

3. 死刑

4. 安乐死

5. 一个人旅行

拓展学习

一 阅读下边的句子，说说画线词语的意思

1. 只要记住"何时何地何人何事为何"这"五何"，就能<u>举一反三</u>地写好一个故事。
2. 老师告诉小明，2+2+2+2就是4个2加起来，它就是2×4，小明很快就明白了5+5+5=5×3。老师很高兴，因为小明<u>举一反三</u>的能力很强。
3. 交响乐中不同声音特点的乐器（yuèqì，musical instrument）在一起发出好听和谐的音乐，这就是<u>和而不同</u>。
4. "和"是共性，"不同"是个性，"<u>和而不同</u>"是共性和个性的统一。
5. 结婚是一辈子的事，所以要<u>三思而行</u>。
6. 你历尽千辛万苦才考上大学，现在你却想退学，我劝你还是<u>三思而行</u>。
7. 复习不只是为了学习旧的知识，也是为了更好地理解新的知识，这就是孔子提倡的<u>温故知新</u>。
8. 了解历史、学习历史，可以帮助我们以史为镜，<u>温故知新</u>。
9. 不希望别人这样对你，你也就不能这样对别人。这叫<u>己所不欲，勿施于人</u>。

二 选择合适的词语填空

> 举一反三　和而不同　三思而行　温故知新　己所不欲，勿施于人

1. 孩子才三岁，你离婚了就得一个人照顾孩子，你可得_____啊。
2. 我们大学的汉语课周一到周四学习新课，周五复习旧课，_____。
3. 知道"作家""音乐家""教育家"的意思，我们就可以_____地知道"思想家"是什么意思。
4. 我们应该尊重（zūnzhòng，to respect）别人的看法，当你的看法和别人的看法不同时，我们也可以保留自己的看法，这就是_____。

5. 你在房间为了考试好好儿复习的时候，不希望同屋带朋友来聚会。那——现在你同屋需要好好儿学习的时候，你也要注意点儿。

三 回答问题

1. 请举个汉语学习的例子，说明什么是举一反三。

2. 你觉得怎么样才能做到和而不同？

3. 请举例说明"温故知新"。

4. 你朋友做什么的时候，你会劝他三思而行？

5. 你觉得"己所不欲，勿施于人"，可以用在国家和国家之间吗？

子曰：
有朋自远方来，不亦乐乎？

第8单元　热身活动

◎ 在下面的名词前填上合适的量词,然后和你的搭档讨论一下它们的用途并说说在你们国家它们的价钱大约是多少。

例：一（度）电

　　用途：可以供一台电冰箱工作一天,供机器织8.4～10米布,生产啤酒15瓶,供40瓦的电灯开25个小时,等等。

　　价钱：在中国0.5元左右。

一（　）水
用途：
价钱：

一（　）纸
用途：
价钱：

一（　）树
用途：
价钱：

一（　）汽油
用途：
价钱：

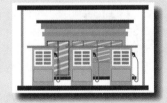

一（　）电池
用途：
价钱：

一（　）竹子
用途：
价钱：

15 德国小学生的"绿色记事本"

词语表

1	领	lǐng	(动)	to receive (*sth. from an institution*)

◎ ~工资/~书

2	教材	jiàocái	(名)	teaching materials; textbook

◎ 汉语~/听力~/正式~/试用~/买~/领~

3	笔记本	bǐjìběn	(名)	notebook

◎ 一个~

4	印	yìn	(动)	to print

① 明天的考试卷老师还没~呢。/② 这种~着名字的杯子卖得特别好。

5	再生	zàishēng	(动)	to reprocess; to recycle

◎ ~纸/~水/~塑料/可~资源

6	制造	zhìzào	(动)	to make; to manufacture

◎ 中国~

◎ 这家工厂~玩具。

7	原料	yuánliào	(名)	raw material

◎ 化学~

① ~涨价了,产品自然也得涨价。/② 做这个菜的~很简单,只要鸡蛋就行了。

8	废	fèi	(形)	waste; disused

◎ ~纸/~水/~气/~话

9	垃圾	lājī	(名)	rubbish; garbage; junk

◎ 一堆~/~食品/~邮件

◎ 请勿乱扔~。

10	木材	mùcái	(名)	timber

◎ ~价格

| 11 | 节约 | jiéyuē | （动） | to save; to economize |

◎ ~资金/~纸张/~用水/~用电/~原料

| 12 | 资源 | zīyuán | （名） | resource |

◎ 自然~/地下~/水力~/人力~

◎ 每个国家的自然~都非常有限，而且~的再生需要很长时间，所以不能浪费~。

| 13 | 如下 | rúxià | （动） | as follows; as below |

◎ 理由~/请看~说明

◎ 公司改革的计划~：……

| 14 | 号召 | hàozhào | （动） | to call; to appeal |

◎ 响应~

◎ 战争开始以后，政府~年轻人参军。

| 15 | 捐 | juān | （动） | to donate |

◎ ~钱

◎ 老画家把自己的书和画儿都~给国家了。

| 16 | 地球 | dìqiú | （名） | the earth; the globe |

◎ 月亮绕着~转，~绕着太阳转。

| 17 | 零花钱 | línghuāqián | （名） | pocket money; allowance |

◎ 父母每周都给他~。

| 18 | 迷糊 | míhu | （形） | muddle-headed |

① 昨天晚上没睡好，今天上课迷迷糊糊的，什么都没听清楚。/② 老人刚才还挺正常，现在又开始~了，问他叫什么、住哪儿他都不知道。

| 19 | 美术 | měishù | （名） | fine arts |

◎ ~课/~老师/~馆/~展览/从事~工作

| 20 | 吨 | dūn | （量） | ton |

◎ 一~水/三~原料

| 21 | 惭愧 | cánkuì | （形） | ashamed; abashed |

◎ 他因为忘了妈妈的生日感到很~。

| 22 | 内衣 | nèiyī | （名） | （穿在）里边的衣服 underwear |

◎ 一件~/女式~

| 23 | 洗衣机 | xǐyījī | （名） | washing machine |

◎ 一台~/全自动~

| 24 | 不利 | búlì | （形） | disadvantageous; unfavourable |

◎ ~的条件/~的位置

① 这次足球比赛，时间、天气都对中国队~。/② 抽烟~于健康。

25	赛车	sài chē		(cycle, motorcycle, automobile) race
		◎ ~是一项危险的运动。		
26	运动员	yùndòngyuán	（名）	参加体育比赛的人　athlete; sportsman
		◎ 中国~/三名~		
27	排放	páifàng	（动）	to emit; to discharge
		◎ 汽车~尾气/~有毒气体/~废水		
28	节能减排	jiénéng-jiǎnpái		to save energy and reduce emission
		◎ 为了保护环境，各个国家都应该做好~工作。		
29	节省	jiéshěng	（动）	to save; to cut down on
		◎ ~时间/~人力/~物力		
		◎ 我姐姐小时候常常把早饭钱~下来去买书。		
30	汽油	qìyóu	（名）	gasoline
		◎ 一升~/~价格		
31	从而※	cóng'ér	（连）	thus; thereby
		①合理安排时间，~使工作效率更高。/②公司让新员工工作以前先参观公司总部，~让他们了解公司的发展历程。		
32	分类	fēn lèi		to classify; to sort out
		◎ 植物~法/垃圾~		
		◎ 动物可以分成哪几类？		
	类	lèi	（名）	category; kind
		◎ 人~/此~		
33	环卫	huánwèi	（形）	environment sanitation (short form of "环境卫生")
		◎ ~工人		
34	传	chuán	（动）	to pass on
		◎ ~球/~看/把试卷~给后面的同学		
35	能源	néngyuán	（名）	energy resources
		◎ 节约~/开发新~/~比较缺乏/~危机		
36	生	shēng	（形）	raw; uncooked
		◎ ~鸡蛋/~鱼片		
		◎ 西红柿我喜欢~吃。		
37	剩余	shèngyú	（动）	to have a surplus; to be left over
		◎ ~劳动力		
		①每个月的工资，除了房租、吃饭、交通、娱乐，~的钱也没多少了。/②今天晚上的音乐会还~了几十张票。/③这个软件太大了，我电脑硬盘（yìngpán, hard disc）上的~空间不够。		

| 38 | 热量 | rèliàng | （名） | quantity of heat |

| 39 | 有趣 | yǒuqù | （形） | 有意思 interesting; fascinating |

◎ ～的小说/～的电影
◎ 他说话真～。

| 40 | 数量 | shùliàng | （名） | quantity; amount |

◎ 控制人口～
◎ 不能只看～，不看质量。

| 41 | 补 | bǔ | （动） | to fill; to make up for |

◎ ～票/～课
① 你交的钱不够，还得再～100块钱。/② 上个星期我病了三天，我一定把那三天的工作～上。

| 42 | 自觉 | zìjué | （形） | conscious; conscientious |

① 这个孩子学习很不～，每次都要催他，他才做作业。/② 请～一点儿，教室里不能抽烟。

| 43 | 严格 | yángé | （形） | strict; rigorous; rigid |

◎ ～的纪律/～的制度/～的规定
① 这个班的老师对学生的要求非常～。/② 海关对行李的检查很～。

| 44 | 佩服 | pèifú | （动） | to admire |

① 很多孩子最～的人是自己的爸爸。/② 这位足球运动员的精彩表现，让全场观众非常～。/③ 听说小王上大学时就结婚了，我真～他的勇气。/④ 大家都很～老板的工作能力。

专名

1	德国	Déguó	Germany
2	马克	Mǎkè	Mark
3	唐娜	Tángnà	Donna
4	贝德	Bèidé	Bid

用刚学过的词语回答下面的问题：
1. 你们国家中小学生怎么得到他们的教材？
2. 你用的什么物品是再生的？

3. 你们国家的商场里有哪些东西是中国制造的？
4. 在你的老家，垃圾需要分类吗？
5. 你认为让你节约什么比较难？
6. 在你们国家，除了捐钱，人们还常常捐什么？
7. 你父母是从什么时候开始给你零花钱的？一般给多少？
8. 如果感到脑子有点儿迷糊，你会做什么？
9. 最近有什么让你觉得惭愧的事情吗？
10. 你觉得自己学汉语有哪些不利的方面和有利的方面？
11. 你们老家的环卫工人是白天工作还是夜里工作？
12. 你们国家用得最多的是什么能源？
13. 在中国你见过什么有趣的事？
14. 你们以前的汉语老师，谁最严格？他（她）是怎么做的？
15. 到现在，你最佩服的人是谁？

德国小学生的"绿色记事本"

德国法兰克福一名6岁的一年级学生马克第一天到学校报到，就领到了一套教材和一个看上去有点儿特别的笔记本。这个绿色小本上面印着森林、草原和田野。老师告诉孩子们，这既不是一本供写字或做作业的练习本，也不是一般的日记本，而是给大家记录自己是如何保护环境的。关于这个记事本，老师还告诉孩子们：它是用再生纸制造的，原料是人们扔掉的废纸和垃圾，而没有使用木材，这样可以节约国家的森林资源。

一个星期以后，小马克的"绿色记事本"有了如下记录：

◆ 星期一　今天学校里号召大家捐钱，为的是保护一种珍贵的动物，听说这种动物有很快从地球上消失的危险。我因捐了自己这个星期的零花钱而受到了老师的表扬。

◆星期二　晚上我迷迷糊糊地睡着了，忘了关灯，结果浪费了大量的电，真不应该！

◆星期三　上美术课时，我因画得不够好而一连撕了三张白纸，实际上我完全可以画得再小心些。老师说，造一吨纸不仅需要用掉很多木材，而且需要使用大量的水和电。想到这些，我感到很惭愧。

◆星期四　我发现妈妈只为了洗我的两件内衣就开了洗衣机。我对妈妈说这样不合理，首先这浪费了水和电，也浪费了妈妈宝贵的时间；其次这样对洗衣机也不利。后来妈妈接受我的建议，决定以后不再每天开洗衣机，而是等脏衣服多了以后一起洗。

◆星期五　哥哥是个赛车运动员，可是赛车会排放大量污染环境的废气。如何解决这个问题呢？他和几个也爱赛车的朋友想出了一个办法——每人每年多种20棵树。哥哥真聪明！他们的做法有利于节能减排，值得提倡。

◆星期六　爸爸带我去超市买东西。原来他计划开车去，后来听了我的话改坐公共汽车去。这样既节省了开车所需的汽油，也减少了汽车排放的废气，从而保护了环境。

◆星期日　今天该我去扔垃圾，可是我发现我们家垃圾袋里的垃圾还没有分类。虽然垃圾很臭，我还是耐心地把垃圾分类以后才放进了垃圾箱，为的是方便环卫工人处理。

老师在班上朗读了小马克的"环保日记"，并且高兴地说几乎所有小朋友都写得不错，希望大家课后互相传看一下。开始小马克还有点儿骄傲，可是看了其他同学的"环保日记"后，便再也不敢骄傲了。因为每个同学都想出了保护环境的方法，有的方法他自己根本想不到。例如一个叫唐娜的小女孩儿想出一种煮鸡蛋的方法，可以节省三分之一能源。她的方法是先把生鸡蛋放在冷水里煮，水开了以后就把火关掉，再利用剩余的热量把鸡蛋煮熟。小马克开始不太相信，回家试了以后发现这果然是个好方法。有趣的是，现在全班同学在家煮鸡蛋时都采用"唐娜煮蛋法"，甚至连一些老师都夸这是个节约电费的好方法。还有一个叫贝德的小朋友和父母商量之后，制订了每周限制用电、用水的计划。如果这一周用的水电超过了规定的数量，下一周就必须节省一点儿补回来。在他的"绿色记事本"里写着：这周用电超过了28度，所以我和弟弟保证下周只看三天电视，并且停止玩儿电脑游戏。这样自觉地严格要求自己，连大人们也不得不佩服。

（根据唐若水《德国小学生的"绿色记事本"》改写）

一 根据课文内容，回答下面的问题

1. 学校给学生们发笔记本让他们做什么？　　（记录　环境）

2. 什么是再生纸？　　（原料　木材　节约）

3. 学校为什么让大家捐钱？　　（保护　珍贵　消失）

4. 马克的哥哥为什么每年要种树？　　（赛车　废气）

5. 请介绍一下"唐娜煮蛋法"。　　（先……再……　关　剩余　节省）

6. 贝德家用电超过了规定数量的话，他们怎么办？　　（电视　电脑游戏）

7. 你认为怎样才能保护那些可能很快消失的动物？

8. 在你们国家，政府怎样控制汽车废气造成的污染？

9. 在你们国家垃圾分类吗？垃圾分类有什么好处？你觉得有什么办法可以鼓励人们给垃圾分类？

10. 你有什么节约用电的好方法吗？

二 根据课文内容，填写下面的表格

人 物	事 情	结果（好处/坏处）
马克	忘了关灯	浪费电
		浪费木材、水、电
	开洗衣机洗很少的衣服	
哥哥		
马克和爸爸		
		便于环卫工人分类、回收
	唐娜煮蛋法	

一 如何

表示"怎么""怎么样"，多用于书面语。"如何"后面一般跟双音节或多音节词语，或重复后跟单音节词。例如：

(1)"绿色记事本"是给学生们记录自己是如何保护环境的。
(2) 如何解决这个问题呢？我们还需要想办法。
(3) 朋友们总是告诉我旅游如何如何好，可我实在没有兴趣。
(4) A：近来工作如何？
　　B：还可以，就是老板老让我们加班。

（一）用"如何"改写下面的句子

1. 怎么理解孔子的思想？→
2. 地球是怎么形成的？→
3. 秦始皇是怎么统一中国的？→
4. 怎样才能提高记忆力？→
5. 你是怎么减轻压力的？→

（二）根据回答，用"如何"提问

1. A：_____？
   B：多吃维生素丰富的食品，睡眠充足，平时多运动，就能有效地预防（yùfáng, to prevent）感冒。

2. A：_____？
   B：从我们自己做起，从每天的生活做起，就能保护好环境。

3. A：_____？
   B：不要喝咖啡、茶等刺激性饮料，睡觉前可以喝一杯热牛奶，还可以用热水泡一泡脚，这些都能改善睡眠。

4. 秘书：_____？
   经理：蓝色文件我要研究一下，红色文件给总经理签字（qiān zì, to sign）。

5. A：_____？
   B：我虽然80多岁了，可是牙齿还很好，方法很简单，吃完东西马上就刷牙。

6. A：_____？
   B：丈夫和妻子应该互相关心，互相理解，互相信任（xìnrèn, to trust），互相交流。

二 为的是

用在表示行为、动作的短语或小句后边，连接该行为、动作的目的。例如：

(1) 今天学校号召大家捐钱，为的是保护一种珍贵的动物。
(2) 我耐心地把垃圾分类以后才放进了垃圾箱，为的是方便环卫工人处理。
(3) 我每天都阅读中文报纸，为的是扩大词汇量。
(4) 年轻人和老人对钱的看法常常不同，年轻人说他们挣钱为的是能过更好的生活；而老人说挣钱为的是存银行，以后留给自己的孩子。

◎ 用"为的是"完成下面的句子：

1. 我学习这个专业_____。
2. 父母教训孩子_____。
3. 很多人上大学_____。
4. 小王去找丽丽_____。
5. 我们使用再生纸_____。

6. 现在有的商店24小时营业_____。

7. 很多公司使用机器人_____。

三 因……而……

> 因A而B，A表示原因，B表示结果或结论。多用于书面语。例如：
>
> （1）我因捐了自己这个星期的零花钱而受到了老师的表扬。
> （2）上美术课时，我因画得不够好而一连撕了三张白纸。
> （3）有人认为恐龙因环境的突然改变而彻底消失了。
> （4）很多人都说女孩子因可爱而美丽，而不是因美丽而可爱。

◎ 用"因……而……"表达下面的意思：

例：政治主张不被接受→孔子离开了自己的国家。
　　孔子因政治主张不被接受而离开了自己的国家。

1. 孩子说谎→孩子被爸爸打了一顿

2. 陈逸飞的《故乡的回忆》→周庄走向世界

3. 缺乏经验→失败

4. 家庭经济困难→失学

5. _____→失眠

6. _____→自杀

7. _____→放弃了出国留学的机会

8. _____→后悔

四 从而

书面语,一般用于后一小句的开头,可以表示结果和目的。例如:

(1) 这样既节省了开车所需的汽油,也减少了汽车排放的废气,从而保护了环境。
(2) 你应该少吃面包和米饭,从而达到减肥的目的。
(3) 你应该多认识一些中国朋友,多跟他们聊天儿,从而提高你的汉语水平。
(4) 大学生应该打工,一方面可以增加社会经验,另一方面也可以挣一点儿钱,从而减轻家庭的经济负担。

(一) 完成下面的句子

1. _____,从而提高工作效率。
2. _____,从而减轻心理压力。
3. _____,从而大大改善了交通状况。
4. _____,从而缩小贫富差距。
5. _____,从而引起了两国之间的战争。
6. _____,从而减少_____。
7. _____,从而增加_____。

(二) 用"因……而……""为的是"和"从而"把下面的句子连起来,组成一段话,根据需要可以增加或者减少一些词语

1. ① 很多留学生上专业课时因为听力差,听不懂老师讲课。
   ② 学校为留学生开设了专业听力课和口语课。
   ③ 开设专业听力课和口语课可以进一步提高留学生的听说能力,满足他们学习专业的需要。

2. ① 很多人因为得了艾滋病被人瞧不起。
   ② 我们今天举办一个艾滋病讲座。
   ③ 讲座的目的是让大家了解一些艾滋病知识,这样大家能正确地对待艾滋病人。

3. ① 不懂外语和电脑很难适应社会的要求。
   ② 我们公司现在开始对职员进行外语和电脑方面的培训。
   ③ 公司所做的培训能提高大家的技能,这样也可以提高公司的整体竞争力。

4. ① 很多城市的古建筑因为历史太长无法使用。

② 各国政府都试图改造古建筑。

③ 政府的改造既能保存这些古建筑，又能让它们继续发挥作用，这样可以达到保存和利用相结合的目的。

拓展学习

一 阅读下面的图片，说说节能减排我们能做什么

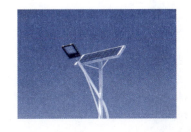

二 阅读下边的句子，说说画线词语的意思

1. 学生迟到的借口<u>多如牛毛</u>。
2. 重庆（Chóngqìng，name of a city）的火锅店<u>多如牛毛</u>。
3. <u>心急如火</u>！一位村民家里起火，家中有10万元现金（xiànjīn，cash）。
4. 离机场还有3公里，堵车堵得厉害，坐在出租车里的人<u>心急如火</u>，飞机还有一个小时就起飞了。
5. 我太喜欢游泳了，一进游泳池就<u>如鱼得水</u>。
6. 他从小就常常跟父母出国，会几种外语，现在他在国外大学的<u>生活如鱼得水</u>。
7. 老王<u>十年如一日</u>地照顾不能走路的妻子。
8. 老校长总是每天第一个上班最后一个下班，<u>十年如一日</u>。

三 选择合适的词语填空

节能减排　多如牛毛　心急如火　如鱼得水　十年如一日

1. 为了_____，我们要绿色出行。
2. 现在大城市的奶茶店_____。
3. 我爷爷每天睡觉前写日记，_____。
4. 当律师（lǜshī, lawyer）需要学习的法律、法规_____。
5. 天气突然变冷，又下了一场大雨，花农们_____，他们一年的辛苦可能要白费了。
6. 早晨起来跑步，一天两天我可以做到，但像我哥那样_____每天晨跑，我做不到。
7. 在家上网课时，学生因为不用去学校而高兴，可是很多家长则_____。
8. 男生和女生的学习特点、考虑问题的方式都不太一样，目前中小学的考试方式让女生更加_____，考试分数常常比男生高。

16 画家的责任

词语表

| 1 | 责任 | zérèn | （名） | 应该做好的事 responsibility |

①保护环境是我们每个人的~。/②教育孩子是家庭、学校和社会的共同~。

| 2 | 日益 | rìyì | （副） | 〈书〉一天比一天 day by day; increasingly |

◎ 环境污染~严重/电视节目~丰富

| 3 | 区别 | qūbié | （动） | to distinguish; to make a distinction between |

◎ ~不同的情况/~两个词的用法/~好坏

| | | | （名） | difference; distinction |

◎ 主要~/两个人的~

| 4 | 隔 | gé | （动） | to partition; to be at a distance from |

①两地相~不远。/②两个城市虽然只~着一条河，可是说的话完全不同。/③虽然我们~着万水千山，可我们的心很近。

| 5 | 显得※ | xiǎnde | （动） | to look; to appear |

①您穿上这件衣服~瘦多了。/②太客气了就~很假。

| 6 | 接近 | jiējìn | （动） | to be close to; to approach |

①周庄在上海和苏州之间，更~苏州。/②自闭症（zìbìzhèng, autism）儿童不愿~人。/③病人现在的体温~正常。

| 7 | 拜访 | bàifǎng | （动） | to pay a visit; to call on |

◎ ~一位老朋友/去老师家~

| 8 | 难得 | nándé | （形） | rare; hard to come by |

◎ 机会~/~的好演员
◎ 三十年没见面的老朋友竟然在国外的大街上碰到了，真~！

| 9 | 要紧 | yàojǐn | （形） | 重要 important; critical; serious |

①你这么晚打电话，有什么~事吗？/②他的病~吗？/③现在对你来说，最~的是高考，别的考完了以后再说。

| 10 | 准※ | zhǔn | （副） | definitely; surely |

① 那人~是她妹妹，你看俩人长得多像。/② 你现在去找他，他~不在家。

| 11 | 住处 | zhùchù | （名） | 住的地方 residence; dwelling |

◎ 来广州好几天了，还没找到一个满意的~。

| 12 | 寒暄 | hánxuān | （动） | to greet conventionally |

① 天气可能是世界各国~的好话题。/② 我对他了解不深，也就是见面~几句。

| 13 | 人类 | rénlèi | （名） | mankind |

◎ ~历史/~学
◎ 动物是~的朋友。

| 14 | 恐怖 | kǒngbù | （形） | terrifying; horrible |

◎ ~分子/~活动/~主义/~袭击（xíjī, to attack）/~电影

| 15 | 恶化 | èhuà | （动） | to worsen; to deteriorate |

◎ 病情~/夫妻关系~
◎ 两国关系最近因为能源问题而~。

| 16 | 河流 | héliú | （名） | rivers (*general term for fairly large natural flows of water on the earth surface*) |

① 长江和黄河是中国的两大~。/② 这儿~的污染很严重，需要治理。

| 17 | 海洋 | hǎiyáng | （名） | ocean |

◎ 蓝色的~/~资源/~生物
◎ ~里生活着各种鱼。

| 18 | 消耗 | xiāohào | （动） | to consume; to cost |

◎ ~能量
① 马拉松需要~大量的体力。/② 工业发展~了地球上大部分的资源。

| 19 | 宾馆 | bīnguǎn | （名） | hotel |

◎ 五星级~/住~

| 20 | 顾客 | gùkè | （名） | customer; shopper |

◎ ~第一/~是上帝/尽量让~满意

| 21 | 意味着※ | yìwèizhe | （动） | to mean; to imply |

① 树叶纷纷落地~冬天快到了。/② 现代化并不~放弃所有传统的东西。

| 22 | 猎 | liè | （动） | to hunt |

◎ ~人/~狗/~枪/打~

| 23 | 钻石 | zuànshí | （名） | diamond |

◎ ~手表/~项链/一颗~

画家的责任 16

24 挖　　wā　　（动）　　to dig; to excavate
◎ ~煤/~井

25 洞　　dòng　　（名）　　hole; cave
◎ 山~/挖~
① 袜子破了一个~。/② A：高尔夫球怎么打？B：把球打进小圆~里。

26 盲目　　mángmù　　（形）　　blind; without clear understanding
① 有的地方~发展经济，不重视环境。/② 有的人出国留学很~，并不知道自己要干什么。

27 消灭　　xiāomiè　　（动）　　to eliminate; to wipe out
◎ ~蚊子/~疾病

28 所谓　　suǒwèi　　（形）　　what is called; so-called
① ~自助游就是不跟着旅行社，自己安排一切的旅游。/② ~共识就是共同的认识。

29 生存　　shēngcún　　（动）　　to exist; to survive
① 人类的~离不开水。/② 你没有钱，没有关系，没有文化，在大城市里靠什么~呢？

30 转移　　zhuǎnyí　　（动）　　to shift; to transfer
◎ ~目标/~工作重点/~注意力
◎ 明年我们的工作重点将从城市改革~到农村改革。

31 危机　　wēijī　　（名）　　crisis
◎ 经济~/政治~/能源~/环境~

32 崩溃　　bēngkuì　　（动）　　to collapse; to crumble
◎ 精神~/经济~

33 滔滔不绝　　tāotāo-bùjué　　不停地说　to flow on without stopping
① 只要一说起电脑，小王就~，说上一两个小时也不觉得累。/② 经理在上面~地说，听的人都在下面睡觉。

34 悲观　　bēiguān　　（形）　　pessimistic
◎ 不要~，情况并没有你想象的那样坏。

35 搁　　gē　　（动）　　放　to place; to put aside
① 把作业本~在老师的桌子上吧。/② 这个秘密我一直都~在心里，对谁都没说。/③ 经理出国了，这事只能~一下，等他回来再说。

36 平衡　　pínghéng　　（形）　　balanced
◎ 进出口~/收支~/男女比例不~/东西部经济发展不~

| 37 名额 | míng'é | （名） | quota (of people) |

①国家公派留学生每个大学有两个~。/②我们系今年有5个保送研究生~。

| 38 豺狼虎豹 | cháiláng-hǔbào | | jackals, wolves, tigers and leopards (referring to all kinds of beasts of prey) |

| 39 贪婪 | tānlán | （形） | greedy; avaricious |

◎ ~的目光
◎ 他~地占用了公司的很多钱。

| 40 科技 | kējì | （名） | science and technology |

◎ 高~/~信息
◎ 现代社会，~的发展对人们生活的影响越来越大。

| 41 毁灭 | huǐmiè | （动） | to destroy; to exterminate |

◎ 有人说，如果人类不注意保护地球，地球肯定会~。

用刚学过的词语回答下面的问题：

1. 对于保护环境，你觉得政府和个人各自有什么责任？
2. 现在我们的世界有哪些主要问题？（日益）
3. 你觉得人和动物最重要的区别是什么？
4. 去动物园对孩子有什么好处？（接近）
5. 在中国，做什么事情对你来说是难得的机会？
6. 你的住处离公共汽车站远吗？
7. 你们国家的人见面寒暄时，主要的话题是什么？
8. 你看过什么恐怖电影？
9. 你觉得这些年来人类的环境有什么变化？（恶化）
10. 我们做什么运动时消耗的体力比较多？
11. 对你来说，什么是幸福？（意味着）
12. 你自己做过什么盲目的事吗？

13. 什么叫"AA制"？（所谓）

14. 我们怎么可以让一个悲观的人变得乐观一点儿？

15. 在你们国家，不同的地方发展都差不多吗？（平衡）

16. 你认为人类最大的敌人是谁？（毁灭）

课文

画家的责任

【1】　我有不少画家朋友，他们住在世界各地，而对我自己来说，住在这座日益拥挤的城市，或者住在别的国家，都没有太大区别。我们之间隔着很远的距离，只有在地图上才显得很接近，相互拜访的机会越来越难得。

【2】　有一天深夜，我突然接到一个画家朋友从北京打来的电话，他说他有要紧事必须马上和我谈谈。当时我正准备去南京（也是为了找几位画家），我说等我回上海以后再联系吧。

【3】　一个星期以后，我从南京回到上海，当天夜里，他又打来了电话。在电话里他说，这几天他已找我多次，问我为什么在南京待那么久。看他如此着急，我想准是有十分重要的事，于是就约他第二天来我的住处。

【4】　第二天见面后，我们寒暄了几句，就谈起了他所说的那个"要紧的事"。

【5】　他说，人类对环境的破坏已经到了非常恐怖的程度，空气严重恶化，河流、海洋遭到污染，森林、草原面积不断减少，许多种类的动物已经从世界上彻底消失，地球上的资源几乎被消耗尽了。他说，日益增多的汽车在不停地向空气中排放尾气；大大小小的工厂排出的废水不断流入河流、海洋；越盖越高，越盖越大的宾馆、饭店消耗了大量的木材；每位顾客多扔掉一双一次性筷子就意味着地球上又少了一片森林。女人身上的每一件毛皮大衣，都意味着世界上又有动物遭到猎杀；男人手上的每一块钻石手表，都意味着地球的某处被挖了一个洞。他说城市的盲目发展，正在消灭历史记忆，珍贵的旧建筑被无情地推倒，代替它们的是一座座所谓现代化的大楼。他说人人都想过好日子，但

却在破坏一些更基本的生存条件。他说发达国家在向落后国家转移环境危机，这样下去，落后国家总有一天也会影响发达国家，然后便是整个地球不可避免地走向崩溃。他说，他得做些什么，不然无法安心搞他的艺术。

【6】　他在我的房间里滔滔不绝，而我一时却不知道说什么好。我说我也想过这些问题，但这只能让我更加悲观、失望。

【7】　那天的话题在我的心里搁了好些日子，我的心情一直无法平静下来。几天以后，我遇到另一位住在本市的朋友，他是搞美术的，是一个聪明、喜欢开玩笑的人。我跟他说了这件事，没想到他这样回答我：

【8】　"是，本来地球上动物的数量是平衡的，人和其他动物一直和谐相处。可哪知道人类渐渐有了爱骄傲的毛病，越来越以自己为中心，猎杀了太多的动物，这些原来由动物占着的名额就让给了人类。这就是为什么地球上的动物越来越少，而人却越来越多的原因。你可以这样想象：我们周围的许多人，他们本来应该是豺狼虎豹。"

【9】　听了朋友的话后，我不禁问自己：当"豺狼虎豹"的贪婪和现代科技结合以后，地球还能不遭到毁灭吗？

（根据吴亮《画家的责任》改写）

一　根据课文内容，回答下面的问题

1. "我"和朋友们常常见面吗？为什么？　（世界各地　隔　距离）

2. 画家朋友为什么着急地找"我"？　（要紧）

3. 城市的历史记忆是如何被消灭的？　（旧建筑　推倒　所谓）

4. "我"觉得能解决这些环境问题吗？　（悲观　失望）

5. "我"的另一位朋友是怎么解释地球上的动物越来越少，人却越来越多的原因的？

（平衡　以……为中心　猎杀　名额）

二 从下面的词语中选择合适的填入图表中

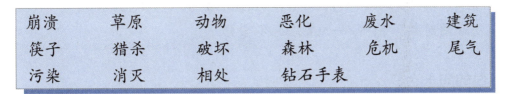

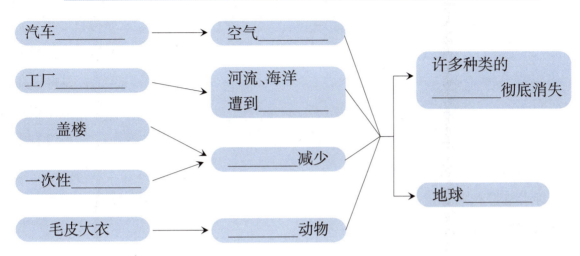

三 下面这些问题是什么原因造成的？有什么解决办法？谈一谈你的看法

问　题	原　因	解决办法
空气污染		
河流、海洋污染		
森林、草原减少		
动物减少、消失		

一 显得

表现出（某种情形、神态或状态）。例如：

(1) 我们之间隔着很远的距离，只有在地图上才<u>显得</u>很接近。
(2) 这种包<u>显得</u>很结实。

（3）昨天晚上没睡好，今天显得很没有精神。
（4）他在房间里装了一面大镜子，这样使房间显得很宽敞。
（5）比赛的时候，他显得一点儿也不紧张。

◎ 完成下面的句子：

1. _____，显得自己很有文化。
2. _____，不然显得你很落后。
3. _____，显得很高兴。
4. _____，显得很年轻。
5. _____，显得没有水平。
6. 下过雨以后，空气_____。
7. 您穿上这件衣服_____。
8. 别人称赞他时，_____。
9. 听到这个消息的时候，他的表情没有变化，_____。
10. 他的眼睛红红的，说话也没有力气，_____。

二 准

表示可能性很高，相当于"肯定"，常用于口语。例如：

（1）看他如此着急，我想准是有十分重要的事。
（2）他的脸色很不好，准是不高兴了。
（3）小王最近很忙，你现在去找他，他准不在家。
（4）如果你说自己从不说谎，别人准会怀疑。

◎ 完成下面的句子：

1. _____准会生气。
2. _____准不会同意。
3. _____准没人喜欢你。
4. _____将来准会改变。
5. 今天天气预报说降水概率80%，_____。
6. 如果你继续像这样每天只睡三四个小时，_____。
7. 在一些国家，如果两个男的在街上手拉手走路，_____。
8. 去别的国家，不了解人家的文化习惯，_____。

三 意味着

A意味着B，意思是A标志着B，或者A可以理解成B。B一般都是动词性（或形容词性）短语或小句，多用于书面语。例如：

（1）每位顾客多扔掉一双一次性筷子就意味着地球上又少了一片森林。女人身上的每一件毛皮大衣，都意味着世界上又有动物遭到猎杀；男人手上的每一块钻石手表，都意味着地球的某处被挖了一个洞。

（2）经济发展意味着人们生活水平的提高。

（3）很多时候"以后再说"就意味着拒绝。

（4）父母都希望自己的孩子快点儿长大，但孩子长大了也就意味着他们自己老了。

（5）一个人聪明不意味着他就一定能成功，同样，一个人不聪明，也不意味着他成功不了。

◎ 用"A意味着B"表达下面的意思，有的需要先在横线上写出B：

例：说一次谎 = 说很多次谎 → 说了一次谎就意味着还要说很多次谎。

全球化 ≠ 放弃本国或本民族的传统 → 全球化不意味着放弃本国或本民族的传统。

1. 出国 = 孤独
   →

2. 选择一个 = 放弃了别的
   →

3. 买一套200万元的房子 = 年收入10万元的家庭20年不吃不喝
   →

4. 顾客是上帝 =
   →

5. 金钱第一 =
   →

6. 上名牌大学 ≠ 有好工作、高收入
   →

7. 知识共享（gòngxiǎng, to share）≠ 免费使用
   →

8. 出国留学 ≠ 一定要留在外国工作

9. 一次失败 ≠

10. 结婚 ≠

四 形容词／动词+下来

表示某种情形由强到弱变化，前面多为"暗、静、黑、冷静、平静、安静、轻松"等形容词；或者表示某种动作、行为及其带来的状态持续发展（到现在），前面多为"坚持、保存、保留"等动词或"坚持+其他动词"。例如：

(1) 我的心情一直无法平静下来。
(2) 天色渐渐暗了下来。
(3) 丽丽减肥坚持了半年，终于慢慢瘦下来了。
(4) 虽然每天跑步很辛苦，但我还是坚持了下来。
(5) 小时候她不喜欢弹钢琴，但在妈妈的劝说下，她坚持弹下来了。
(6) 许多传统习惯没有能够保留下来。

◎ 用所给的词语和"下来"说一句话：

1. 周庄的古建筑　　　　保存

2. 减肥　　　　　　　　坚持

3. 教室　　　　　　　　安静

4. 精神　　　　　　　　放松

5. 学书法　　　　　　　坚持

五 以……为中心

表示"把……作为最重要的部分或方面"。例如：

（1）人类渐渐有了爱骄傲的毛病，越来越以自己为中心，猎杀了太多的动物。
（2）许多中国的家庭越来越以孩子为中心。
（3）过去采用的是以老师为中心的教学方法，现在则提倡以学生为中心。
（4）政府的改革主要以如何有效地发展经济为中心。

◎ 用"以……为中心"完成下面的句子：

1. 孔子的思想＿＿＿＿＿＿＿＿＿＿＿＿＿＿＿＿＿＿＿＿＿＿＿。
2. 政府的工作要＿＿＿＿＿＿＿＿＿＿＿＿＿＿＿＿＿＿＿＿＿。
3. 作为一名好医生，＿＿＿＿＿＿＿＿＿＿＿＿＿＿＿＿＿＿＿。
4. 我们的城市＿＿＿＿＿＿＿＿＿＿＿＿＿＿＿＿＿＿＿＿＿＿。
5. 学校的各种改革＿＿＿＿＿＿＿＿＿＿＿＿＿＿＿＿＿＿＿。
6. 商场的服务＿＿＿＿＿＿＿＿＿＿＿＿＿＿＿＿＿＿＿＿＿。

拓展学习

一 阅读下边的句子，说说画线词语的意思

1. 我们经理是个笑面虎，我们都觉得他比豺狼虎豹还可怕，大家一谈起他就谈虎色变。
2. 学生一听到考试就谈虎色变，减肥的人一听到高热量就谈虎色变。
3. 地铁上小偷儿想偷一个人的钱包，没想到这人是一个警察，这不是虎口拔牙吗？
4. 我告诉小朋友们我有一个像操场一样大的玩具火车，小朋友们让我带去幼儿园给他们看，这下我骑虎难下了。
5. 丽丽想跟小王分手，但一直不知道怎么开口。今天小王拿着鲜花来向她求婚，她有点儿骑虎难下。
6. 现在房子还在降价，如果我现在买房子，以后房价越来越便宜怎么办？可是如果现在不买，以后万一涨了呢？真是前怕狼，后怕虎。

二 选择合适的词语填空

豺狼虎豹　虎口拔牙　骑虎难下　谈虎色变　前怕狼，后怕虎

1. 很多人一提起前男友或前女友就_____。
2. 爷爷家的亲戚很多，但个个都像_____似的——爷爷生病的时候没有人来看他，听说爷爷的房子卖了以后都来找他借钱。
3. 明天我们足球队要跟去年的全国冠军比赛，我觉得我们想赢他们那真是_____。
4. 李奶奶照顾她的小孙子总是_____：给孩子穿少了，怕他感冒；给他穿多了，怕他太热生病。
5. 上周末跟朋友们去爬山，爬到一半我就累坏了。继续往上爬的话，我爬不动了；如果往回走，我自己一个人不认识路。看到我_____，一个朋友决定他也不爬了，跟我一起往回走。

三 回答问题

1. 请介绍你认识或知道的一个"笑面虎"。

2. 你觉得你们家或你的周围有"纸老虎"吗？

3. 请介绍你认识或知道的一个"母老虎"。

4. 什么事曾经让你骑虎难下？最后结果怎么样？

5. 在学习或者生活方面，什么话题会让你谈虎色变？

6. 什么事曾经让你前怕狼，后怕虎？

词语索引 Index of Words

		A	
1	阿婆	āpó	11
2	挨	ái	3
3	安心	ānxīn	3
4	按照	ànzhào	8
		B	
5	白	bái	6
6	败	bài	13
7	拜访	bàifǎng	16
8	帮手	bāngshou	6
9	包	bāo	8/11
10	包括	bāokuò	1
11	宝贝	bǎobèi	1
12	保持	bǎochí	10
13	保存	bǎocún	11
14	保护	bǎohù	4
15	保龄球	bǎolíngqiú	9
16	保险	bǎoxiǎn	6
17	保证	bǎozhèng	10
18	抱怨	bàoyuàn	5
19	悲观	bēiguān	16
20	背景	bèijǐng	14
21	被子	bèizi	7
22	本	běn	5/8
23	本身	běnshēn	2
24	笨	bèn	5
25	崩溃	bēngkuì	16

26	逼	bī	10
27	笔记本	bǐjìběn	15
28	闭	bì	1
29	避免	bìmiǎn	10
30	标准	biāozhǔn	7
31	表明	biǎomíng	10
32	表情	biǎoqíng	5
33	宾馆	bīnguǎn	16
34	玻璃	bōli	8
35	补	bǔ	15
36	不得了	bùdéliǎo	9
37	不断	búduàn	8
38	不利	búlì	15
39	不满	bùmǎn	5
40	不然	bùrán	4
41	不幸	búxìng	3
42	布置	bùzhì	8
43	部	bù	8
44	部门	bùmén	3
		C	
45	采	cǎi	4
46	采用	cǎiyòng	14
47	餐厅	cāntīng	8
48	残酷	cánkù	13
49	惭愧	cánkuì	15
50	仓库	cāngkù	14
51	插	chā	6

52	茶叶	cháyè	7		82	催	cuī	10
53	拆	chāi	7		83	存	cún	7
54	豺狼虎豹	cháiláng-hǔbào	16				**D**	
55	长途	chángtú	11		84	达到	dá dào	3
56	超过	chāoguò	3		85	答案	dá'àn	1
57	朝代	cháodài	13		86	打扫	dǎsǎo	6
58	彻底	chèdǐ	2		87	打折	dǎ zhé	7
59	趁	chèn	3		88	大多数	dàduōshù	4
60	成本	chéngběn	5		89	大量	dàliàng	13
61	成长	chéngzhǎng	14		90	大批	dàpī	11
62	诚实	chéngshí	2		91	大王	dàwáng	11
63	程度	chéngdù	10		92	大约	dàyuē	5
64	尺	chǐ	7		93	大自然	dàzìrán	4
65	尺寸	chǐcùn	7		94	代替	dàitì	7
66	充足	chōngzú	10		95	单独	dāndú	6
67	愁	chóu	2		96	单位	dānwèi	3
68	出差	chū chāi	5		97	担任	dānrèn	3
69	处	chǔ	2		98	当……的时候	dāng……de shíhou	2
70	处理	chǔlǐ	3		99	当作	dàngzuò	3
71	传	chuán	15		100	到处	dàochù	5
72	传播	chuánbō	14		101	到达	dàodá	12
73	传染	chuánrǎn	4		102	到底	dàodǐ	12
74	传说	chuánshuō	13		103	倒是	dàoshì	3
75	喘	chuǎn	9		104	道德	dàodé	14
76	此外	cǐwài	6		105	滴	dī	1
77	从不	cóngbù	4		106	的确	díquè	7
78	从而	cóng'ér	15		107	地板	dìbǎn	6
79	从事	cóngshì	12		108	地球	dìqiú	15
80	粗	cū	9		109	地位	dìwèi	14
81	促进	cùjìn	11		110	递	dì	3

111	（电）冰箱	(diàn)bīngxiāng	5		139	分类	fēnlèi	15
112	电梯	diàntī	9		140	纷纷	fēnfēn	11
113	电子	diànzǐ	8		141	封建	fēngjiàn	13
114	钓	diào	5		142	蜂	fēng	4
115	定做	dìngzuò	8		143	蜂蜜	fēngmì	4
116	动荡	dòngdàng	13		144	逢	féng	4
117	冻	dòng	3		145	服装	fúzhuāng	11
118	洞	dòng	16		146	幅	fú	5
119	独身	dúshēn	6		147	副	fù	8
110	独特	dútè	11		148	富	fù	11

		G				
121	读书	dú shū	1			
122	对比	duìbǐ	12	149	改朝换代	gǎicháo-huàndài	13
123	对方	duìfāng	7	150	改善	gǎishàn	10
124	对面	duìmiàn	3	151	干脆	gāncuì	6
125	吨	dūn	15	152	赶	gǎn	4
126	多么	duōme	1	153	感受	gǎnshòu	12

		E					
				154	高度	gāodù	2
127	恶化	èhuà	16	155	胳膊	gēbo	9
128	耳机	ěrjī	8	156	搁	gē	16

		F					
				157	隔	gé	16
129	发达	fādá	4	158	个性	gèxìng	8
130	发抖	fādǒu	1	159	各种各样	gèzhǒng-gèyàng	12
131	发火	fā huǒ	10	160	工夫	gōngfu	5
132	反映	fǎnyìng	8	161	工具	gōngjù	1
133	仿佛	fǎngfú	2	161	工艺品	gōngyìpǐn	7
134	放	fàng	14	163	工资	gōngzī	3
135	放映	fàngyìng	8	164	公事	gōngshì	5
136	废	fèi	15	165	供	gōng	11
137	费	fèi	5	166	巩固	gǒnggù	13
138	分别	fēnbié	11	167	贡献	gòngxiàn	13

168	构成	gòuchéng	14
169	姑姑	gūgu	5
170	孤独	gūdú	4
171	古代	gǔdài	11
172	古迹	gǔjì	12
173	古老	gǔlǎo	11
174	古人	gǔrén	12
175	古玩	gǔwán	6
176	固定	gùdìng	6
177	故	gù	11
178	故乡	gùxiāng	11
179	顾客	gùkè	16
180	关于	guānyú	14
181	观察	guānchá	2
182	管	guǎn	3
183	管理	guǎnlǐ	10
184	广泛	guǎngfàn	14
185	广阔	guǎngkuò	4
186	果然	guǒrán	5
187	果树	guǒshù	6

H

188	海洋	hǎiyáng	16
189	害怕	hàipà	2
190	含义	hányì	14
191	寒暄	hánxuān	16
192	毫不	háobù	8
193	好容易	hǎoróngyì	7
194	号召	hàozhào	15
195	好奇	hàoqí	5
196	合理	hélǐ	10
197	合算	hésuàn	5
198	和谐	héxié	14
199	河流	héliú	16
200	盒	hé	7
201	黑乎乎	hēihūhū	5
202	红包	hóngbāo	7
203	红烧	hóngshāo	5
204	后悔	hòuhuǐ	5
205	厚	hòu	4
206	胡同	hútòng	12
207	花	huā	11
208	花费	huāfèi	8
209	花期	huāqī	4
210	化妆品	huàzhuāngpǐn	7
211	怀疑	huáiyí	7
212	怀孕	huái yùn	3
213	环卫	huánwèi	15
214	黄金	huángjīn	12
215	谎话	huǎnghuà	2
216	回	huí	9
217	毁灭	huǐmiè	16
218	婚礼	hūnlǐ	7
219	婚姻	hūnyīn	10
220	货币	huòbì	13

J

221	机关	jīguān	12
222	及时	jíshí	10
223	极	jí	9
224	疾病	jíbìng	10
225	计算	jìsuàn	7

226	记录	jìlù	13		256	教学	jiàoxué	14
227	记忆	jìyì	2		257	教训	jiàoxun	2
228	记忆力	jìyìlì	10		258	结实	jiēshi	9
229	记者	jìzhě	8		259	接触	jiēchù	4
230	技能	jìnéng	14		260	接近	jiējìn	16
231	既然	jìrán	6		261	接受	jiēshòu	14
232	加班	jiā bān	3		262	节能减排	jiénéng-jiǎnpái	15
233	家务	jiāwù	6		263	节省	jiéshěng	15
234	家乡	jiāxiāng	12		264	节约	jiéyuē	15
235	假	jiǎ	7		265	结合	jiéhé	11
236	价格	jiàgé	8		266	借口	jièkǒu	9
237	价值	jiàzhí	7		267	金鱼	jīnyú	6
238	坚定	jiāndìng	5		268	尽	jìn	7
239	减肥	jiǎn féi	10		269	进攻	jìngōng	4
240	减轻	jiǎnqīng	9		270	进口	jìn kǒu	7
241	减少	jiǎnshǎo	10		271	进入	jìnrù	13
242	检查	jiǎnchá	10		272	经	jīng	9
243	简历	jiǎnlì	3		273	经理	jīnglǐ	3
244	建	jiàn	13		274	经历	jīnglì	1
245	建议	jiànyì	14		275	精力	jīnglì	1
246	建筑	jiànzhù	11		276	井	jǐng	11
247	健身	jiànshēn	9		277	警察	jǐngchá	12
248	渐渐	jiànjiàn	1		278	纠正	jiūzhèng	13
249	箭	jiàn	14		279	就	jiù	8
250	将	jiāng	11		280	举行	jǔxíng	8
251	降低	jiàngdī	10		281	巨大	jùdà	2
252	骄傲	jiāo'ào	14		282	具体	jùtǐ	14
253	较	jiào	11		283	具有	jùyǒu	11
254	教材	jiàocái	15		284	俱乐部	jùlèbù	9
255	教师	jiàoshī	12		285	捐	juān	15

286	卷	juàn	12		314	理论	lǐlùn	14
287	决	jué	7		315	理想	lǐxiǎng	6
288	决心	juéxīn	3		316	理由	lǐyóu	9
289	绝对	juéduì	2		317	鲤鱼	lǐyú	5
290	军队	jūnduì	13		318	力	lì	10
291	军事	jūnshì	13		319	力量	lìliàng	13

K

					320	力气	lìqi	9
292	开放	kāifàng	8		321	立	lì	5
293	开阔	kāikuò	12		322	利益	lìyì	2
294	考虑	kǎolǜ	3		323	例外	lìwài	6
295	科技	kējì	16		324	连	lián	11
296	棵	kē	6		325	连接	liánjiē	13
297	克服	kèfú	12		326	联络	liánluò	8
298	恐怖	kǒngbù	16		327	练	liàn	9
299	恐怕	kǒngpà	9		328	恋人	liànrén	7
300	口红	kǒuhóng	1		329	量	liàng	9
301	跨越	kuàyuè	14		330	列	liè	2

L

					331	猎	liè	16
302	拉家带口	lājiā-dàikǒu	6		332	零花钱	línghuāqián	15
303	垃圾	lājī	15		333	领	lǐng	15
304	来	lái	3		334	楼梯	lóutī	9
305	蓝牙	lányá	8		335	旅馆	lǚguǎn	11
306	朗读	lǎngdú	1		336	旅游	lǚyóu	11
307	浪费	làngfèi	3		337	落后	luòhòu	7

M

308	老实	lǎoshi	6					
309	老太太	lǎotàitai	9		338	麻将	májiàng	10
310	乐趣	lèqù	12		339	马虎	mǎhu	3
311	类	lèi	15		340	买卖	mǎimai	13
312	礼	lǐ	14		341	满月	mǎn yuè	11
313	礼品	lǐpǐn	8		342	盲目	mángmù	16

343	毛病	máobìng	7
344	毛巾	máojīn	11
345	冒	mào	4
346	每	měi	4
347	美术	měishù	15
348	迷糊	míhu	15
349	迷人	mírén	12
350	秘密	mìmì	2
351	秘书	mìshū	3
352	蜜	mì	4
353	蜜蜂	mìfēng	4
354	免不了	miǎnbuliǎo	2
355	面积	miànjī	11
356	面貌	miànmào	11
357	面试	miànshì	3
358	名额	míng'é	16
359	名贵	míngguì	6
360	名胜	míngshèng	11
361	明显	míngxiǎn	8
362	木材	mùcái	15
363	目标	mùbiāo	12
364	目瞪口呆	mùdèng-kōudāi	2
365	目光	mùguāng	1

N

366	哪怕	nǎpà	7
367	内衣	nèiyī	15
368	难得	nándé	16
369	难过	nánguò	1
370	难看	nánkàn	1
371	能源	néngyuán	15
372	年代	niándài	7
373	念	niàn	1
374	女子	nǚzǐ	9

P

375	趴	pā	3
376	拍子	pāizi	9
377	排放	páifàng	15
378	判断	pànduàn	10
379	泡	pào	9
380	赔	péi	5
381	佩服	pèifú	15
382	盆	pén	6
383	批	pī	13
384	披	pī	5
385	篇	piān	1
386	贫穷	pínqióng	14
387	乒乓球	pīngpāngqiú	9
388	平	píng	6
389	平方	píngfāng	11
390	平衡	pínghéng	16
391	平静	píngjìng	2
392	瓶子	píngzi	6
393	婆婆	pópo	9
394	破坏	pòhuài	13
395	普遍	pǔbiàn	2

Q

396	期	qī	4
397	其次	qícì	6
398	旗子	qízi	12
399	启发	qǐfā	14

400	气味	qìwèi	4		429	人生	rénshēng	6
401	汽油	qìyóu	15		430	人物	rénwù	13
402	前途	qiántú	3		431	人员	rényuán	12
403	强大	qiángdà	13		432	仁	rén	14
404	强调	qiángdiào	14		433	忍不住	rěnbuzhù	9
405	强烈	qiángliè	12		434	仍然	réngrán	1
406	悄悄	qiāoqiāo	2		435	日益	rìyì	16
407	桥梁	qiáoliáng	8		436	日用品	rìyòngpǐn	7
408	巧妙	qiǎomiào	2		437	如	rú	11
409	勤劳	qínláo	4		438	如此	rúcǐ	6
410	青春	qīngchūn	1		439	如今	rújīn	8
411	清	qīng	14		440	如下	rúxià	15
412	情绪	qíngxù	2		441	软	ruǎn	6
413	请教	qǐngjiào	14		442	软件	ruǎnjiàn	8
414	庆祝	qìngzhù	8		443	弱	ruò	8
415	穷	qióng	6				**S**	
416	求	qiú	9		444	赛车	sài chē	15
417	区别	qūbié	16		445	森林	sēnlín	12
418	取	qǔ	4		446	杀	shā	13
419	劝说	quànshuō	5		447	傻	shǎ	1
420	缺点	quēdiǎn	14		448	傻乎乎	shǎhūhū	9
421	缺少	quēshǎo	6		449	善于	shànyú	7
422	群	qún	12		450	商量	shāngliang	5
		R			451	商业	shāngyè	11
423	然而	rán'ér	13		452	稍微	shāowēi	12
424	热量	rèliàng	15		453	少数	shǎoshù	12
425	人工	réngōng	12		454	射	shè	14
426	人类	rénlèi	16		455	什么的	shénmede	14
427	人民币	rénmínbì	7		456	神经	shénjīng	2
428	人山人海	rénshān-rénhǎi	12		457	甚至	shènzhì	12

词语索引

458	升	shēng	10
459	生	shēng	15
460	生存	shēngcún	16
461	生理	shēnglǐ	10
462	生命	shēngmìng	7
463	省	shěng	12
464	胜	shèng	12
465	剩余	shèngyú	15
466	失眠	shī mián	10
467	诗	shī	6
468	石油	shíyóu	11
469	时代	shídài	8
470	时期	shíqī	11
471	时尚	shíshàng	8
472	实事求是	shíshì-qiúshì	14
473	实行	shíxíng	13
474	实用	shíyòng	7
475	世纪	shìjì	13
476	市场	shìchǎng	5
477	事先	shìxiān	7
478	事业	shìyè	6
479	试用期	shìyòngqī	3
480	适当	shìdàng	10
481	收入	shōurù	12
482	手套	shǒutào	8
483	受	shòu	8
484	书房	shūfáng	6
485	书籍	shūjí	6
486	数	shǔ	7
487	束	shù	7
488	数量	shùliàng	15
489	睡眠	shuìmián	10
490	顺便	shùnbiàn	5
491	说不定	shuōbudìng	3
492	说谎	shuō huǎng	2
493	私人	sīrén	14
494	死	sǐ	12
495	四季	sìjì	4
496	酸	suān	9
497	酸奶	suānnǎi	10
498	随着	suízhe	8
499	损失	sǔnshī	13
500	所谓	suǒwèi	16

T

501	贪婪	tānlán	16
502	唐人街	tángrénjiē	13
503	趟	tàng	5
504	滔滔不绝	tāotāo-bùjué	16
505	逃	táo	5
506	淘气	táoqì	6
507	套	tào	8
508	提倡	tíchàng	14
509	提前	tíqián	3
510	题目	tímù	1
511	体会	tǐhuì	14
512	体重	tǐzhòng	3
513	天空	tiānkōng	5
514	天堂	tiāntáng	11
515	添	tiān	7
516	田野	tiányě	12

517	甜蜜	tiánmì	4		546	喂	wèi	6
518	挑	tiāo	7		547	文件	wénjiàn	3
519	跳槽	tiào cáo	3		548	文具	wénjù	6
520	铁	tiě	4		549	文章	wénzhāng	1
521	厅	tīng	8		550	文字	wénzì	13
522	停留	tíngliú	4		551	稳定	wěndìng	10
523	停止	tíngzhǐ	2		552	污染	wūrǎn	10
524	同事	tóngshì	10		553	无论	wúlùn	6
525	统一	tǒngyī	13		554	无穷	wúqióng	1
526	桶	tǒng	4		555	无数	wúshù	2
527	偷	tōu	4		556	五颜六色	wǔyán-liùsè	4
528	偷偷	tōutōu	1		557	物质	wùzhì	10
528	涂	tú	1				**X**	
530	土地	tǔdì	11		558	吸引	xīyǐn	11
531	兔子	tùzi	12		559	牺牲	xīshēng	3
532	退休	tuì xiū	1		560	洗衣机	xǐyījī	15
		W			561	吓	xià	5
533	挖	wā	16		562	鲜花	xiānhuā	4
534	外出	wàichū	12		563	闲	xián	6
535	外交	wàijiāo	13		564	显得	xiǎnde	16
536	外界	wàijiè	11		565	显然	xiǎnrán	2
537	外婆	wàipó	1		566	现代化	xiàndàihuà	12
538	弯	wān	1		567	现实	xiànshí	4
539	忘记	wàngjì	2		568	相似	xiāngsì	12
540	危害	wēihài	10		569	香味	xiāngwèi	4
541	危机	wēijī	16		570	想念	xiǎngniàn	1
542	微波炉	wēibōlú	7		571	项	xiàng	8
543	围巾	wéijīn	8		572	项链	xiàngliàn	8
544	卫生	wèishēng	4		573	项目	xiàngmù	9
545	位于	wèiyú	11		574	消耗	xiāohào	16

575	消灭	xiāomiè	16		604	严格	yángé	15
576	小伙子	xiǎohuǒzi	6		605	严重	yánzhòng	10
577	小朋友	xiǎopéngyou	2		606	眼界	yǎnjiè	12
578	斜	xié	9		607	羊毛	yángmáo	8
579	心慌	xīn huāng	9		608	阳台	yángtái	5
580	心口不一	xīnkǒu-bùyī	10		609	养	yǎng	4
581	欣赏	xīnshǎng	10		610	腰	yāo	1
582	新郎	xīnláng	7		611	遥远	yáoyuǎn	12
583	新娘	xīnniáng	7		612	要紧	yàojǐn	16
584	信心	xìnxīn	10		613	一辈子	yíbèizi	12
585	行	xíng	12		614	一方面……（另）一方面……	yì fāngmiàn……(lìng) yì fāngmiàn……	4
586	形成	xíngchéng	11		615	一时	yìshí	2
587	醒	xǐng	3		616	移动	yídòng	4
588	性	xìng	10		617	疑问	yíwèn	1
589	兄弟	xiōngdì	14		618	以及	yǐjí	13
590	熊	xióng	4		619	以下	yǐxià	3
591	休闲	xiūxián	12		620	议论	yìlùn	13
592	袖(子)	xiù(zi)	9		621	意识到	yìshidào	1
593	虚心	xūxīn	14		622	意味着	yìwèizhe	16
594	宣传	xuānchuán	14		623	因素	yīnsù	10
595	选	xuǎn	5		624	银	yín	8
596	选美	xuǎnměi	3		625	引起	yǐnqǐ	10
597	选择	xuǎnzé	12		626	饮料	yǐnliào	9
598	学历	xuélì	3		627	饮食	yǐnshí	10
599	学问	xuéwen	2		628	印	yìn	15
600	血液	xuèyè	2		629	营养	yíngyǎng	8
601	寻找	xúnzhǎo	7		630	影子	yǐngzi	1
602	迅速	xùnsù	4		631	应聘	yìngpìn	3
Y								
603	压力	yālì	10					

632	勇敢	yǒnggǎn	13		661	增进	zēngjìn	8
633	优点	yōudiǎn	14		662	增强	zēngqiáng	10
634	悠久	yōujiǔ	11		663	增长	zēngzhǎng	9
635	由	yóu	7		664	摘	zhāi	1
636	游人	yóurén	11		665	窄	zhǎi	12
637	游山玩水	yóushān-wánshuǐ	12		666	占	zhàn	6
638	游戏	yóuxì	10		667	战胜	zhànshèng	13
639	游泳池	yóuyǒngchí	9		668	战争	zhànzhēng	13
640	有关	yǒuguān	13		669	张	zhāng	2
641	有趣	yǒuqù	15		670	招聘	zhāopìn	3
642	有时	yǒushí	9		671	招手	zhāo shǒu	9
643	有效	yǒuxiào	10		672	着	zháo	9
644	与	yǔ	10		673	照	zhào	9
645	羽毛球	yǔmáoqiú	9		674	蜇	zhē	4
646	雨衣	yǔyī	5		675	珍贵	zhēnguì	7
647	语气	yǔqì	2		676	真丝	zhēnsī	8
648	园林	yuánlín	11		677	真心	zhēnxīn	10
649	原料	yuánliào	15		678	镇	zhèn	11
650	院子	yuànzi	6		679	整理	zhěnglǐ	14
651	约	yuē	9		680	正常	zhèngcháng	3
652	运动员	yùndòngyuán	15		681	政策	zhèngcè	13
	Z				682	之	zhī	6
653	再生	zàishēng	15		683	……之一	……zhī yī	13
654	暂时	zànshí	6		684	知情	zhīqíng	8
655	赞成	zànchéng	14		685	知识分子	zhīshi fènzǐ	13
656	遭到	zāodào	7		686	织	zhī	1
657	糟糕	zāogāo	12		687	蜘蛛	zhīzhū	1
658	造	zào	1		688	侄女	zhínǚ	5
659	则	zé	11		689	直	zhí	13
660	责任	zérèn	16		690	值	zhí	7

词语索引

691	值得	zhí dé	2		709	转	zhuǎn	12
692	职业	zhíyè	6		710	装	zhuāng	14
693	只得	zhǐdé	9		711	状态	zhuàngtài	10
694	至	zhì	11		712	追	zhuī	4
695	至少	zhìshǎo	9		713	准	zhǔn	6/16
696	制度	zhìdù	13		714	资格	zīgé	6
697	制造	zhìzào	15		715	资料	zīliào	14
698	治理	zhìlǐ	14		716	资源	zīyuán	15
699	智能	zhìnéng	8		717	字画	zìhuà	6
700	种类	zhǒnglèi	8		718	自觉	zìjué	15
701	种	zhòng	6		719	自然	zìrán	2
702	周到	zhōudào	5		720	自助	zìzhù	12
703	逐渐	zhújiàn	7		721	总结	zǒngjié	2
704	主张	zhǔzhāng	14		722	总之	zǒngzhī	14
705	住处	zhùchù	16		723	祖先	zǔxiān	13
706	著名	zhùmíng	11		724	钻石	zuànshí	16
707	专门	zhuānmén	5		725	做伴	zuò bàn	4
708	转移	zhuǎnyí	16					

专名 Proper Nouns

B					**D**			
1	贝德	Bèidé	15		7	德国	Déguó	15
C					8	邓小平	Dèng Xiǎopíng	11
2	长安	Cháng'ān	13		**G**			
3	长江	Cháng Jiāng	13		9	故宫	Gùgōng	12
4	朝鲜	Cháoxiǎn	12		10	国内战争	Guónèi Zhànzhēng	13
5	陈逸飞	Chén Yìfēi	11		**H**			
6	春秋	Chūnqiū	13		11	海南	Hǎinán	12

12	汉（朝）	Hàn(cháo)	13	32	沈厅	Shěntīng	11
13	黄帝	Huángdì	13	33	双桥	Shuāngqiáo	11
14	黄河	Huáng Hé	13	34	宋（朝）	Sòng(cháo)	13

J

				35	苏杭	Sū-Háng	11
15	江南	Jiāngnán	11	36	孙子	Sūnzǐ	13

K / **T**

16	抗日战争	Kàng Rì Zhànzhēng	13	37	泰山	Tài Shān	14
17	孔子	Kǒngzǐ	13	38	唐（朝）	Táng(cháo)	13
18	昆明	Kūnmíng	12	39	唐娜	Tángnà	15

L / **X**

19	丽江	Lìjiāng	12	40	西藏	Xīzàng	12
20	鲁国	Lǔguó	14	41	西周	Xī Zhōu	13

M

				42	夏朝	Xiàcháo	13

Y

21	马克	Mǎkè	15	43	云南	Yúnnán	12
22	孟子	Mèngzǐ	13	44	元（朝）	Yuán(cháo)	13
23	明（朝）	Míng(cháo)	11	45	越南	Yuènán	12

Q / **Z**

24	秦朝	Qíncháo	13	46	战国	Zhànguó	13
25	青岛	Qīngdǎo	12	47	张厅	Zhāngtīng	11
26	清（朝）	Qīng(cháo)	11	48	中国共产党	Zhōngguó Gòngchǎndǎng	13
27	曲阜	Qūfù	14	49	中国国民党	Zhōngguó Guómíndǎng	13

S

28	三国	Sān Guó	13	50	中华人民共和国	Zhōnghuá Rénmín Gònghéguó	13
29	商朝	Shāngcháo	13	51	周庄	Zhōuzhuāng	11
30	上海虹桥机场	Shànghǎi Hóngqiáo Jīchǎng	11				
31	十一	Shí-Yī	12				

语言点索引 Index of Language Points

A	
按照	8

B	
白+动词	6
本	8
不得了	9
不然（的话）	4
不是没有这个可能（双重否定）	3

C	
趁	3
此外	6
从不、从没	4
从而	15

D	
大批	11
当……的时候	8
到底	12
倒是	3
动词/形容词+下去	9
动词+出来	1
对于	12

F	
非……不可	1
纷纷	11

G	
关于	14

果然	5

H	
或者……或者……	9

J	
极	10
既然	6
渐渐	1
将	11
就	8

K	
恐怕	9

L	
来	3

M	
每+动词	4

N	
哪儿	5
哪儿……哪儿……（疑问代词连用）	4
哪怕	7
哪知道	5

Q	
其中	11

R	
然而	13
仍然	1

如何	15

S

上(万里)	12
十二三	6
首先……其次……	14
算了	9
随着	8

W

为(wéi)	13
为的是	15
为了……而……	2
无论……都……	6

X

先……然后/接着……	4
显得	16
显然	2
想起来	2
像……这么/那么+形容词	5
形容词/动词+下来	16

Y

一+动词	5
一时	2
一下子	9
疑问代词表任指(什么、谁)	7
疑问代词的虚指	12
以……为中心	16
以及	13
以上、以下	3
意味着	16
因……而……	15
引起	10
用得着/用不着	7
由	7
越A越B	10

Z

在……下	10
再也	1
则	11
(政治)上	14
之一	13
直到、直至	13
准	16
总之	14

普通高等教育"十一五"国家级规划教材　国际中文教育精品教材"1+2"工程　博雅国际汉语精品教材

博雅汉语·准中级加速篇 II

Boya Chinese
Quasi-Intermediate

Third Edition | 第三版
workbook 练习册

李晓琪　主编
钱旭菁　黄　立　编著

目录 CONTENTS

第1单元　单元练习 …………………………………………………… 1

第2单元　单元练习 …………………………………………………… 11

第3单元　单元练习 …………………………………………………… 22

第4单元　单元练习 …………………………………………………… 33

第5单元　单元练习 …………………………………………………… 42

第6单元　单元练习 …………………………………………………… 51

第7单元　单元练习 …………………………………………………… 61

第8单元　单元练习 …………………………………………………… 73

期中考试试题 …………………………………………………………… 83

期末考试试题 …………………………………………………………… 89

参考答案 ………………………………………………………………… 95

第 1 单元　单元练习

一 说说下面的字有什么相同的部分，至少再写出四个这样的字

例如：样、呆：都有 __木__ ，这样的字还有：<u>根</u>本、答<u>案</u>、轻<u>松</u>、一<u>杯</u>水

情、清：都有_____，这样的字还有：_____

巧、左：都有_____，这样的字还有：_____

蚂、蚁：都有_____，这样的字还有：_____

利、私：都有_____，这样的字还有：_____

等、笑：都有_____，这样的字还有：_____

二 组词

例如： 观 → 观看　观察　参观　观点

问 → ☐　☐　☐　☐

读 → ☐　☐　☐　☐

难 → ☐　☐　☐　☐

来 → ☐　☐　☐　☐

题 → ☐　☐　☐　☐

具 → ☐　☐　☐　☐

三 词语搭配

例如： 织　织布/织毛衣

摘 _____　　　滴 _____

利益 _____　　　题目 _____

情绪 _____　　　学问 _____

高度 _____　　　巨大 _____

四 填写合适的汉字

有生____　　　生死____　　　生____　____死　　　醉____梦____

____瞪____呆　　　____心____气　　　心____肉____　　　面____耳____

五 词语填空

（一）填量词

例如：一 件 事

一____玫瑰　　　几____教训　　　两____腿　　　两____手

一____眼泪　　　一____作文　　　一____眼镜　　　一____眼睛

一____鸟　　　一____工具　　　一____火车　　　一____学问

（二）选择动词填空

| 张　造　织　闭　弯　愁　处　涂 |

1. A：你这毛衣真漂亮，在哪儿买的？
   B：不是买的，是我奶奶给我_____的。

2. A：大夫，我的腿这个地方摔紫了，您给我治治吧。
   B：没关系，_____点儿药就行了。

3. 猎人（lièrén, hunter）看见熊（xióng, bear）过来了，就躺在地上，_____上眼睛假装（jiǎzhuāng, to pretend）死了。

4. 日本人见面打招呼的习惯是_____腰鞠躬。

5. 孩子一看见妈妈就_____开胳膊要妈妈抱。

6. 女儿生病住院了，年轻的妈妈_____得吃不下饭，睡不着觉。

7. 中国现在正_____在发展阶段，要解决的问题非常多。

8. 这座桥三年前就开始_____了，到现在也没_____好。

（三）选择形容词填空

| 傻　　巨大　　自然　　平静　　诚实　　难看　　难过　　巧妙 |

1. 他在中国留学的这一年收获_____。
2. 小时候_____的孩子长大了不一定不好看。
3. 五年前他生了一场大病，一直发烧，后来就变_____了。
4. 这个小孩儿从小就没有爸爸妈妈，听了他的故事，大家心里都很_____。
5. 世界各国的人们都认为_____是一种美德。
6. 我照相的时候总是不_____，所以我不喜欢照相。
7. 经过三年的努力，老王的研究终于成功了。他的心里很久都不能_____。
8. 这部电影_____地运用了电脑技术，让真人和卡通动物一起表演。

（四）选择合适的词语填空

| 愁眉苦脸　面红耳赤　平心静气　心惊肉跳　有生以来　醉生梦死 |

1. 几年前，小王的一个朋友买彩票得了一大笔钱，他_____从没得到过这么多钱，所以他辞掉了工作，每天吃喝玩乐，过着_____的生活。现在，他的钱没有了，工作没有了，朋友也没有了。

2. 我弟弟平时不习惯和女孩子说话，只要跟他的女同学说话就会_____。每次我看到他那_____的样子，就知道他又不得不跟女同学合作完成作业了。

3. 小明这次考试考得很不好，回家以后听到"考试"两个字就会_____，因为他怕爸爸知道他的成绩以后会发火。可是晚上爸爸_____地跟他说："我知道你这次考试没考好，没关系，下次努力吧。"

（五）将下列词语填在合适的横线上

1.

| 巨大　　普遍　　仍然　　以来　　值得　　总结 |

自古_____，中国就有"万般皆下品，唯有读书高"的说法，意思是不管什么事情都没有读书重要。这句话很好地_____了古人对读书的看法，对古代中国的父母产生了_____的影响，而且这种影响现在_____存在。过去，父母都希望自己的孩子通过读书、考试当上大官；而现在的父母则_____认为孩子非考上大学不可。为了支持孩子考大学，父母们觉得不管自己为孩子做什么都是_____的。

2.

| 愁　　处　　包括　　仿佛　　害怕　　说谎 |
| 意识到　　绝对　　渐渐　　偷偷　　显然 |

孩子上学以后，父母最关心的就是孩子的学习。有些父母看到孩子学习不好，会_____得要命。为了保证学习时间，一些孩子在家里除了学习，父母不让他们干别的事（当然也_____玩儿），他们不得不像在学校一样看书学习。一些爱玩儿的孩子想玩儿也只能_____地玩儿，和家长_____是警察和小偷儿的关系。这些孩子_____在这样的环境中，对学习的兴趣就会_____消失，学习效果_____也好不了。有些学习不好的孩子_____父母，因为在父母的眼中，学习成绩占_____重要的地位。有的孩子还学会了_____——考试考得不好，也会对父母说自己考得不错。

现在，越来越多的人_____，我们需要彻底改变对读书的这种看法，给孩子更多自由，让他们能健康、自由地成长。

六 学习和练习表示情感与心理活动的词语

（一）第1课中哪些问题表达了以下情感或心理活动？各找出至少两个问题

好奇　　　　　　　　　　　　　　不满（不高兴）

例：妈妈，为什么玫瑰花是红的？　　＿＿＿＿＿＿＿＿＿＿＿＿＿＿＿

＿＿＿＿＿＿＿＿＿＿＿＿＿＿＿　　＿＿＿＿＿＿＿＿＿＿＿＿＿＿＿

想念　　　　　　　　　　　　　　羡慕

＿＿＿＿＿＿＿＿＿＿＿＿＿＿＿　　＿＿＿＿＿＿＿＿＿＿＿＿＿＿＿

＿＿＿＿＿＿＿＿＿＿＿＿＿＿＿　　＿＿＿＿＿＿＿＿＿＿＿＿＿＿＿

难过

＿＿＿＿＿＿＿＿＿＿＿＿＿＿＿

＿＿＿＿＿＿＿＿＿＿＿＿＿＿＿

（二）从第2课第一部分（第2—9段）中找出8个表达情感或心理活动的词语，并把它们填入下面的句子中

＿＿＿＿＿　＿＿＿＿＿　＿＿＿＿＿　＿＿＿＿＿

＿＿＿＿＿　＿＿＿＿＿　＿＿＿＿＿　＿＿＿＿＿

1. 听到我说的话，他＿＿＿＿＿＿＿地张大了嘴，呆呆地看着我。

2. 听说周末要去旅游，孩子们都＿＿＿＿＿＿＿得大喊大叫。

3. 考驾照（jiàzhào, driving licence）那天，坐到车里的时候，我＿＿＿＿＿＿＿得心都要跳出来了。考官跟我说话的时候，我大脑一片空白，真＿＿＿＿＿＿＿自己考不好。考完以后，我感觉一下子就＿＿＿＿＿＿＿了。

4. 小王要去国外一所非常有名的大学读书，朋友们都很＿＿＿＿＿＿＿他。

5. 谈到年轻时候的经历，老人的情绪很＿＿＿＿＿＿＿。

6. 做手术前，大家都很担心，老王＿＿＿＿＿＿＿地对大家说："不要担心，不会有问题的！"

（三）下面的词语中，左边一列表示情感或心理活动，右边一列表示生理上的反应，用线把它们连起来

难过　　　　　　　　　　满头是汗

不好意思　　　　　　　　流下了眼泪

吃惊　　　　　　　　　　面红耳赤

高兴　　　　　　　　　　张大了嘴

激动　　　　　　　　　　声音发抖

紧张　　　　　　　　　　哈哈大笑

着急　　　　　　　　　　一句话也说不出来

七　写作：《我第一次……》

写你第一次经历某事的过程和感受。例如：

我第一次上汉语课/我第一次开车/我第一次和中国人说汉语/

我第一次接吻/我第一次和人吵架

请尽量用上本单元学习的表示情感或心理活动的词语。

八 文化点滴

年　龄

中国古人觉得，一个人在不同的年龄有不同的特点，有不同的任务。例如《礼记·曲礼上》说："人生十年曰幼，学；二十曰弱，冠；三十曰壮，有室；四十曰强，而仕；五十曰艾，服官政。"意思是"男的十岁以前称为'幼'，应该开始读书、学习；二十岁叫'弱'，虽然知识和经验还不够丰富，但已经算是成人了；三十岁叫'壮'，身体已经比较健壮，可以结婚成家；四十岁叫'强'，这时体力、能力都比较强了，应该为社会服务；五十岁叫'艾'，知识和经验已经比较丰富，可以管理大众的事情了"。

再比如，孔子说："吾十有五而志于学，三十而立，四十而不惑，五十而知天命，六十而耳顺，七十而从心所欲，不逾矩。"大概的意思是"我十五岁时下决心要好好儿学习；三十岁时能独立处理事情；四十岁时对很多事情不再感到困惑；五十岁时懂得人生的目标；六十岁时能听进不同的意见；到了七十岁能按照自己的意愿去说话、做事，也不会不符合道理、规矩"。

因此，中国人常常用不同的词语代表各个年龄阶段。比如用"艾服之年"代表男子到了50岁左右。

◎ 下面句子里的哪些词语代表年龄？它们分别代表多大岁数？

1. 小王和哥哥的足球之路不同，他弱冠之年就当了队长，还入选了国家队。

2. 小王虽然还没到而立之年，但他说话、做事都像个老人。

3. 我们单位年过不惑的处长，大学毕业就到了我们单位，已经在这儿工作近20年了。

4. 30年后再次回到故乡，老王已经是知天命的年龄，但这30年中，他从未忘记过故乡。

5. 他们在新年时，首先想到我这个年逾耳顺的老校长，让我心里感到很温暖。

九 HSK专项练习

第1—5题：选词填空

| A. 闭 | B. 傻 | C. 张 | D. 彻底 |
| E. 巨大 | F. 无数 | G. 值得 | H. 总结 |

1. 她是你的初恋，你真的能_____忘记她吗？

2. 为了_____的利益而做自己不喜欢的事不_____。

3. 一次考试没考好没关系，重要的是要_____经验教训。

4. "我是谁？""我从哪里来？""我要去哪里？"人们总有_____的疑问。

5. 饭店经理和工作人员进入房间以后发现，年轻女孩儿摔倒在卫生间的地上，嘴巴大_____着，眼睛紧_____着。卫生间的镜子上用口红写着"我真_____"。

第6—10题：排列顺序

例如：A. 可是今天起晚了

B. 平时我骑自行车上下班

C. 所以就打车来公司

B A C

6. A. 这非常普遍

B. 有很多小秘密

C. 不想跟父母说

D. 处在青春期的孩子

7. A. 精力也显然不如以前了
   B. 我意识到妈妈渐渐老了
   C. 最近两年我发现妈妈的背弯了　　　　　　　　　　＿＿＿＿＿

8. A. 老父亲偷偷地观察了半年
   B. 也没看出来这男孩儿好在哪儿
   C. 不明白自己的傻女儿为什么就非他不可呢　　　　　＿＿＿＿＿

9. A. 我们分手吧
   B. 看着她平静的脸
   C. 女孩儿平心静气地说
   D. 我意识到她再也不爱我了　　　　　　　　　　　　＿＿＿＿＿

10. A. 我的神经高度紧张
    B. 我的声音都在发抖
    C. 当老师让我朗读文章的时候
    D. 记得我第一次参加英语口试时　　　　　　　　　　＿＿＿＿＿

第11—15题：完成句子

例如：那座桥　800年的　历史　有　了
　　　<u>那座桥有800年的历史了。</u>

11. 有　都　答案　疑问　所有的　不是
_____

12. 雨　下了　的　停了　渐渐　终于　三天三夜
_____

13. 将　的　爸爸　妈妈　孩子　秘密　告诉了　偷偷喝酒
_____

14. 在　见过他　哪儿　一时　想不起来　我　了
_____

15. 去　新的地方　家人　一个　想念　上学　免不了
_____

第16题：请结合下列词语，写一个80字左右的段落

情绪　　语气　　渐渐　　面红耳赤　　平心静气

_____
_____
_____
_____
_____

第17题：请结合下列词语，写一个80字左右的段落

难过　　害怕　　仿佛　　愁眉苦脸　　非……不可

_____
_____
_____
_____
_____

第 2 单元　单元练习

一　说说下面的字有什么相同的部分，至少再写出四个这样的字

例如：攻、败：都有 __攵__ ，这样的字还有：改变、故事、效果、教学

处、蜂：都有_____，这样的字还有：_____

物、牧：都有_____，这样的字还有：_____

聘、取：都有_____，这样的字还有：_____

孤、孕：都有_____，这样的字还有：_____

越、趁：都有_____，这样的字还有：_____

二　组词

例如：密 → 秘密　密切　密码　保密

蜜 → ☐　☐　☐　☐

说 → ☐　☐　☐　☐

季 → ☐　☐　☐　☐

味 → ☐　☐　☐　☐

历 → ☐　☐　☐　☐

以 → ☐　☐　☐　☐

经 → ☐　☐　☐　☐

前 → ☐　☐　☐　☐

三 词语搭配

例如：文件　__重要文件/秘密文件__

卫生　_____　　对面　_____

部门　_____　　经理　_____

浪费　_____　　达到　_____

提前　_____　　孤独　_____

甜蜜　_____　　勤劳　_____

四 词语填空

（一）填量词

例如：一__件__事

一____工作　　一____蜜蜂　　一____蜂蜜　　一____公司

一____简历　　一____熊　　　一____时间　　一____香味

（二）选择动词填空

养　取　挨　采　递　冒　偷　逢

1. 每_____上班高峰，路上就堵车，还是坐地铁好。
2. 你穿这么少肯定会_____冻的，我回房间给你_____件毛衣来。
3. 小时候我_____过一只狗，它总是把我的鞋咬破，妈妈很生气，把它送人了。
4. 中国古代的许多医生常常需要自己_____着危险爬到山上去_____草药。
5. 这个经理_____了公司不少钱，然后向他的老板_____了辞职信，离开了公司。

（三）选择形容词填空

迅速　不幸　孤独　甜蜜　正常　难过　平静

最近一二十年，大城市的离婚率在_____上升，许多人对此表示担

心，因为过去中国一直是个离婚率很低的国家。

过去离婚的人少，跟中国人的传统观念有关系，因为以前人们把离婚看成一种不_____的现象，社会上对于离婚的人总是有这样那样的看法，所以有些夫妻虽然双方没有感情，但也不愿意离婚。现在人们的思想渐渐改变了，人们意识到，不是所有的婚姻都能带来非常_____、幸福的生活，如果双方没有感情，_____地分手应该是一种最好的选择。不过这很难做到，离婚会让人感到很伤心、很_____，但如果没有感情还生活在一起，那只能是更大的_____。

专家认为，现在离婚率高并不可怕，可怕的是再婚率太低。许多人有了一次离婚经历后，对婚姻彻底失去了信心，尽管一个人生活很_____，也不愿再婚。实际上这才是离婚者真正的不幸。

(四) 选择合适的词语填空

| 铁饭碗 | 瓷饭碗 | 丢饭碗 | 找饭碗 |
| 风花雪月 | 花好月圆 | 花前月下 | 鸟语花香 |

1. 一个人有了很强的能力就是有了_____。
2. 中秋月饼上常常写着"_____"四个字。
3. 历史上中国画家很喜欢画山水田园、_____。
4. 现在中小学老师如果在工作时间以外给学生补课可能会_____。
5. 以前大学毕业以后都会有铁饭碗——国家会给大学毕业生分配工作，现在大家得自己_____。
6. 我现在住的地方冬冷夏热，也没有多少树和花。我希望以后能生活在一个四季如春、_____的地方。
7. 姐姐和姐夫是通过朋友介绍认识的，虽然他们结婚以前没有很多_____的美好时光，但是结婚以后生活很幸福。
8. 我父母都是果农，果树就是我们全家的饭碗。但是我父母认为种果树是_____，完全靠天吃饭。所以他们觉得我应该找一个_____。

（五）综合填空（用本单元学过的词语填空）

血型会影响到你找工作！如果你是A型血或者AB型血，那么很_____！有一份年薪100万的工作你连面试的机会也没有。据《北京晚报》报道，北京某报纸上一则_____广告引起了大家的兴趣：一家公司高薪招聘销售总监和国内、国际市场销售经理，年薪100万。_____这么高，对应聘者的要求自然也不低：有高学历，有丰富的工作经验，有独立_____问题的能力，有_____精神……除了这些，"血型为O型或B型"也被当作条件之一。

这家公司人力资源部的杨先生在接受记者采访时解释说，人的性格与事业的成功或失败有很大的关系。根据他们多年的经验，血型为O型或B型的人性格比较好，让人觉得跟他们_____和交流比较容易。这样的人更适合_____销售工作。

把血型_____用人的标准之一，在国内还不多见。"血型决定性格"这种说法据说来自国外，相信它的人认为，A型血的人比较保守，不喜欢改革、变化，而AB型血的人情绪多变。所以，让这两类人做销售工作不太合适。

五 阅读与写作

（一）阅读下面的招聘广告，选择符合招聘条件的简历

1

《汽车杂志》诚聘记者2名
- 汽车专业、中文专业或其他相关专业大学本科以上学历
- 3年以上驾龄
- 英语六级425分以上或托福500分以上
- 了解汽车知识或有杂志工作经验者优先

有意者请将简历寄至成都市青春路37号《汽车杂志》（邮编：610000），或发送E-mail至autoclub@boya.com.cn。

A

简 历

马超，男，23岁。身高1.78米。高中文化程度。未婚。河北唐山人。

为人诚实、肯吃苦，喜欢交朋友。

专长：从小喜欢武术，曾经在少林寺学习过2年。在军队服役4年，服役期间学习开车、修车，驾龄3年，开车3万公里无事故。

2

诚 聘

天津平安公司是一家为本市的公司、学校等单位提供专业、优质保安的公司。现因工作需要，公司需要招聘保安20名，招聘条件如下：

- 18～30岁，男性
- 初中以上文化水平
- 身体健康，相貌端正，身高1.72米以上

应聘者请将简历寄至：天津市人民路54号美林大厦1402室　天津平安公司（邮编：300000）

3

急聘宠物医生1名

本宠物医院将于本月28号开业，现急聘宠物医生一名。

- 动物专业、医学专业或其他相关专业本科学历
- 具有宠物医师资格证
- 至少有两年工作经验
- 性别、年龄不限

应聘者请电话联系面试。

联系电话：（010）62935438

联系人：王小姐

B

简 历

姓　　名：李益美

出生年月：1980年3月

学　　历：硕士研究生

本人热情、开朗，工作认真负责，在市动物防疫检疫站工作3年，有宠物医师资格证书，会外语，能熟练使用电脑，希望从事宠物医生或动物医学研究工作。

C

简 历

卫小勤，女，27岁。西北大学新闻与传播专业硕士研究生毕业。山西省太原市人。

英语六级450分，能熟练使用电脑。

在《幸福家庭》杂志工作期间，工作能力受到领导和同事的肯定。

本人兴趣广泛，喜欢写作、旅游。5年以来自己开车去过全国十多个城市。

（二）下面是一则招聘启事，假设你对这个工作很感兴趣，现在你需要根据启事的要求写一封简短的求职信，并写一份简历（你朋友吴茗的简历可以给你做例子）

《小蜜蜂报》北京代表处招聘启事

招聘职位：记者

工作要求：从事和动物、自然有关的新闻报道

招聘条件：大学本科以上（含本科）学历；新闻、中文或相关专业；有两年以上新闻工作经验；喜爱动物和自然；能熟练使用电脑；能阅读英文资料，并能用英文书写传真和电子邮件；年龄在35岁以下，身体健康；勤劳、诚实，有合作精神。

应聘者请将个人简历和联系方式用E-mail或传真发给《小蜜蜂报》北京代表处首席代表熊先生。

传　真：（010）65433456

E-mail：xiong@littlebee.com

个人简历

姓　　名：吴茗　　　　　　性　　别：女

年　　龄：22岁　　　　　　籍　　贯：北京

学　　历：大学本科　　　　专　　业：中文

身　　高：165厘米　　　　 健康状况：健康

个人简介：本人性格开朗、待人诚恳，工作认真负责，具有强烈的责任心，能很好地与同事合作。本人兴趣广泛，喜爱读书、写作、音乐和书法。有较好的计算机操作水平，能熟练运用Microsoft Word、Excel等文件处理软件。英语六级450分，听说读写能力俱佳。

学习经历：2018.9—2022.7　北京大学中国语言文学系

　　　　　2012.9—2018.7　北京市第二十中学初中、高中

工作及社会实践：

　　1）2018—2019年　北京大学学生会，担任新生部部长。

　　2）2019—2020年　担任北京大学广播台学生记者。

　　3）2020—2022年　担任《中国青年报》实习记者。

所学课程：中国古代文学、现当代文学、古代汉语、现代汉语、汉语史、语法研究、中国历史、世界经济概况、社会学概论、世界历史、写作、秘书学、书法、英语、计算机等。

求职意向：希望到新闻单位担任记者、编辑，或者在公司、企业担任公关、秘书等职务。

通信地址：北京大学28楼288房间（邮编：100871）

联系电话：(010) 65433456

电子邮箱：wuming@water.pku.edu.cn

六 文化点滴

随着时代的变化，一些旧的职业逐渐消失，同时出现了一些新的职业。下面是2022年中国政府公布的一些新职业。请你根据这些名称，猜猜他们的具体工作内容：

1. 民宿管家
2. 家庭教育指导师
3. 研学旅行指导师
4. 商务数据分析师
5. 综合能源服务员
6. 数据库运行管理员
7. 机器人工程技术人员
8. 数据安全工程技术人员

如果你的朋友让你给他（她）推荐一种，你会推荐哪种？为什么？

七 HSK专项练习

第1—5题：选词填空

A. 挨	B. 趁	C. 厚	D. 冒
E. 偷	F. 倒是	G. 传染	H. 接触

1. 现在大家都不带钱，_____钱的也就少了很多。

2. 怕孩子_____冻，妈妈_____着大雪去学校给他送衣服。

3. 书_____很有意思，就是太_____了，我看了三个月才看完。

4. 冬天老人和小孩儿最好戴上口罩（kǒuzhào, mask），不然很容易_____上流感（liúgǎn, flu）。

5. 学校鼓励学生_____大学期间多实习，这样可以多_____不同的人、不同的工作。

第6—10题：排列顺序

例如：A. 可是今天起晚了
　　　B. 平时我骑自行车上下班
　　　C. 所以就打车来公司　　　　　　　　　　　　　　　B A C

6. A. 我都在加班
　 B. 为了自己的饭碗不被抢走
　 C. 我的朋友在花前月下的时候　　　　　　　　　　　　_____

7. A. 然后担任部门经理
　 B. 后来就一直停留在这个职位（zhíwèi, position）
　 C. 老王大学毕业以后先担任总经理秘书　　　　　　　　_____

8. A. 从不敢停留
　 B. 我晚上一个人走的时候总是一路小跑
　 C. 从公共汽车站到我家的那条路晚上特别黑　　　　　　_____

9. A. 为了她哥哥的前途
   B. 妈妈牺牲了她自己
   C. 那时候家里没有钱
   D. 中学毕业就去工作了   _____

10. A. 如果你没有工作经历
    B. 他们根本就不会考虑你
    C. 招聘的人一看你的简历
    D. 你可能连面试的机会都没有   _____

第11—15题：完成句子

例如：那座桥 800年的 历史 有 了
　　　<u>那座桥有800年的历史了。</u>

11. 人　不　孤独　感到　没有

_____

12. 多　每　了　就　许多东西　搬一次家

_____

13. 地方　有　大多数　两米来厚　雪　的

_____

14. 上学　在哪儿　孩子，　到哪儿　父母　搬　就

_____，_____

15. 在　我的老家　气温　冬天　10度以上，　最热　不　夏天　超过
    30度，　的　都有　鲜花　一年四季　五颜六色

_____，_____，

_____。

第16题：请结合下列词语，写一个80字左右的段落

冒　单位　加班　跳槽　饭碗　前途　一方面……，另一方面……

第 3 单元　单元练习

一　说说下面的字有什么相同的部分，至少再写出四个这样的字

例如：部、都：都有 阝(右)，这样的字还有：邮局、邻居、郊区、那

阴、阳：都有_____，这样的字还有：_____

幅、帮：都有_____，这样的字还有：_____

外、梦：都有_____，这样的字还有：_____

男、画：都有_____，这样的字还有：_____

二　组词

例如：　此　→　此外　　因此　　如此　　从此

顺　→

独　→

专　→

业　→

然　→

书　→

三　填写合适的汉字

一___两___　　三___二___　　四___八___　　五___六___

七___八___　　九___一___　　十___八___　　百___ ___百

四　词语练习

（一）在下面的空格处填上合适的量词

1. A：您画的画儿真是太好了，您能不能给我画一_____？

　　B：这_____时间我比较忙，过一_____时间再给你画吧。

2. 这儿的香蕉昨天还卖三块钱一_____，今天就变成四块了。

3. 我家养了两_____金鱼和一_____猫，猫从早到晚都盯着金鱼。

4. 为了去南方旅行，我专门去买了_____雨衣，因为听说那儿常常下雨。

5. 结婚以前，我每年最少要回老家一_____，现在就没有那么多时间了。

6. 刚才路口的交通警察向我大喊，吓了我一大跳，原来是我放在自行车后面的几_____鲜花掉了。

7. 我们家以前养过一_____小鸟，爷爷总是把鸟笼子挂在院子里的那_____柿子树上。结果有一天，因为我马虎，没关好笼子门，小鸟逃走了。

(二) 选择动词填空

| 费 临 赔 逃 插 吓 种 喂 准 立 选 |

1. 爸爸喜欢_____睡前看会儿书。

2. 最近电脑老出问题，昨天我_____了好长时间才修好，今天又有问题了。

3. 昨天去钓鱼，老王好不容易钓到一条，可是小鱼又掉到水里_____走了。

4. 他这次做生意很不成功，一下子_____了三四十万块钱。

5. 刚才过马路的时候，一辆汽车突然从我前面"飞"了过去，_____了我一跳。

6. 跟别人说话的时候，我从不把手_____在口袋里，因为从小爸爸就不_____我这样。

7. 爷爷想_____花，昨天我到市场帮他_____了一些花种子。

8. 我们家的狗很聪明，我每次_____它，它都把两条后腿_____起来，趴到我身上亲我一下。

(三) 选择形容词填空

| 穷 好奇 不满 周到 坚定 理想 老实 淘气 保险 单独 |

　　半岁以后，帅帅对周围的一切越来越_____，对什么都感兴趣，见了什么都拿了往嘴里送，也不管能不能吃。妻子比我细心、_____，总是洗好几件东西，放在帅帅手边。帅帅开始还拿在手里舞一舞，放在嘴里尝尝，

但很快就会失去兴趣，往往拿了便往地上扔，捡了给他，他也不会_____地拿着，他会故意再扔掉，并且会要求我们再帮他捡，不捡便哭闹。这个时候，我便让他一直哭，可是妻子不像我这么_____，孩子一哭，她便心软，于是便又满足他的要求。

　　看到几个月的孩子就如此_____，我总怀疑古人说的"人之初，性本善"。我时常想象着楼下的邻居该是多么_____，每天头顶上总会发出"咚""咚"的声音。我们搬到这里的时候，曾经希望能有几个_____的邻居，可现在帅帅每天的哭闹肯定吵得邻居们心烦。看来不想吵人家，也不想被人家吵的话，最好还是自己_____住一个小楼，那样_____没有跟邻居之间的问题。不过，那对有钱人来说自然好说，而对我们这样的_____人来说却只能是梦想了。

（四）选择合适的成语填空

| 一举两得　三心二意　四面八方　七老八十　十有八九　百分之百 |
| 成家立业　儿孙满堂　拉家带口　家家户户　相亲相爱 |

1. 戒烟的人_____以后还会再抽烟。
2. 用我教你的方法做西红柿炒鸡蛋，_____成功。
3. 很多留学生在中国学习汉语的同时，走遍了中国的_____。
4. 去年村里有一家人种果树挣了不少钱，今年_____都开始种果树。
5. 你都已经30岁了，工作_____，一年换了三个工作，你知道自己想干什么吗？
6. 买了我们公司的这种7座汽车，您可以_____去海边、去山里，不用担心全家人一辆车坐不下。
7. 有的公司给员工提供免费的晚饭，一方面可以让员工工作得晚一点儿，另一方面让员工觉得公司对他们很好，觉得自己应该更努力工作。真是_____。
8. 老王的两个儿女早已_____。两年前_____一辈子的老伴儿去世以后，老王就一个人生活。虽然_____，但一年也就中秋节、春节能见到孩子们。现在像老王这样_____独自生活的老人有很多。

（五）综合填空

| 本　　白　　按　　大约　　顺便　　自然　　干脆　　不管 |

_____中国的传统，孩子去父母家吃饭的_____不算是一种不光彩的事情，所以，我的两个儿子就有了足够的理由，每逢周末就到我们这儿来_____吃_____喝，临走的时候，总还要_____带点儿水果和做好的菜。老伴儿从小就宠着他们，_____不会有什么不满，而我总觉得，既然结了婚，就得有个家的样子，这做饭_____是每天应该做的功课，可我这两个儿子和儿媳平时_____忙不忙，总不愿意做饭，不是去饭馆儿，就是点外卖。原先到了周末，还能做一两顿，可后来_____不进厨房了，一到周六便往我们这儿跑，一吃一带，周日的也有了。老伴儿说自己闲着也是闲着，既然孩子们忙，顾不上做饭，就让他们来吧。可我总担心，等他们做了父母以后怎么办。

五 回答问题

1. 饭馆儿为什么请人来表演做拉面？（一举两得）

2. 请介绍一个一举两得的案例。

3. 你百分之百相信谁？

4. 做什么生意百分之百会赔钱？

5. 你觉得应该先成家后立业，还是先立业后成家？

6. 请介绍一下你的国家最大的节日人们是怎么过的，用上以下成语：
　　　四面八方　　十有八九　　百分之百　　家家户户　　拉家带口

六 阅读下面的文章，并回答后面的问题

孩子，我为什么打你

有一天与朋友聊天儿，我说："我这一辈子，从没打过人……"

你突然插嘴①说："妈妈，你经常打一个人，那就是我……"

那一刻，屋里变得很静很静。后来，我继续同客人谈了很多话，但所有的话都心不在焉②。孩子，你的那句话，就像虫子一样，爬满了我的心头。

是的，面对你又黑又亮的大眼睛，我不得不承认：在这个世界上，我只打过一个人，不是偶尔③，而是经常；不是打完就忘，而是永远记在心上。这个人就是你。

在你很小的时候，我不曾打过你。你那么小，那么弱，哪儿有一点儿不正常都让我担心得要命。我像任何一个母亲一样对自己说：我会用我所有的力量保护你，直到我离开你的那一天。

渐渐地你长大了，开始淘气，故意扔东西、破坏④玩具、弄脏衣服……我都不曾打你。我想这些对于一个正常而活泼的儿童就像走路会摔跤⑤一样应该原谅⑥。

第一次打你的原因，我已经记不清了，但那时你显然已经渐渐懂事，开始表现你的小聪明。你就像一个淘气的小动物那么任性⑦，想踢就踢，想咬就咬，而我需要让你接受这个社会共同的法则⑧……为了让你记住，并且一直遵守。在所有的努力都白费，所有的劝说、表扬、批评、恐吓⑨都没有效果以后，我不得不拿出最后一件武器⑩——这就是打。

如果你去摸火，火烧痛了你的手指，这样的疼痛⑪会让你一生都不再去摸火。孩子，我希望人性⑫坏的方面，在你第一次接触时就感到火烧一样地痛，从此远离它们。

我非常小心地选择打的方式，就好像一个穷人使用他最后的一点儿钱。每当打你的时候，我的心都会发抖。我一次又一次地问自己，是不是到了非打不可的时候了？还有没有其他方法？只有当所有努力都失败以后，我才会举起我的手……

每次打过你之后，我都非常难过，如果惩罚⑬我自己能让你接受教训，孩子，我愿意自己惩罚自己，哪怕厉害十倍⑭。但我知道，惩罚没有办法代替，它就像肚子饿了以后的食品，只有自己吃下去，别人无法替你吃。这样的道理也许要到你做了父母以后才能理解。

我打你的时候从不用工具。打你用了多大的力，我自己的手就挨了同样力量的打，我和你遭受着一样的疼痛。这样我才可以准确地掌握力量的大小，不会把你打得太重。而且每打你一次，我感到的痛都绝对比你更长更久，因为，重要的不是身体累，而是心累……

孩子，听了你的话，我终于决定再也不打你了。因为你已经长大了，因为你已经懂得了很多道理。什么都不懂的婴儿⑮和已经很懂道理的成人⑯，我以为都不必打，因为打是没有用的。只有对半懂不懂、自以为懂其实并不懂道理的孩子，才可以打，以帮助他们快快长大。

孩子，打与不打都是爱，你可懂得？

（根据毕淑敏同名散文改写）

注：

① 插嘴　　　chā zuǐ　　　　　to interrupt
② 心不在焉　xīnbúzàiyān　　　absent minded
③ 偶尔　　　ǒu'ěr　　　　　　occasionally
④ 破坏　　　pòhuài　　　　　 to destroy
⑤ 摔跤　　　shuāi jiāo　　　　to tumble
⑥ 原谅　　　yuánliàng　　　　to forgive
⑦ 任性　　　rènxìng　　　　　wilful
⑧ 法则　　　fǎzé　　　　　　 principle
⑨ 恐吓　　　kǒnghè　　　　　to threaten
⑩ 武器　　　wǔqì　　　　　　weapon
⑪ 疼痛　　　téngtòng　　　　 ache
⑫ 人性　　　rénxìng　　　　　human nature
⑬ 惩罚　　　chéngfá　　　　　to punish
⑭ 倍　　　　bèi　　　　　　　times
⑮ 婴儿　　　yīng'ér　　　　　infant
⑯ 成人　　　chéngrén　　　　 adult

1. 为什么"我"和客人谈话的时候心不在焉？

2. 孩子做了哪些坏事"我"不会打他？

3. 后来"我"为什么开始打孩子？

4. "我"教育孩子的方法有哪些？

5. 惩罚为什么不能由别人代替？

6. "我"怎么打孩子？为什么？

7. 根据作者的看法，父母打孩子，谁痛得更厉害？

8. 作者认为，哪些孩子可以打？哪些孩子不必打？

9. 你的父母打过你吗？如果打过，说一说为什么打你。

10. 你认为父母打孩子是教育孩子必要的方法吗？

七 写作：《我的理想家庭》

要求：600字以上，主要谈家庭成员、互相之间的关系、父母对子女的教育方式等方面。

八 文化点滴

◎ 根据你对中国家庭习惯的了解，判断下面的陈述哪些是真的？哪些是假的？

　　　　　　　　　　　　　　　　　　　　　　　　　　　　真　假

1. 根据中国的法律，一对夫妻只能生一个孩子。　　　　　□　□

2. 中国孩子在家里可以直接叫长辈（爷爷、奶奶、爸爸、妈妈）的名字。□　□

3. 如果住在一起，孩子早晨起床以后需要向长辈问安。　□　□

真　假

4. 在传统的中国家庭，吃饭时一般长辈先开始，孩子才能跟着吃。　□　□

5. 现在的中国家庭，一般都由爸爸妈妈决定孩子跟谁结婚。　□　□

6. 在中国，结婚以后妻子一般改成丈夫的姓或把丈夫的姓加到自己
   名字的前边。　□　□

7. 在中国，女性结婚以后一般不需要工作，最重要的是在家里做家务、
   照顾孩子。　□　□

九　HSK专项练习

第1—5题：选词填空

| A. 穷 | B. 保险 | C. 干脆 | D. 固定 |
| E. 理想 | F. 例外 | G. 其次 | H. 事业 |

1. 你去哪儿存钱也不如在我们银行这么＿＿＿＿。

2. 年轻人总觉得＿＿＿＿最重要，＿＿＿＿才是家庭。

3. 没有教师资格证的人不能当老师，谁都不能＿＿＿＿。

4. 有的人因为没有找到＿＿＿＿的男朋友或女朋友，＿＿＿＿选择独身了。

5. 二三十岁的时候，因为没有＿＿＿＿职业，小伙子一直都只是一个＿＿＿＿
   诗人。

第6—10题：排列顺序

例如：A. 可是今天起晚了

　　　B. 平时我骑自行车上下班

　　　C. 所以就打车来公司　　　　　　　　　　　　　B A C

6. A. 可是孩子们都没回家
   B. 周末妈妈做了一大桌菜
   C. 妈妈抱怨白费了这么多工夫   _____

7. A. 果然他爸爸一来
   B. 小明最怕他的爸爸
   C. 刚才还跟朋友打打闹闹的他就老实了   _____

8. A. 无论孩子平时多淘气
   B. 只要他对爸爸妈妈一笑
   C. 爸爸妈妈就会觉得他是天下最可爱的孩子   _____

9. A. 很不合算
   B. 花了钱还玩儿不好
   C. 咱干脆哪儿也别去了
   D. 既然风景名胜哪儿都是人   _____

10. A. 姑姑逃走后
    B. 姑姑从家里逃走了
    C. 爷爷奶奶就后悔了
    D. 因为不愿意跟家里介绍的人结婚   _____

第11—15题：完成句子

例如：那座桥　800年的　历史　有　了
　　　<u>那座桥有800年的历史了。</u>

11. 的　你们　安排　感谢　周到　如此

_____

12. 做　请了　我们家　帮手　家务　专门
    因为工作太忙，_____

13. 很　的　姑姑　决心　离婚　坚定
    被姑父打了以后，_____

14. 看　的　一　学生　老师　表情，他　在　就知道　说谎　十有八九

_____，

15. 人　像　的　我弟弟　好奇　这么

_____，每个瓶子他都要打开看一看。

第16题：请结合下列词语，写一个80字左右的段落

　　白　抱怨　后悔　果然　既然　哪知道

_____
_____
_____
_____
_____

第17题：请结合下列词语，写一个80字左右的段落

　　占　赔　市场　成本　其次　无论……都……

_____
_____
_____
_____
_____

第4单元　单元练习

一 说说下面的字有什么相同的部分，至少再写出四个这样的字

例如：礼、视：都有 __礻__ ，这样的字还有：社会、祝愿、精神、幸福

被、裤：都有_____，这样的字还有：_____

糟、迷：都有_____，这样的字还有：_____

善、样：都有_____，这样的字还有：_____

披、破：都有_____，这样的字还有：_____

二 组词

例如：| 厅 | → | 客厅 | 餐厅 | 门厅 | 大厅 |

新	→				
放	→				
品	→				
记	→				
工	→				
价	→				

三 词语练习

（一）量词、名词填空

例如：一 __家__ 餐厅　　　一 __条__ 被子（鱼/蛇）

一_____商场　　　一_____项链　　　一_____大学

一_____围巾　　　一_____工艺品　　一_____花草

一_____礼物　　　一_____鲜花　　　一盒_____

一项_____　　　　一部_____　　　　一副_____

一套_____　　　　一台_____

（二）写出下列词语的反义词（意思相反的词）

例如：长　短　　　　怀疑　相信

笨 _____　　　弱 _____　　　软 _____

新 _____　　　贵 _____　　　假 _____

穷 _____　　　闲 _____　　　厚 _____

难看 _____　　难过 _____　　马虎 _____

勤劳 _____　　发达 _____　　丰富 _____

（三）选择"毫不"或"毫无"填空

_____害怕　　_____客气　　_____关系　　_____兴趣

_____怀疑　　_____价值　　_____担心　　_____意义

_____利益　　_____秘密　　_____前途　　_____营养

（四）选词填空

| 拆　添　尽　挑　值　存　包　受 |

1. 这儿的菜市场_____了，建了一家医院。

2. 我们老板总是_____我的毛病，我得换个工作了。

3. 我已经_____了自己最大的努力，但还是达不到父母的要求。

4. 小王对工作非常认真，常常_____到领导的称赞。

5. 中国人有把钱都_____到银行的习惯。

6. 外面很冷，你最好_____件衣服再出去。

7. 这张原来两毛钱的邮票现在_____一千块钱。

8. 楼下的餐厅今天被一些学生_____了，所以我们得到别的地方吃饭。

| 庆祝　布置　举行　寻找　怀疑　遭到　代替　开放　放映　反映 |

9. 为了_____古代皇帝留下来的宝贝，很多人连自己的生命都不要了。

10. 我们家的花瓶被猫打碎了,妈妈_____是我打碎的。

11. 丽丽搬家后忙着_____她的新房间,常常不上课,今天_____了老师的批评。

12. 这种新药效果很好,所以可能很快就会_____原来的药。

13. 为了_____爷爷奶奶结婚60周年,我们全家要_____很多活动。

14. 今天学校电影厅_____了一部新电影,这部电影_____了20世纪七八十年代中国的社会情况。

15. 春节期间,有些公园、博物馆暂停_____。

| 哪怕 | 毫不 | 的确 | 事先 | 逐渐 | 好容易 |

---

16. 我们提出的问题有关领导好像_____关心,_____提一百次也没用。

17. 由于我们没有_____计算好旅行的费用,结果路上钱不够了。

18. 最近我睡得_____太晚了。昨天夜里又到两点才上床,上床以后很长时间睡不着,只好听音乐,_____才睡着。早晨同屋很早起来去卫生间又吵醒了我。所以我今天困得要命,以后要_____改变"开夜车"的习惯。

四 你知道下面这些词语的意思吗?请说出前后两部分在意思上有什么关系,并再写出至少两个这样的词语

例:竹篮:意思是<u>用竹子做的篮子,"竹"是"篮"的材料。</u>
　　　　这样的词语还有:<u>竹筷子、竹椅、竹席</u>

金表:意思是_____
　　　　这样的词语还有:_____

铁床:意思是_____
　　　　这样的词语还有:_____

皮包:意思是_____
　　　　这样的词语还有:_____

玻璃窗:意思是_____
　　　　这样的词语还有:_____

鸡蛋汤：意思是_____

　　　　这样的词语还有：_____

真丝衬衫：意思是_____

　　　　这样的词语还有：_____

羊毛大衣：意思是_____

　　　　这样的词语还有：_____

木头箱子：意思是_____

　　　　这样的词语还有：_____

五 假设你打算开一家网上商店，下面是你想卖的一些商品，请你描述一下你的商品的特点及优点

商品	特点	优点
牛仔裤	结实的棉布	能穿很长时间
	深灰色	看起来不会很脏
	宽松	穿着很舒服
闹钟		
吹风机		
书包		
旅行箱		
运动鞋		

六 完成下边的句子

1. _____，对此我深信不疑。
2. _____，对此我半信半疑。
3. _____，对此我毫不知情。
4. _____，对此我毫不后悔。
5. 在我家，_____，毫无例外。
6. _____，学校对此毫无办法。

七 阅读与写作

(一) 阅读下面的故事，并完成练习

> 唐朝的时候，有个人从很远的地方去长安(现在的西安)给皇帝送礼物。他的礼物里最重要的是一只珍贵的白天鹅（tiān'é，swan）。路上他一直小心地照顾白天鹅。有一天，他让天鹅到湖里洗个澡、喝点儿水，可是一不小心天鹅飞走了，他只抓住了几根鹅毛。他特别后悔把天鹅放到湖里，可是后悔毫无意义。他决定还是继续去长安。到了长安以后，他送给皇帝一个漂亮的小布袋，里面是几根鹅毛和一首诗，诗的最后两句是"礼轻情意重，千里送鹅毛"。他又给皇帝讲了路上的故事。皇帝没有批评他，还给了他很多礼物。从那以后，越来越多的人学会了用"礼轻情意重""千里送鹅毛"这样的说法。

1. 举例说明什么是"礼轻情意重"。
2. 谈谈你对"礼轻情意重"的看法，用上以下词语：

　　　联络　　增进　　价格　　价值　　珍贵　　无价之宝

(二) 写一段话谈谈你对电视广告或手机APP广告的看法，尽量用上以下词语

善于　　　　信以为真　　深信不疑　　半信半疑　　毫不知情
毫无价值　　毫无关系　　毫无例外　　十有八九　　百分之百

（三）阅读下面的寻物启事，说说王坚华丢失了哪些东西

寻物启事

　　本人不慎，昨晚在图书馆前丢失蓝色布包一个，内有红色真丝长围巾一条，银项链一条，还有从图书馆借来的两本新出版的小说。其中的围巾是男友刚刚送给我的生日礼物，对我非常非常重要。请拾到的好心人尽快跟我联系。我将不胜感激！

电话：(010) 23451678　　　　手机：13601361111

失主：王坚华

4月30日

（四）模仿上面的例子，自己写一则寻物启事

提示：

启事中至少应该包括以下几个方面：

1. 什么时候、在哪儿丢了什么东西？

2. 这个东西有什么特点？（形状、颜色、大小、材料等）

3. 拾到的人怎么和你联系？

八 文化点滴

礼尚往来是中国的传统习惯，逢年过节，亲戚朋友常常互相请客、送礼。不过，在中国给亲戚朋友送礼时也有一些需要注意的方面，否则送礼不但不能增进你们的感情，反而可能让对方很生气。例如：

1. 不给人家送鞋。

2. 不送别人刀具。

3. 一般不送菊花。

4. 家人之间不送梨、伞。

5. 不能给男子送绿色的帽子。

6. 给人送礼时一般送双数，不送单数。

7. 一般不给年长的人送纯白色的物件，也不能送蜡烛。

你知道是为什么吗？

九 HSK专项练习

第1—5题：选词填空

A. 就	B. 挑	C. 毫无	D. 花费
E. 进口	F. 年代	G. 随着	H. 逐渐

1. 随着时代的发展，婚礼的_____的确_____增加。

2. _____学生反映的食堂卫生问题，学校调查之后再回复大家。

3. _____中国的改革开放，越来越多的国家_____中国的东西。

4. 网上的小说不是你爱我、我爱你，就是打打杀杀，_____营养。

5. 我爷爷奶奶那个_____，跟谁结婚都是父母决定的，不能自己_____。

第6—10题：排列顺序

例如：A. 可是今天起晚了

　　　B. 平时我骑自行车上下班

　　　C. 所以就打车来公司　　　　　　　　　　　　　　B A C

6. A. 按照如今的标准
   B. 我小时候早饭只有面条儿
   C. 这样的早饭种类单一，营养也不丰富   _____

7. A. 由于我的口语比较弱
   B. 我都把要问的问题事先写下来
   C. 每当要跟教授讨论问题的时候   _____

8. A. 总经理也对他深信不疑
   B. 哪怕别人怀疑他的能力
   C. 总经理认为小王是一个无价之宝   _____

9. A. 新郎和新娘认识之前
   B. 他们两个各自的家庭本来毫无关系
   C. 婚礼之后新郎新娘成为联系两个家庭的桥梁   _____

10. A. 当我们年轻的时候
    B. 每个人毫无例外都会死
    C. 可以多尝试不同的经历
    D. 哪怕不成功也用不着后悔
    E. 不断寻找生命的意义、寻找自我价值
    F. 因为人生的意义就是在生活的过程中   _____

第11—15题：完成句子

例如：那座桥　800年的　历史　有　了
　　　<u>那座桥有800年的历史了。</u>

11. 肉　用　豆腐　代替　可以　素食者

_____

12. 对　身体　怀疑　不好　有些人　微波炉

_____

13. 比　更　善于　善于　重要　发现问题　回答问题

_____

14. 由 的 公司 我们部门 庆祝大会 成立 布置会场 负责 十周年

    _____

15. 她 值 也 觉得 花费 哪怕 很多钱

    我妈妈觉得吃的东西最重要，_____，

    她 不值 都 觉得 多少钱 无论

    而化妆品，_____

第16题：请结合下列词语，写一个80字左右的段落

婚礼 举行 庆祝 布置 由 按照 不断

_____
_____
_____
_____
_____

第17题：请结合下列词语，写一个80字左右的段落

价格 价值 计算 随着 当……的时候

_____
_____
_____
_____
_____

第5单元　单元练习

一 说说下面的字有什么相同的部分，至少再写出四个这样的字

　　例如：庆、麻：都有 <u>广</u>　，这样的字还有：<u>起床</u>、<u>商店</u>、<u>彻底</u>、<u>家庭</u>、<u>座</u>位

　　　　厅、厚：都有_____，这样的字还有：_____

　　　　划、戏：都有_____，这样的字还有：_____

　　　　理、量：都有_____，这样的字还有：_____

　　　　疾、病：都有_____，这样的字还有：_____

二 组词

例如： 怕 → 害怕　哪怕　恐怕　可怕

口 → □ □ □ □

表 → □ □ □ □

保 → □ □ □ □

明 → □ □ □ □

球 → □ □ □ □

婚 → □ □ □ □

减 → □ □ □ □

女 → □ □ □ □

三 词语搭配

　　例如：判断　<u>判断对错/判断一个人</u>

　　　　增长　_____　　　增强　_____

　　　　减轻　_____　　　减少　_____

　　　　降低　_____　　　欣赏　_____

第5单元　单元练习

保持 _____　　　保证 _____

管理 _____　　　改善 _____

避免 _____　　　危害 _____

四 填写合适的汉字

虎____熊____　　____酸____疼　　五____三____　　____聪____明

____ ____不一　　____ ____如一　　____直____快　　____平____和

五 选择合适的形容词填空

慌　酸　老实　及时　适当　结实　充足　有效　稳定　合理

1. 爷爷虽然已经85岁了，可身体还很_____。
2. 小王是个_____人，从不说谎。
3. 好久没运动了，昨天爬山的时候感觉心_____气喘，今天觉得腿_____得厉害。
4. 这种药看来很_____，病人吃了以后病情已经渐渐_____了。
5. 昨天一辆汽车在学校外面着火了，好在警察_____赶到，才没有发生大的问题。
6. 发现孩子有不好的习惯，父母应该用_____的方式引导他改掉坏习惯，靠打骂是解决不了问题的。
7. 公司规定我们每天工作9个小时，我觉得这个规定不太_____。
8. 为了保证冬季有_____的食物，许多小动物在秋天就开始为过冬作准备。

六 选择合适的词语填空

虎背熊腰　五大三粗　腰酸背疼　耳聪目明
一心一意　心口不一　心平气和　脸红脖子粗

1. 夫妻之间应真诚相待，尽量避免_____，这样婚姻才能稳定。
2. 看到这些_____的男人用碗喝酒，我大吃一惊。
3. 你不能跟小王开玩笑，别人跟他开玩笑的时候他总是_____的。
4. 老人应该尽量少生气，少跟人吵架，遇到不愉快的事也尽量保持_____，每天适当运动，不然很难保持_____。

5. 上大学的时候，我在一家饭馆儿打工。一天洗8个小时碗，洗得我_____。

6. 弟弟是个举重运动员，长得_____，一顿饭能吃一斤牛肉。

7. 休息的时候_____地休息，工作的时候就_____地工作，不能休息的时候想工作，这样你就会有很大压力。

8. 刚分手的时候，我一听到前女友的名字还心跳加快，现在我终于能_____地跟她坐着聊天儿了。

七 回答问题

1. 现代人为什么常常腰酸背疼？

2. 什么项目的运动员常常长得五大三粗、虎背熊腰？

3. 五大三粗、虎背熊腰的人不适合（shìhé, to suit）当什么运动员？

4. 你和家里人脸红脖子粗过吗？如果有过，是什么情况让你们这样？

八 阅读理解

（一）阅读下面的文章，选择合适的词语填在文章中的横线上

| 照 | 则 | 极 | 终于 | 有时 | 恐怕 | 或者 |
| 至少 | 一下子 | 不得了 | 忍不住 | 好不容易 | | |

老李以前是个工作狂，每天_____工作10个小时，_____为了工作一天只睡三四个小时的觉，平时和家人一起吃饭、聊天儿的时间_____少。直到有一天，他在办公室突然晕倒，被送到了医院，在医院住了好几天。医生告诉他需要注意自己的健康了，如果还_____以前的习惯工作和生活的话，他的身体_____会出大问题。老李自己也_____意识到自己不再年轻，需要关注自己的身体状况了。

出院以后，老李决定给自己放一个长假。他去了老家的一个小镇，小镇的前

边是一片农田，后边_____是一片树林，那儿空气清新，环境优美，是放松身心的好地方。老李_____就爱上了那儿。他每天在树林里散步，有时还坐在田边看人们干活儿。这种和大自然亲密接触的感觉让他喜欢得_____，所以后来一有机会他总喜欢回老家放松放松。

现在老李_____习惯了不加班、工作和休闲相结合的生活，他周末不再工作，一般会去郊区钓钓鱼，_____在家里养养花。最近还有了个新爱好——练瑜伽，他发现练瑜伽也能让他的身心得到极大的放松。老李的家人看到他的精神状况越来越好，都_____为他感到高兴。他们也加入了他的休闲活动，一起享受健康的生活方式。

（二）根据上文，回答下面的问题

1. 老李以前每天工作多少小时？

2. 老李在办公室发生了什么事情？

3. 医生给老李什么建议？

4. 老李出院后去了哪里放松身心？

5. 老李在小镇上做了哪些活动？

6. 老李的新爱好是什么？

7. 老李的家人对他的变化有什么反应？

8. 老李的家人如何参与他的休闲活动？

9. 老李的故事给我们带来了什么启示？

九 小调查：中国人的休闲生活

和你的搭档合作，调查至少10个中国人，了解他们最喜欢的休闲方式。调查前先准备好想问的问题：

例如：1. 您每天除了吃饭、睡觉和工作以外，大概有多少业余时间？

2. 您业余时间一般喜欢做什么？

3. 您觉得如果有更多时间的话，您的休闲方式会改变吗？

4. 如果您有更多钱的话，会改变现在的休闲方式吗？

5. 您周围的人一般喜欢什么样的休闲方式？

…………

调查完成后，请写一篇小报告。内容包括：

1. 被调查者的大概情况

2. 中国人主要的休闲方式

3. 跟练习八中的内容进行比较，说说有没有变化

4. 跟你们国家的情况进行比较，谈谈不同的方面

5. 总结

文化点滴

中国古人相信五行学说。根据这一学说,世界由金、木、土、水、火五种元素构成,这五种元素有不同的特性。小到人体的不同器官,大到空间的不同方位,都可以用金、木、土、水、火来分类,并因此有不同的特性。

传统的中医理论也常常运用五行学说来解释人体、自然以及这二者之间的关系,认为人的不同情感、个性和人体不同脏器有关。这些传统思想至今还保留在汉语的一些词语或表达中。如,传统中医认为"愤怒"和肝有关,一个人肝不好的时候容易生气,反过来,常常生气的人,肝也容易出问题。人们的情感和脏器以及五行的对应关系见下表:

五 行	木	火	土	金	水
脏	肝	心	脾	肺	肾
腑	胆	小肠	胃	大肠	膀胱
情 感	愤怒	喜悦	焦虑	悲伤	恐惧

从上表我们可以看出,"心""小肠"是承载喜悦的容器,所以汉语里可以说"满心欢喜""热心肠"等。

请你说说下面这些词或短语表达什么样的情感或意思：

1. 心肠很硬
2. 胆小鬼
3. 心肠很好
4. 吓破了胆
5. 热心肠
6. 闻风丧胆
7. 黑心肠
8. 脾气很大
9. 肝胆过人
10. 好脾气
11. 肝胆俱裂
12. 大动肝火
13. 胆大
14. 心气很高

十一 HSK专项练习

第1—5题：选词填空

A. 粗	B. 力	C. 保持	D. 发火	E. 合理
F. 减轻	G. 结实	H. 判断	I. 危害	J. 心平气和

1. 玩儿游戏也能提高一个人的观察_____。

2. 这种床的腿不够_____，恐怕不_____。

3. 医生_____孩子体重_____的原因是营养不够。

4. 有些减肥方法极不_____，不但越减越肥，而且对身体的_____可能也很严重。

5. 婚姻出现问题的时候，双方要_____情绪稳定，_____地谈。_____并不能解决问题。

第6—10题：排列顺序

例如：A. 可是今天起晚了
　　　B. 平时我骑自行车上下班
　　　C. 所以就打车来公司　　　　　　　　　　　　　　B A C

6. A. 长期睡眠不足的状态下
　　B. 或者身体出现各种疾病
　　C. 一个人或者非常容易发火

7. A. 随着人员的减少
   B. 每个人的工作量增加了
   C. 我们这个项目没有钱了
   D. 而工资则至少降低了20%　　　　　　　　　　　_____

8. A. 到了七八十岁也仍然耳聪目明
   B. 医生说他这样的状态保持下去
   C. 爷爷60多岁每天跑完步腰不酸、背不疼、气不喘　　_____

9. A. 或者增加运动项目的数量
   B. 尤其要避免每天从早到晚坐着
   C. 医生说我爸现在每天的活动量不够
   D. 他建议或者适当增加一种运动的时间　　　　　　　_____

10. A. 您觉得我刚才说的这种情况是不是一种心理疾病啊
    B. 我知道自己肯定关了灯、锁（suǒ, to lock）了门
    C. 可是每次出门后都忍不住回去检查好几遍灯有没有关、门有没有锁

    _____

第11—15题：完成句子

例如：那座桥　800年的　历史　有　了
　　　<u>那座桥有800年的历史了。</u>

11. 的　因素　睡眠　改善　找着　影响失眠　才能

_____

12. 就　对　孩子　钢琴　兴趣　缺少　算了

_____, 别逼他学了。

13. 水　问题　饮料　代替　健康　引起　可能会　严重的

    研究表明，_____

14. 每天的　爷爷　必须　运动量　在3000步以上，　每天　酒量　一杯
    以下　控制在　葡萄酒

    在医生的要求下，_____,
    _____

15. 去中国　明天　坐飞机　就要　了, 不见　护照（hùzhào, passport）
    了, 得　心慌　一下子　不得了, 找不到　着急　越　越

    _____, _____,
    _____,

第16题：请结合下列词语，写一个80字左右的段落

　　饮食　睡眠　健身　疾病　心慌　腰酸背疼　或者……或者……

第17题：请结合下列词语，写一个80字左右的段落

　　游戏　危害　引起　不得了　忍不住　越……越……

第6单元 单元练习

一 说说下面的字有什么相同的部分，至少再写出四个这样的字

例如：宿、富：都有 宀 ，这样的字还有：家乡、警察、完成、实际、寒假

空、穷：都有_____，这样的字还有：_____

距、促：都有_____，这样的字还有：_____

吹、欢：都有_____，这样的字还有：_____

旅、旁：都有_____，这样的字还有：_____

二 组词

例如：感 → 感情　感受　感动　感觉

古 → 　　　　　　　　　　

出 → 　　　　　　　　　　

名 → 　　　　　　　　　　

大 → 　　　　　　　　　　

旅 → 　　　　　　　　　　

到 → 　　　　　　　　　　

面 → 　　　　　　　　　　

对 → 　　　　　　　　　　

三 词语搭配

例如：建筑　现代建筑/建筑特点

平方 _____　　长途 _____

古代 _____　　古老 _____

商业 _____　　目标 _____

面貌 _____ 人员 _____
少数 _____ 一群 _____

四 填写合适的汉字

山清____ ____   绿水____ ____   名山____ ____   水天____ ____

____ ____如画   成千____ ____   千言____ ____   千家____ ____

游山____ ____   百____不如一____

五 选择合适的动词填空

1.

| 供　省　升　催　求　转　靠　赶　约　练 |

　　小王刚学会开车，所以总想_____一_____自己的车技，可他自己没车，就常常_____有车的朋友把车借给他。但朋友们都怕他把车弄坏，所以没人愿意借给他。看到_____朋友没希望，小王只好自己去租车。现在每到周末他都开着租来的车在城里_____几圈，有时还_____我和其他朋友一起去郊区玩儿。我一坐上他的车血压就_____高，因为他喜欢开快车，如果前面的车慢了，他还不停地_____人家。

　　上周六我要坐火车去趟东北，小王坚持要开车送我去火车站。说这样既能_____钱，又比坐公共汽车舒服。可没想到周末城里也堵车，开着开着，他就开到了专门_____公共汽车使用的公交车道里，结果被警察抓住了，费了不少时间。等我们好不容易_____到火车站，火车已经开走了。你猜这时小王怎么说？他说："干脆我开车送你去东北吧！"

2.

| 形成　结合　对比　休闲　选择　从事　引起　克服 |

　　丽丽和丈夫小王在很多方面_____强烈的_____。丽丽在一家大公司_____管理工作，而小王是一个小商店的售货员；丽丽做事很急，而小王很慢；丽丽周末喜欢_____去人少的地方旅游，而小王的_____方式就是在家待着，玩儿玩儿手机；丽丽觉得没有自己不能_____的困难，而小王稍

微遇到一点儿困难马上就会放弃。他们两个人的_____让朋友们都感到不太理解。可是，他们的婚姻一直很稳定，而且给人的感觉是他们很幸福。

六 选择合适的形容词填空

| 窄　　独特　　著名　　强烈　　糟糕　　人工　　相似　　美好 |

中国的许多小城镇，特别是一些历史比较悠久的，都有自己_____的风格。有的是小桥流水，有的是竹楼石路。可现在这样的地方越来越少了，因为越来越多的城镇失去了原来的面貌，变得和其他城市很_____。这些地方的政府觉得原来的街道太_____了，房子太旧了，不够现代化，于是他们就向大城市"学习"。更_____的是，有些地方还建起了许多_____景点，这些景点无法给人一点儿_____的感觉，反而破坏了大自然本来的美。

最近，一位_____的学者在国际会议上对这种做法提出了_____批评。他的批评引起了专家学者和社会的广泛讨论。很多人都反对政府随便改变城市的传统面貌。

七 选择合适的词语替换下列句子中画线的部分

| 山清水秀　　名山大川　　水天一色　　风景如画　　游山玩水 |
| 成千上万　　千言万语　　千家万户　　百闻不如一见 |

1. 森林里的树木<u>非常多</u>。（　　　　　）
2. 一句"我爱你"胜过<u>很多很多话</u>。（　　　　　）
3. 我的老家<u>山水风景优美</u>，<u>风景好像画一样</u>。（　　　　）（　　　　）
4. 最近十几年，在中国，家用小汽车已经进入了<u>很多家庭</u>。（　　　　）
5. 我们坐船出海的这一天，风和日丽，<u>海水跟天的颜色一样</u>。（　　　　）
6. 我要走遍中国的名胜古迹、<u>有名的大山、大河</u>。（　　　　）
7. 从李白的诗来看，他好像不用工作，<u>整天旅游、欣赏山水风景</u>。（　　　　）
8. 我的同屋是南方人，他老是给我讲江南水乡怎么怎么好。直到我去了一次杭州，<u>亲眼看到的比听说的更让人相信</u>，那儿真的好像是人间天堂。（　　　　）

八 阅读下面的文章，完成后面的练习

吐鲁番游记

【1】 我来中国快三年了，可游览的地方却很少，只去过秦皇岛①、北戴河②、大连③和新疆④吐鲁番⑤，其中吐鲁番给我留下了最美好的印象。

【2】 吐鲁番，可以说是中国最炎热的地方。夏天旅游，一般人都喜欢去凉快的地方，可我却偏偏选中了火焰山。这座山在烈日⑥下就像燃烧⑦着的大火一样。吐鲁番比长江沿岸⑧的南京、武汉和重庆这三大火炉还热得多，不过除了高温炎热，吐鲁番还有它独特的迷人之处。

【3】 吐鲁番是中国的"葡萄王国"。这个王国最美丽的景色正是在夏天。山谷⑨间、田野里到处都是一眼望不到边的葡萄园。远远看去，一片绿色，走近了才发现那一串串葡萄原来是五颜六色的。绿的像碧玉⑩，红的像火焰⑪，紫的像珍珠⑫。吐鲁番不只是葡萄王国，它的水果还多着呢！有又甜又沙⑬的西瓜，又红又大的苹果，还有名扬天下的哈密瓜⑭。

【4】 我跟父母来到吐鲁番正是夏天，热情好客的吐鲁番人请我们吃了几回"水果宴"，每种水果尝一点儿，我们就吃饱了，什么好饭菜也吃不下了。有一次，主人还弹起冬不拉，唱起歌，邀请我们一起跳舞，那种欢乐劲儿，真像过节似的。

【5】 在独特的自然环境下，这里的人们形成了独特的生活习惯。他们一早一晚在地里干活，中午在树荫下或者屋子里休息。虽然外边的气温很高，但屋子里并不太热，温度最高的时候也不过30℃左右。因为他们的房子大都在绿树荫下边，阳光很少直射到。墙也特别厚，常有一米左右，所以屋内是冬暖夏凉。

【6】 虽然吐鲁番被称为"火海"，可早晚却非常凉快。太阳落山，暑气便消散。白天哪怕有40℃，夜里也会降到25℃左右。夜晚凉风一吹，人们睡觉还得盖被子呢。所以说这里的人们"早穿皮袄午穿纱，围着火炉吃西瓜"。

【7】 你可能不知道，吐鲁番的沙子⑮还能治病呢！这里有著名的"埋沙疗法"。新疆到处都是沙子，并不珍贵，而且夏天因为沙子特别烫⑯，沙漠上很少有人，可是吐鲁番却不同。这里的沙丘上人头晃动，来自各地的男女老少或躺或卧、或跪或坐；有的打着伞，有的蒙着头，一个个都将烫人的热沙敷⑰在身上有病的部位，一待就是三四个小时。

【8】 有一首民歌里唱道:"新疆是个好地方。"吐鲁番不就是这样的好地方吗?要是有机会,我一定会再去吐鲁番。

(〔南斯拉夫〕桑佐兰《吐鲁番游记》,选自《五彩的世界——北京语言学院外国留学生作文百篇》,吕文珍主编,北京大学出版社,1991年)

注:

① 秦皇岛	Qínhuángdǎo	a city in Hebei Province
② 北戴河	Běidàihé	a district in the city of Qinhuangdao
③ 大连	Dàlián	a city in Liaoning Province
④ 新疆	Xīnjiāng	Xinjiang Uygur Autonomous Region
⑤ 吐鲁番	Tǔlǔfān	Turpan, a city in Xinjiang Uygur Autonomous Region
⑥ 烈日	lièrì	scorching sun
⑦ 燃烧	ránshāo	to burn
⑧ 沿岸	yán'àn	along the coast or bank
⑨ 山谷	shāngǔ	mountain valley
⑩ 碧玉	bìyù	jade
⑪ 火焰	huǒyàn	flame
⑫ 珍珠	zhēnzhū	pearl
⑬ 沙	shā	(*of watermelon*) mushy
⑭ 哈密瓜	hāmìguā	hami melon
⑮ 沙子	shāzi	sand
⑯ 烫	tàng	very hot; scalding
⑰ 敷	fū	to apply (*powder, ointment, etc.*)

(一) 说说文章中谈到了吐鲁番的哪些方面,并具体说说它们的特点

| 人口 | 气候 | 蔬菜 | 生活习惯 |
| 水果 | 交通 | 房屋 | 经济情况 |

(二) 在相应的段落中找出表示下列意思的词语,括号内的数字为段落号码

例:去某地旅行　　　　　(1) 游览

气温很高　　　　　　(2) _____

比喻特别热的地方	(2) _____
非常有名，大家都知道	(3) _____
对客人非常热情、周到	(4) _____
一种乐器	(4) _____
冬天不冷，夏天不热	(5) _____
数量减少，或者位置变低	(6) _____
因为很少，所以价值很高	(7) _____
指各种各样的人	(7) _____

九 写作：《我最喜欢的一个地方》

　　描述一下你最喜欢的一个地方，可以是中国的，也可以是你的老家或者别的你去过的地方。

文章内容包括：

1. 你是怎么知道这儿的？

2. 这个地方的特点。

3. 你最喜欢这儿的原因。

4. 如果你同学或者朋友去，你有什么建议？

……

尽量用上以下词语：

　　　　山清水秀　　绿水青山　　名山大川　　风景如画　　百闻不如一见

➕ 文化点滴

中国历史悠久，地形地貌多样，有丰富的自然景观与人文景观，其中不少列入了"世界文化遗产"。截至2023年年底，中国世界遗产总数达57项，其中世界文化遗产39项、自然遗产14项、文化与自然双重遗产4项。

请你说说：

1. 4项文化与自然双重遗产分别是哪儿？

2. 这57项世界遗产中，你去过或比较了解哪些？请具体说说。

十一 HSK专项练习

第1—5题：选词填空

| A. 连 | B. 较 | C. 到底 | D. 感受 | E. 结合 |
| F. 其中 | G. 什么 | H. 选择 | I. 一辈子 | |

1. 今年中秋节和周末_____在一起一共放三天假。

2. 我想_____自己的经历谈谈读了这本书的_____。

3. 人生的意义_____是什么，很多人可能活了_____也没想清楚。

4. 我们单位一共60多个人，_____从事教学研究工作的不到50人。

5. 有些人_____在机关工作是因为稳定，但在机关工作没有_____变化，_____为单调。

第6—10题：排列顺序

例如：A. 可是今天起晚了

　　　B. 平时我骑自行车上下班

　　　C. 所以就打车来公司　　　　　　　　　　　　　　B A C

6. A. 我们老板每天加班

　　B. 甚至牺牲睡眠时间

　　C. 为了实现公司的收入目标　　　　　　　　　　　_____

第6单元　单元练习

7. A. 从事农业的主要是老人
   B. 我的故乡位于长江边上
   C. 如今镇上的年轻人大多外出打工　　　　　_____

8. A. 我妈妈则享受花钱的乐趣
   B. 我爸爸将省钱当成一种乐趣
   C. 我父母对金钱的看法特别不一样　　　　　_____

9. A. 我一辈子都不想结婚
   B. 看到他们这么糟糕的婚姻
   C. 但结婚不到一年两人分别爱上了别人
   D. 结婚之前丽丽和小王都深深被对方吸引　　_____

10. A. 暑假是开阔眼界的最好机会
    B. 对于成千上万的中小学生来说
    C. 这时候全国各地的风景名胜都是人山人海
    D. 因此每年8、9月父母带着孩子冒着高温外出旅游　_____

第11—15题：完成句子

例如：那座桥　800年的　历史　有　了
　　　<u>那座桥有800年的历史了。</u>

11. 的　春天　美如天堂　田野　开阔

_____

12. 让　的　发展　相似　不少小镇　非常　现代化　看起来

_____

13. 游人　建筑　西方　吸引了　独特的　不少
    中国、泰国等国家_____

14. 跟　垃圾　形成了　对比　强烈　如画风景　各种各样的

_____

15. 中国　外国公司　进入　大批　纷纷，　中国的　经济　发展
    促进了
    近些年，_____，_____

第16题：请结合下列词语，写一个80字左右的段落

将　　上（百、千、万）　　商业　　促进　　纷纷　　大批

第17题：请结合下列词语，写一个80字左右的段落

旅游　　休闲　　眼界　　游山玩水　　百闻不如一见

第7单元 单元练习

一 说说下面的字有什么相同的部分，至少再写出四个这样的字

例如：优、传：都有 __亻__，这样的字还有：古代、供、促进、休闲、相似

德、很：都有_____，这样的字还有：_____

什、古：都有_____，这样的字还有：_____

转、载：都有_____，这样的字还有：_____

强、弦：都有_____，这样的字还有：_____

二 组词

例如：强 → 强大　强调　增强　坚强

实 → ☐ ☐ ☐ ☐

代 → ☐ ☐ ☐ ☐

事 → ☐ ☐ ☐ ☐

失 → ☐ ☐ ☐ ☐

先 → ☐ ☐ ☐ ☐

物 → ☐ ☐ ☐ ☐

进 → ☐ ☐ ☐ ☐

教 → ☐ ☐ ☐ ☐

三 词语搭配

例如：体会　学习体会/谈体会

理论 _____　　力量 _____

私人 _____　　政策 _____

制度 _____　　一批 _____

世纪 _____   传播 _____
接受 _____   破坏 _____

四 写出下面图片中的成语

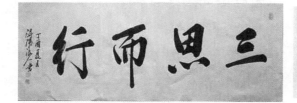

1. _____   2. _____

3. _____   4. _____

5. _____   6. _____

7. _____   8. _____

第7单元 单元练习

史无前例

9. _____ 10. _____

五 填空

（一）选择合适的形容词填空

| 广泛 和谐 骄傲 具体 强大 虚心 勇敢 封建 |

1. 小王的兴趣非常_____，文学、艺术、体育运动什么都喜欢。

2. 爷爷的思想很_____，觉得女孩子上几年学，会写自己的名字，买东西会算钱就行了，没必要上高中、大学。

3. 看到那个小偷儿在偷东西，小王_____地跑过去抓住了他。

4. 对于怎么解决这个问题，学校好像还没有_____的办法，只是告诉大家他们正在研究。

5. 在中国古代历史上，许多朝代都有这样的特点，当新的朝代刚建立的时候，皇帝总是能_____听大臣（dàchén, minister）们的意见，努力使自己的国家变得_____，但是，后来的皇帝就会越来越_____，不肯听大臣们的意见，不考虑社会的_____与稳定，最后的结果当然是新的朝代又会代替旧的朝代。

(二) 选择合适的动词填空

1.

| 巩固 | 采用 | 强调 | 进入 | 避免 | 统一 | 启发 |

中国传统的教学方式一般_____朗读和记忆，认为学生只有记住了所学的内容，并且通过不断复习、_____，才能真正掌握。老师们_____的方法主要是让学生朗读、背诵，然后检查。孩子们从_____学校的第一天起，就需要不停地读、背，尽管有时候他们并不明白文章的意思。通过这样的方法教育出来的学生，一个很大的缺点是不善于思考，缺乏解决问题的技能，所以现在的老师和父母们开始重视在教学中_____孩子们自己思考、理解学习的内容，将知识的学习和技能的培养_____起来，_____让他们成为记忆知识的机器。

2.

| 纠正 | 实行 | 提倡 | 宣传 | 议论 | 赞成 | 增长 |

人口问题是个非常复杂的问题。20世纪五六十年代，很多中国人相信"人多力量大"，所以愿意多生孩子，中国人口_____非常快，带来了很多问题。到了70年代，政府开始想办法控制人口，一方面是在社会上_____控制人口的重要意义，同时_____每对夫妻只生一个孩子，最多不超过两个孩子。后来这样的建议渐渐变成了大家必须遵守的法律。计划生育政策_____以后，一直有人_____，也有人反对，当时人们_____得最多的问题是独生子女的性格问题、独生子女父母的养老问题等。当前，政府正在_____以前的一些不合理规定，以减少计划生育政策带来的新问题。

(三) 选择合适的词语填空

| 古往今来 | 改朝换代 | 史无前例 | 不毛之地 | 鱼米之乡 |
| 举一反三 | 和而不同 | 三思而行 | 温故知新 | 言外之意 |

1. 不同文化应该互相学习，_____。
2. _____，无数文学作品描写青年男女的美好爱情。

3. 在网络时代，人们每天接触的信息正在以_____的速度增长。

4. 跟知道正确的答案相比，_____的能力更重要。

5. 如果环境问题得不到解决，"_____"将无鱼无米。

6. 世界很多地方，人类为了发展经济把森林变成了_____。

7. 传统的短跑（duǎnpǎo，sprint）大国已经_____，一些亚洲、非洲国家的短跑运动员进步非常快。

8. 病人年龄太大，手术（shǒushù，medical operation）成功的可能性不到50%，是否手术你们必须_____。

9. 大学同学聚会，同学对我说："你变漂亮了，走在路上我肯定认不出你来了。"_____就是我上大学的时候不好看呗。

六 阅读理解

造纸术的发明

如果现在你生活在大海中间一个没有人住的小岛上，没有纸，你想把自己的经历记录下来，你会用什么来写呢？你可能也和古代的中国人一样，把字写在木片上，竹片上，或者你自己的衣服上。古代中国人有一段时间就把文字刻写①在木片或竹片上，或者写在丝布上。

那是大约两千多年前的事了。实际上，更早的时候，也就是距离今天大约三千多年以前，中国人把字刻在乌龟②的壳或者牛的骨头上，那就是有名的甲骨文。在动物的甲骨上刻字当然很不方便，后来就发展到在木片或竹片上写字，人们用木板或者竹子做成一条条长而平的小片，木头的称为"牍③"，竹子的称为"简④"。那时候的书，就是用绳子、丝线⑤或皮条串起来的一捆捆的木牍或竹简。这样的书看起来很费事，带起来也很不方便。据说当时有个文学家，给皇帝写了一篇文章，用了3000块竹简，他的文章由两个人抬了好长时间，好不容易才送到了皇帝那儿。

大约到了两千多年前的战国时代，人们又发明了另一种方法，用丝织品来写字、画画儿。可是丝织品太贵了，一般人都用不起，所以到了东汉时，一个叫蔡伦的人总结了前人造纸的经验和教训，提出用树皮、麻头⑥、破布、破渔网等作原料来造纸。他首先把这些东西弄碎，放在水里泡很长时间，再打成浆⑦，然后经过蒸⑧煮，在席子上摊⑨平，变成薄片，最后晒⑩干了就成了纸。用这种方法造出来的纸轻而薄，很适合写字。公元105年，蔡伦把这个方法报告给了皇帝，受到了皇帝的赞扬，从此，全国各地都用这样的方法造纸。

蔡伦用树皮、麻头、破布、破渔网作原料，这是造纸技术的一大进步。这些原料来源广泛，价钱便宜。特别是用树皮作原料，更是一个新的发现。后代人们用木浆造纸可能就是受这个方法的启发。

蔡伦之后，东汉末又有一位有名的造纸专家，名叫左伯，根据历史记录，他造的纸质量很高，受到当时人们的普遍称赞。这个时期，造纸的原料更加广泛，加工的技术也有了新的提高，出现了带颜色的纸。到了隋唐以后，中国的造纸术已经非常成熟；纸的种类很多，纸的使用范围也非常广泛。可以说，直到近代西方出现机器纸以前，中国的造纸技术一直是世界上最先进⑪的。

公元4世纪时，中国的造纸术首先传到朝鲜和越南，后来经过朝鲜传到了日本。8世纪的时候，中国的造纸术又传到了阿拉伯⑫和欧洲各国。直到17世纪末才传到了美洲。

中国的纸和造纸术最后传遍了整个世界，促进了世界各国经济和文化的发展，对人类文明的发展起到了积极的作用。

注：

① 刻写	kèxiě	to carve and write
② 乌龟	wūguī	tortoise
③ 牍	dú	wooden tablets or slips for writing on in ancient times
④ 简	jiǎn	bamboo slips for writing on in ancient times
⑤ 丝线	sīxiàn	silk thread
⑥ 麻头	mátóu	leftover of hemp fiber
⑦ 浆	jiāng	slurry
⑧ 蒸	zhēng	to steam
⑨ 摊	tān	to spread out
⑩ 晒	shài	to expose to the sun
⑪ 先进	xiānjìn	advanced
⑫ 阿拉伯	Ālābó	Arab

（一）根据文章内容，回答下面的问题

1. 什么是甲骨文？

2. 什么是牍、简？

3. 蔡伦造纸的方法是什么样的？

4. 左伯为什么有名？

5. 隋唐以后，中国的造纸术有什么特点？

6. 你能说说造纸术是怎么从中国传播到世界其他地方的吗？

7. 造纸术的发明有什么意义？

（二）从文章中找出合适的词语填在下面的空格处

三千多年以前，中国人把字刻在动物的骨头上，这就是有名的_____。后来人们又把字写在_____或_____上，可是这样的书太重了。于是人们又找到了一种很轻的材料来写字，这就是_____。不过这种材料虽然轻，可是太_____了，不是所有人都买得起。直到东汉的蔡伦发明了一种很适合写字的纸，这种纸很_____，而且很_____。

七 写作：介绍你们国家历史上的一位名人或者一个著名的历史事件

要求：600字以上。

八 文化点滴

中外交流的历史非常悠久，中国在不同的历史时期都有和外国交往的记载，其中不少历史名人作为当时中外交流的重要使者，他们的名字一直到今天都是人们熟悉的。

请你说说下面表格中的几位是什么历史时期的人物？他们都是中国人吗？他们在哪些方面为中外交流作出了重要贡献？

历史人物	国　籍	时期（朝代）	主要贡献
张骞			
玄奘			
鉴真			

(续表)

历史人物	国　籍	时期(朝代)	主要贡献
马可·波罗			
郑和			
利玛窦			

九 HSK专项练习

第1—5题：选词填空

A. 称为	B. 传播	C. 关于	D. 记录	E. 损失
F. 强调	G. 整理	H. 主张	I. 资料	

1. 我国的外交政策_____世界各国平等，_____对话合作。

2. 我的家乡家家户户养狗养猫，因此被_____"猫狗的天堂"。

3. 这本_____经济学理论的书被翻译成多种语言，在世界各国广泛_____。

4. 今天开会之前请将会议_____准备好，下班以前将会议记录_____好放我桌上。

5. 根据一位养蜂人自己的_____，去年一年因农药而_____了5000只以上蜜蜂。

第6—10题：排列顺序

例如： A. 可是今天起晚了
　　　 B. 平时我骑自行车上下班
　　　 C. 所以就打车来公司   B A C

6. A. 作为70年代出生的人
　 B. 但精神上一点儿也不贫穷
　 C. 我们小时候物质上可能很贫穷

7. A. 有了错误要及时纠正

　　B. 在我们兄弟几个成长的过程中

　　C. 父母总是教育我们学习、工作都要实事求是　　_____

8. A. 可是她勇敢地克服病痛

　　B. 我的大学老师三年前得了重病

　　C. 坚持自己的研究工作直至生命的最后一刻　　_____

9. A. 而且目前进口商品大量进入市场

　　B. 关于这类商品的买卖政策你了解吗

　　C. 总之，这种商品的生意我劝你三思而行　　_____

10. A. 其次理解文字的意思

　　 B. 此外还要理解文字的言外之意

　　 C. 总之，阅读并不只是读懂词语、句子的含义

　　 D. 阅读首先需要了解所读文章的有关背景知识　　_____

第11—15题：完成句子

例如：那座桥　800年的　历史　有　了
　　　<u>那座桥有800年的历史了。</u>

11. 是　的　孔子　之一　教育思想　温故知新

_____

12. 每个人　由　和　都　缺点　优点　构成　是　的

_____

13. 的　商人　地位　以及　不太高　知识分子

　　在中国古代，_____

14. 的　和　许多国家　人民的　经济　战争　生活　破坏了

_____

15. 如今　制度　网上商家　无理由　7天　多数　实行　退换

_____

第16题：请结合下列词语，写一个80字左右的段落

　　时期　　战争　　军队　　战胜　　败　　然而　　总之

第17题：请结合下列词语，写一个80字左右的段落

　　外交　　军事　　政策　　采用　　主张　　以及　　首先……其次……

第 8 单元　单元练习

一 说说下面的字有什么相同的部分，至少再写出四个这样的字

例如：资、购：都有 __贝__ ，这样的字还有：<u>贡</u>献、负<u>责</u>、<u>货</u>物、昂<u>贵</u>、欣<u>赏</u>、发<u>财</u>

觉、观：都有_____，这样的字还有：_____

额、领：都有_____，这样的字还有：_____

狼、狐：都有_____，这样的字还有：_____

垃、意：都有_____，这样的字还有：_____

二 组词

例如：	接	→	接近	接触	接受	连接
	建	→				
	生	→				
	难	→				
	有	→				
	美	→				
	地	→				
	法	→				
	量	→				

三 词语搭配

例如：恐怖　<u>感到恐怖 / 恐怖电影</u>

补　_____　　　废　_____

自觉　_____　　　难得　_____

节省　_____　　　恶化　_____

转移 _____ 有趣 _____

严格 _____ 资源 _____

四 填写合适的汉字

节____减____   多如____ ____   心急如____   如鱼得____   十年如____ ____

虎口____ ____   骑虎____ ____   谈虎____ ____   前怕____，后怕____

豺____虎____

五 根据意思写出合适的词语

1. 像牛毛一样多。_____
2. 心里像火烧一样着急。_____
3. 像鱼在水里一样自由、放松。_____
4. 像诗歌和画儿一样美丽、浪漫。_____
5. 很长时间坚持做一件事，不放弃不改变。_____
6. 节约能源，减少排放。_____
7. 脸上常常微笑，但实际上是非常凶狠的人。_____
8. 看起来很厉害可实际上没有能力或力量的人。_____
9. 立秋以后还非常炎热的天气。_____
10. 比喻做非常危险的事。_____

六 填空

（一）从练习四中选择合适的词语填空

1. 2022年北京冬季奥运会考虑到_____，以微火代替大火。
2. 古今中外，各种各样的爱情故事_____。
3. 我妈妈_____，坚持每天去奶奶家给她送午饭。
4. 明天是交期末论文的最后日子，可是小王的电脑坏了，他_____。
5. 丽丽喜欢画画儿，可是父母让她学习经济。大学二年级的时候她转到了美术专业以后_____。
6. 有人一提到转基因（zhuǎnjīyīn, transgenic）食品就_____。
7. 有些骗子（piànzi, cheater）像_____一样盯着老人们的钱。

8. 年轻人有了想法就去做，如果总是_____，就永远做不了大事。

9. 这项任务犹如_____，你千万要小心。

10. 那家公司为了建自己的大楼，过去5年已经花了很多钱，现在继续建的话，没有钱了；如果不建了，之前花的钱就白花了。真是_____。

（二）选择合适的词语填空

| 悲观 | 不利 | 大量 | 几乎 | 盲目 | 能源 |
| 排放 | 数量 | 所谓 | 日益 | 消耗 | |

汽车是20世纪人类的一个重要发明，它极大地方便了人们的出行，缩短了世界各地的距离。然而，它给人类带来的问题也_____增多。首先，开车对司机本身的健康非常_____，特别是每天开车上下班的人，由于缺乏运动，容易导致肥胖或患其他疾病。其次，随着汽车_____的不断增多，城市里的交通拥堵越来越严重，全世界_____每分钟都在发生交通事故，交通事故造成_____的人员伤亡。再次，传统的燃油汽车_____的废气会污染空气，给环境带来很大的危害。与此同时，汽车需要_____大量的石油资源。这些年来燃油汽车工业的_____发展，已经引起了世界各国对_____危机的恐慌。另外，汽车的发展带动了各国的城市化进程，使得不同地区独特的文化渐渐消失。有人_____地预言，汽车和飞机等_____现代化的交通工具将毁灭所有的传统文化。

（三）选择合适的词语填空，然后将段落重新排序，组成一个故事

| 隔 | 传 | 搁 | 连 | 射 | 挖 | 装 |
| 接近 | 节约 | 佩服 | 剩余 | 虚心 | 住处 | |

1　　后来老猎人太老了，不能每天出去，只能_____几天出去一次。再后来老人终于不行了，临死前，他把自己的弓箭_____给了儿子，并且告诉

他每次出去打猎以前应该好好儿检查自己的弓箭，在外面尽量_____用箭。

2　　老猎人去世后，他儿子不得不自己一个人去打猎。虽然他有时也能遇上猎物，但或者因为离得太远，或者因为射箭技术不如爸爸，他总是白白地浪费许多箭却没有一点儿收获。

3　　老猎人在小房子周围的地上还_____了一些洞，然后在洞上_____几根树枝、竹子，再盖上草，为的是防止一些危险的动物来"拜访"他们的_____，但是一直没有什么动物掉到这些洞里。

4　　他还告诉儿子，如果遇上了熊，就要爬到树上，如果跑不了就躺在地上不呼吸_____死……

5　　他连忙扔掉了弓往家跑，熊一直在他后面追，跑啊跑啊，终于回到了他的住处，他跳过屋前爸爸挖的洞，跑进了房子里。只听到外边"咚"的一声，原来是熊掉进了洞里。

6　　一天，在两手空空回家的路上，他遇到了一只熊，他没有逃跑而是拔出_____的最后两支箭向熊射去，可是_____发两支箭都没有射中熊。

7　　从前，一位老猎人和他儿子住在森林里的一个小房子里。老猎人几乎每天都去打猎。有时他也带着他儿子一起去，并且教儿子怎么_____箭，怎么观察动物的脚印（jiǎoyìn, footprint），以及如何悄悄地_____猎物，但是儿子从来不_____向他学习，总是心不在焉地跟着他。

8　　这时，他才明白爸爸确实是一位值得他_____的猎人，可惜自己没有好好儿向他学习。

◎ 文章的正确顺序是：_____

七 阅读理解

陈老师的选择

绿色消费①绝不意味着我们无限制地消费绿色，它的含义是我们在消费的同时，要注意珍惜我们身边的绿色，尽可能少消耗它们。陈女士是一位大学教师，一次偶然②的机会让她接触到了关于环保的知识。她第一次认识到平时一些无心③

的行为竟然会对环境造成那么大的危害，从此她就开始注意环保。

陈老师做的第一件事就是拒绝使用超市的塑料袋。每次去购物，她都自己带一个布袋子，刚开始时还会忘，后来慢慢地就习惯了。陈老师在家中实行节水计划：要求每个家庭成员都节约用水，尽量进行二次利用。用淘④米水洗菜、洗过衣服的水擦地板、洗菜水浇花……水费降下来了倒是小事，她发现平时经常忘记关水龙头的儿子开始注意节约用水了。她还把家中不用的衣物或家具都捐献出去或是送给亲朋好友。她说："从前这些东西用不着了，要么放在那里，一放就是几年，要么就扔掉，因为旧东西也不好意思送给别人，现在我不在乎了，我很坦诚⑤，绝没有瞧不起谁的意思，如果你认为需要就拿去。如果别人家的旧东西不要了，我认为有用，我也会拿来，这没什么，用别人的旧东西并不可耻⑥，浪费才可耻。我们家的写字台就是人家送的，是纯木的，就是旧了点儿，不过挺好的，买新的不知道工厂得用几根木头才能做成。"

去年，陈老师家里买了房子后进行装修⑦，家里人都认为好不容易有了一套新房子，一定要好好儿装修一下。因为家里人受她的影响都开始注意环保了，所以有关装修的讨论常常是关于如何装修才符合环保要求的问题。陈老师说："我们一致赞成的是在浴室里不装浴缸⑧，而是采用淋浴⑨的方式，因为淋浴能节约不少水。当然我也做了一些让步⑩，我的关节⑪不好，家里人说要铺木地板，我坚决不同意，后来我们双方都妥协⑫了，我们选择了复合⑬木地板。"

陈老师说："生活在现代社会要完全做到绿色消费也不那么容易，但我在努力。我觉得自己生活得更充实、更健康了。其实，在追求绿色消费的过程中收获最大的是我的孩子。我的儿子没有现在许多孩子那种爱慕虚荣⑭、追求高消费的特点。他很淳朴⑮，像个农村的孩子。他很少向我要什么，衣服总是穿得很旧了才会想要买新的。一次有位亲戚要给他买一件皮夹克，他拒绝了。他说他不愿意把动物的皮毛穿在自己身上。看到自己的儿子在这个物欲横流⑯的社会能够保持一份纯真⑰，我感到非常欣慰，因为我知道不论将来他从事什么样的职业，过得怎样，他都会获得简单的幸福。"

注：

| ① 消费 | xiāofèi | to consume |
| ② 偶然 | ǒurán | accidental |

③ 无心	wúxīn	unintentionally
④ 淘	táo	to wash (*rice*)
⑤ 坦诚	tǎnchéng	frank
⑥ 可耻	kěchǐ	shameful
⑦ 装修	zhuāngxiū	to decorate (*a room, a house, etc.*)
⑧ 浴缸	yùgāng	bathtub
⑨ 淋浴	línyù	to shower
⑩ 让步	ràngbù	to give in; to yield
⑪ 关节	guānjié	arthrosis; joint
⑫ 妥协	tuǒxié	to compromise
⑬ 复合	fùhé	to composite; to compound
⑭ 虚荣	xūróng	vanity
⑮ 淳朴	chúnpǔ	simple
⑯ 物欲横流	wùyù-héngliú	full of desire for material wealth
⑰ 纯真	chúnzhēn	pure; sincere

◎ 根据文章内容，回答下面的问题：

1. 什么是绿色消费？

2. 陈老师是什么时候开始重视环保的？

3. 陈老师家的节水计划是什么样的？

4. 在环保上，除了节水计划，陈老师还注意哪些方面？

5. 在装修新房子时，陈老师家讨论得比较多的是什么？为什么？

6. 陈老师觉得自己开始注意环保后，有哪些收获？

八 写作：《我的环保建议》

内容包括：

1. 你觉得中国存在哪些环境问题？

2. 你认为这些问题会带来什么样的危害？

3. 针对这些问题，你有什么建议？（可以介绍你了解到的别的国家成功的做法）

4. 你认为这样做的可行性。

九 文化点滴

中国有很多国家级的自然保护区,每个保护区都有一些特别的动植物或者自然景观。请你通过网络或书籍查找一下:跟下面的动植物或名山大川关系紧密的著名自然保护区是哪个或哪些?

1. 珠穆朗玛峰
2. 大熊猫
3. 金丝猴
4. 丹顶鹤
5. 藏羚羊
6. 东北虎
7. 长白山
8. 喀纳斯湖"水怪"

十 HSK专项练习

第1—5题:选词填空

| A.捐 | B.崩溃 | C.分类 | D.号召 | E.日益 |
| F.热量 | G.如何 | I.平衡 | J.严格 | K.十年如一日 |

1. 如果不能保持工作和生活的_____,人很容易_____。

2. 垃圾_____坚持一个星期、一个月不难,难的是_____。

3. 如果每顿饭都_____计算食物的_____,根本享受不了食物的美味。

4. 发生地震(dìzhèn, earthquake)以后,政府_____大家给那儿的人_____被子、衣服。

5. 在能源_____紧张的今天,节能减排是一方面,_____通过科技开发新能源是另一方面。

第6—10题:排列顺序

例如:A. 可是今天起晚了
  B. 平时我骑自行车上下班
  C. 所以就打车来公司

B A C

6. A. 时间花掉了就真的没有了
   B. 节省时间和节省金钱的区别是
   C. 钱花了还可以再挣（zhèng，to make money） 　　　　　

7. A. 弟弟穿两年破了
   B. 补一补又穿好几年
   C. 哥哥穿两年传给弟弟
   D. 所以，我们家只有哥哥有新衣服穿 　　　　　

8. A. 为的是提高中国商品的竞争力
   B. 从"中国制造"转向"中国质造"
   C. 是将中国经济发展的目标从数量转向质量 　　　　　

9. A. 老板第一个想到的就是我
   B. 一年的汽油钱节省下来也不少呢
   C. 但住得近也意味着需要有人加班的时候
   D. 搬到公司附近住的好处之一是不用开车了 　　　　　

10. A. 或者送孩子去补课
    B. 周末或者带孩子玩儿
    C. 有孩子的家庭生活通常以孩子为中心
    D. 全家旅游一般也都安排在孩子的寒暑假
    E. 一日三餐的时间主要根据孩子的时间来安排 　　　　　

第11—15题：完成句子

例如：那座桥　800年的　历史　有　了
　　　<u>那座桥有800年的历史了。</u>

11. 是　每一个人　的　地球　责任　环境　保护

　　　　　　　　　　　　　　　　　　　　　　　　

12. 的　因而　人类的　危机　贪婪　造成　多如牛毛

13. 人们的　手机上的　信息　各种　转移　很容易　注意力

_____

14. 染（rǎn, to color）头发　能　老人　一些　显得　年轻，对　但　健康　可能　不利

_____，_____

15. 每天　练习　严格的　自觉坚持　运动员　十年如一日，让人　太了　佩服

_____，_____

第16题：请结合下列词语，写一个80字左右的段落

资源　能源　消耗　盲目　恶化　因……而……

_____
_____
_____
_____
_____

第17题：请结合下列词语，写一个80字左右的段落

生存　毁灭　恐怖　危机　日益　如何　总之

_____
_____
_____
_____
_____

期中考试试题

护照名 Passport Name_____   中文名 Chinese Name_____

本套样题重点考查第1—6课内容。卷面分数60分，另40分来自平时作业、作文和课堂表现等。

一、根据拼音写汉字，并将每个词组成至少两个短语 Write Chinese characters according to *pinyin*, then give at least two phrases with each of the words（10分）

例如： guānchá ____观察____   （观察蜜蜂/观察生活）

1. tíqián   _____   (   )
2. làngfèi   _____   (   )
3. kǎolǜ   _____   (   )
4. chéngshí   _____   (   )
5. bǎohù   _____   (   )
6. lìyì   _____   (   )
7. biǎoqíng   _____   (   )
8. zīgé   _____   (   )
9. dá'àn   _____   (   )
10. zhí dé   _____   (   )

二、量词填空（除了"个"） Fill in each blank with a measure word (Other than 个)（4分）

一____火车   一____作文   一____鲜花   一____简历

一____时间   一____眼泪   一____公司   一____蜜蜂

三 选词填空（每个词最多用一次） Choose an appropriate word to fill in the blank (Each word can be used at most once)（8分）

（一）动词填空 Choose verb（4分）

赶 递 闭 取 愁

1. 小王才大学三年级，就已经开始_____找工作的事了，他常说："工作太难找了。"
2. 昨天我去学校里的ATM上_____钱，可是等的人太多了，我就回来了。
3. 今天我起床起晚了，当我_____到教室的时候，已经快下课了。
4. 下雨了，我赶快把手里的雨衣_____给爸爸，他披在了身上，继续钓鱼。

费 准 喂 处 养

5. 为了找工作，我_____尽了脑子。
6. 上中学的时候，妈妈不_____我很晚回家。
7. 老王喜欢_____花，他们家的院子里到处都是花。
8. 有些父母常常吵架，_____在这种家庭环境中的孩子性格容易出问题。

（二）形容词填空 Choose adjective（4分）

难看 孤独 现实 好奇 巧妙

1. 这个孩子对各种事情都非常_____，总要问为什么。
2. 刚到国外的时候没有朋友，他一个人常常感到很_____，不高兴。
3. 这个行李箱的设计很_____，既可以做箱子，又可以当作衣柜用。
4. 不少年轻人的想法不太_____，总想毕业以后马上挣很多钱。

马虎　平静　正常　普遍　保险

5. 没有风，这里的海面很_____。

6. 老人常常愿意把钱都存到银行，认为那样最_____。

7. 小王昨天太_____了！把手机忘在出租车上了。

8. 冬天都快到了，还这么热，天气太不_____了！

四 用所给词语改写下面的句子　Rewrite the following sentences with the given words or expressions（5分）

1. 这个问题有点儿难，我现在回答不了。（一时）
   _____。

2. 他想要让孩子上好的中学，所以搬了家。（为了……而……）
   _____。

3. 弟弟小时候不做家务，现在也不做家务。（从不/从没）
   _____。

4. 别人去我要去，别人不去我也要去。（无论……都……）
   _____。

5. 有的手机公司为了让大家用他们公司的手机，会让一些顾客免费使用一段时间。（白）
   _____。

五 用所给词语完成下面的句子或对话　Complete the following sentences or dialogues with the given words or expressions（15分）

1. _____，我们都很忙。（每+V）

2. _____，我们就改到别的时间吧。（既然）

3. 明天有重要的面试，_____。（非……不可）

4. 这个菜看起来很好，_____。（哪知道）

5. 他已经八十多岁了，_____。（仍然）

6. 爸爸：你以后还对我说谎吗？
   孩子：_____。（再也）

7. A：你毕业以后打算做什么？

   B：_____。（先……然后……）

8. A：你的老家夏天热吗？

   B：_____。（以上/以下）

9. A：住在学校里面好，还是住在校外好？

   B：_____。（倒是）

10. A：在中国学习的这段时间你有什么打算？

    B：_____。（趁）

六 阅读理解 Reading comprehension（8分）

（一）

临离家之前，我给妈妈作了这样的安排：头一天，老爸的鱼钓回来以后，先养一夜；第二天，等老爸出发后，就把鱼送到菜市场里卖鱼的人那儿，按商量好的价钱卖给他。哪知道老妈没听我说完就急了："不行不行！从没见过像你这么傻的，出去上了几年学，怎么脑子倒越来越笨了？你爸七块钱钓来的鱼，我四块钱卖出去。不算时间和辛苦，他每钓一斤鱼，我就得赔三块钱。这不是开玩笑嘛！"我语气坚定地跟老妈说："妈，这事您非听我的不可，三块钱就能买到老爸的快乐，这不是非常合算吗？您应该知道，快乐很多时候是用钱买不到的！"

1. 判断对错 True or false（2分）

   （1）我作的安排是让老爸把鱼卖掉。（　　）

   （2）老爸钓一斤鱼的成本大约是七块钱。（　　）

   （3）妈妈同意我的安排。（　　）

   （4）作者觉得花点儿钱让爸爸快乐是合算的事。（　　）

2. 回答问题 Answer the question（2分）

   妈妈为什么说作者傻？你同意她的看法吗？

（二）

　　心理学的研究告诉我们，大多数人学习语言的先天条件并没有太大的不同。那么为什么总是有些人学得好，有些人学不好呢？这显然与是否努力有关系。那么，又为什么有人学习努力而有人学习不努力呢？这就与他们取得的成就感有关了。

　　许多老师都有这样的经验：学习成绩好的学生常常越来越努力；反之，学习成绩不好的学生往往越学越不用功。其中一个很重要的原因就是成绩好的学生看到了自己的成就，自信心更强了，在学习的时候就有了更多克服困难的力量；反之，成绩不好的学生看不到自己的收获，对自己没有信心，有了困难就容易放弃。因此，在外语教学中，老师应该特别注意让学生获得成就感，让他们看到自己的进步，因而对语言学习更感兴趣、更有信心。这一条不仅可以当作评价一名外语教师是不是合格的标准，也可以当作评价一套外语教材好不好的标准。

1. 这段话主要说的是：（　　）（2分）

　　A. 怎么提高学生的学习成绩

　　B. 语言学习中的成就感问题

　　C. 语言学习的两种不同办法

　　D. 一名好教师的标准是什么

2. 根据作者的看法，一个好的语言教师应该：（　　）（2分）

　　A. 学习好心理学知识

　　B. 有丰富的教学经验

　　C. 让学生们有成就感

　　D. 知道教材好不好

七 写作 Writing（10分）

　　请以"我在中国学汉语"为题目，谈谈你来中国以后学习、生活有什么变化。

　　要求：（1）至少用上5个词语

　　　　　　　以来、想念、倒是、决心、免不了、一时、渐渐、此外、像……这么……、为了……而……

　　　　　（2）不少于100个字

期末考试试题

护照名 **Passport Name**＿＿＿＿＿＿＿＿＿＿＿　　中文名 **Chinese Name**＿＿＿＿＿＿＿＿＿＿＿

本套样题重点考查第7—12课内容。卷面分数60分，另40分来自平时作业、作文和课堂表现等。

一　根据拼音写汉字　Write Chinese characters according to *pinyin*（5分）

例如：guānchá　　观察＿＿＿＿＿＿＿＿

1. jǔxíng　　＿＿＿＿＿＿＿＿＿＿
2. jiàgé　　＿＿＿＿＿＿＿＿＿＿
3. luòhòu　　＿＿＿＿＿＿＿＿＿＿
4. chéngdù　　＿＿＿＿＿＿＿＿＿＿
5. shíshàng　　＿＿＿＿＿＿＿＿＿＿
6. lǐyóu　　＿＿＿＿＿＿＿＿＿＿
7. bǎochí　　＿＿＿＿＿＿＿＿＿＿
8. mùbiāo　　＿＿＿＿＿＿＿＿＿＿
9. yánzhòng　　＿＿＿＿＿＿＿＿＿＿
10. chōngzú　　＿＿＿＿＿＿＿＿＿＿

二　词语搭配　Make a phrase with each word（5分）

例如：不幸　　不幸的人／遇到不幸

1. 遭到　＿＿＿＿＿＿＿＿＿＿
2. 增进　＿＿＿＿＿＿＿＿＿＿
3. 减轻　＿＿＿＿＿＿＿＿＿＿
4. 独特　＿＿＿＿＿＿＿＿＿＿
5. 克服　＿＿＿＿＿＿＿＿＿＿
6. 强烈　＿＿＿＿＿＿＿＿＿＿
7. 避免　＿＿＿＿＿＿＿＿＿＿
8. 降低　＿＿＿＿＿＿＿＿＿＿

9. 保证 _____

10. 改善 _____

三 量词填空（除了"个"） Fill in each blank with a measure word (Other than 个)（4分）

一_____画儿　　一_____大学　　一_____项链　　一_____礼物

一_____电影　　一_____胳膊　　一_____酸奶　　一_____商场

四 选词填空（每个词最多用一次） Choose an appropriate word to fill in the blank (Each word can be used at most once)（10分）

（一）动词填空　Choose verb（6分）

| 挑　泡　逼　转　练　供 |

1. 爸爸看报纸的时候喜欢_____报纸上的汉字和语法错误。
2. 在火车上很多人的午饭就是用开水_____方便面吃。
3. 小时候我不愿意学钢琴，但爸爸妈妈_____着我学。
4. 湖边配备了几把长椅_____人们休息。
5. 我在商场里_____了半天，也没买到一件合适的衣服。
6. 每天早上，这个公园门口都有人在_____太极拳。

| 吸引　管理　欣赏　增强　位于　选择 |

7. 四五月的时候你可以来北大校园_____美丽的风景。
8. 他今年四十来岁，事业成功，现在_____着一家大型公司。
9. 小王被周庄迷人的风景_____住了。
10. 在中国半年以后我的汉语水平提高很快，我学好汉语的信心也_____了。
11. 西安_____中国的西部，是著名的旅游城市。
12. 这个食堂卖的菜就这几种，没什么可以_____的。

（二）虚词填空　Choose function word（4分）

| 及时　至少　甚至　正好　稍微　终于　只得　有时 |

1. 如果有什么不舒服，一定要_____去看医生，不能因为忙就算了。
2. 这么老的歌，_____我爸爸都不知道，我怎么可能会唱？
3. 这么简单的问题，只要_____想一想就能明白。
4. 我妈妈的生日和我的生日_____是同一天。
5. 要想减肥，每天要运动_____半个小时。
6. 明天要下大雨，他们的足球比赛_____推迟。
7. 考了三次，他_____通过了驾照的考试。
8. 周末我常去爬山，不过_____也去游泳。

五　用所给词语改写下面的句子　Rewrite the following sentences with the given words or expressions（5分）

1. 音乐是我的生命，不吃饭、不看电视都可以，但没有音乐不行。（哪怕）
   _____。

2. 昨天校长跟学生进行了座谈，讨论了食堂和宿舍的问题。（就）
   _____。

3. 大家帮助警察抓住了小偷儿。（在……下）
   _____。

4. 如果石油一直这么便宜，那个国家的经济会出问题。（动词/形容词+下去）
   _____。

5. 在城市发展过程中，很多古老的建筑被破坏了。（大批）
   _____。

六　用所给词语完成下面的句子或对话　Complete the following sentences or dialogues with the given words or expressions（15分）

1. _____，校园里不可以吸烟。（按照）
2. 今天我太饿了，所以晚饭_____。（一下子）

3. 很多地方只注意发展经济，不保护环境，_____。（引起）
4. 学期快要结束了，_____。（纷纷）
5. A：为什么学中文的人越来越多了？
   B：_____。（随着）
6. A：你在中国学习了这么长时间，有什么感受？
   B：_____。（越……越……）
7. A：这么晚了，咱们还去食堂吗？
   B：_____。（算了）
8. A：我想学法律，或者学经济，学中文也行……不过，可能学历史更有意思。
   B：_____？（到底）
9. A：我们怎么才能减轻压力？
   B：_____。（或者……或者……）
10. A：放假以后一个人待在房间里真没有意思！
    B：是啊，放假了_____。[什么/哪儿/谁（疑问代词表虚指）]

七 阅读理解 Reading comprehension（6分）

（一）

说到健康，人们就免不了要谈体育运动。这当然没有错儿。不过在我看来，体育与运动并不简单地就是一回事，体育是体育，运动是运动，其中的不同就在于是不是包含着比赛的成分。我从小学开始就不喜欢上体育课，但是我很喜欢运动，尤其是室外运动。

这段话的作者认为：（　　）（1分）

A. 健康和体育运动无关　　B. 运动和体育都不简单

C. 小学不应该有体育课　　D. 体育包含比赛的成分

（二）

　　我喜欢旅行，除了跟着旅行社。

　　选择一个好天气，背上一个简单的旅行包，再带上一份详细的地图，独自一人离开城市，一路上随心所欲地改变方向和目的地，只要经济和体力没问题，想上哪儿就上哪儿。这是跟着导游的小旗子永远也感受不到的乐趣。虽然有时为了食宿和交通要费尽脑子；为了多跑两个地方需要拼命省钱，然而我觉得这样做值得！

　　并不是我不喜欢跟别人一起旅行，只是找一个兴趣相同的伙伴实在不容易。两人意见不一样的时候，委屈自己不舒服，委屈别人又不好意思，倒不如独自旅行，一路上交新朋友，该分手的时候说Bye，轻松又自在。实际上，美好的友谊在旅途中处处可见，差不多每次长途旅行我都会遇到一些令人感动的人或事，都会结识一两个新朋友。当然，大多数的关系会随着旅行的结束而结束，但是，那种人与人之间的真诚，常常在多年以后仍然能回忆起来。这是一种对思想、对感情甚至对整个人生的充实和丰富。

1. "我"喜欢怎么去旅行？（　　）（1分）

    A. 自己一个人去　　B. 请个导游去　　C. 和朋友一起去　　D. 跟旅行社去

2. "我"觉得，旅行中的新朋友（　　）（1分）

    A. 没有必要认识　　B. 关系不必太久　　C. 每次会有很多　　D. 以后要多联系

3. 根据上文内容，判断对错：（2分）

    （1）"我"去旅行有非常详细的计划。（　　）

    （2）"我"认为值得花很多钱去旅行。（　　）

    （3）"我"不反对跟别人一起旅行。（　　）

    （4）"我"不太喜欢交新朋友。（　　）

4. 在中国你去哪儿旅行过？你最喜欢哪儿？为什么？（1分）

八 写作 Writing（10分）

　　请以"运动与健康"为题目，谈谈你对健康和运动的看法，可以包括你运动的经历，你觉得运动和健康的关系，运动有哪些优点和缺点，等等。

　　要求：不少于100个字

参考答案

第1单元 单元练习

一、说说下面的字有什么相同的部分，至少再写出四个这样的字

情、清：<u>青</u>，<u>请</u>、安<u>静</u>、<u>精</u>神、眼<u>睛</u>、<u>晴</u>天、<u>猜</u>

巧、左：<u>工</u>，<u>功</u>夫、口<u>红</u>、经<u>历</u>、<u>式</u>样、<u>差</u>、<u>空</u>气

蚂、蚁：<u>虫</u>，<u>虾</u>、<u>蚊</u>子、<u>蛇</u>、鸡<u>蛋</u>、<u>虽</u>然

利、私：<u>禾</u>，<u>秋</u>天、<u>和</u>、<u>秘</u>密、<u>科</u>学、<u>利</u>益、<u>种</u>类、<u>秒</u>、发<u>愁</u>

等、笑：<u>竹</u>，<u>笔</u>、<u>箱</u>子、回<u>答</u>、打<u>算</u>、<u>第</u>、<u>筷</u>子

二、组词

问 <u>疑问/学问/问题/问候/提问/问答</u>

读 <u>朗读/读书/阅读/读者/读音</u>

难 <u>难过/难看/困难/难听/难忘</u>

来 <u>以来/本来/将来/后来/来自</u>

题 <u>问题/题目/话题/试题/标题</u>

具 <u>工具/家具/玩具/文具/具有/具体</u>

三、词语搭配

摘 <u>摘苹果/摘（下）帽子/摘眼镜</u>

滴 <u>一滴水/一滴眼泪/一滴血</u>

利益 <u>经济利益/政治利益/个人利益/国家利益/争利益</u>

题目 <u>文章题目/作文题目/论文题目/确定题目</u>

情绪 <u>情绪很好/情绪很高/情绪很低/控制情绪</u>

学问 <u>一门学问/有学问/研究学问/做学问/学问很大</u>

高度 <u>高度紧张/高度重视/高度关心/高度近视</u>

巨大 <u>巨大的飞机/巨大的变化/巨大的问题</u>

四、填写合适的汉字

有<u>生</u>以<u>来</u>　　<u>生</u>死之<u>交</u>　　<u>生</u>不<u>如</u>死　　醉<u>生</u>梦死

目<u>瞪</u>口呆　　<u>平</u>心静气　　心惊肉跳　　面<u>红</u>耳<u>赤</u>

五、词语填空

（一）填量词

一 <u>朵</u>/<u>枝</u>/<u>束</u> 玫瑰　　几 <u>条</u> 教训　　两 <u>条</u> 腿　　两 <u>只</u>/<u>双</u> 手

一 <u>滴</u> 眼泪　　一 <u>篇</u> 作文　　一 <u>副</u> 眼镜　　一 <u>只</u>/<u>双</u> 眼睛

一 <u>只</u> 鸟　　一 <u>套</u> 工具　　一 <u>列</u> 火车　　一 <u>门</u> 学问

（二）选择动词填空

1. 织　　2. 涂　　3. 闭　　4. 弯　　5. 张　　6. 愁

7. 处　　8. 造　造

（三）选择形容词填空

1. 巨大　　2. 难看　　3. 傻　　4. 难过　　5. 诚实　　6. 自然

7. 平静　　8. 巧妙

（四）选择合适的词语填空

1. 有生以来　　醉生梦死　　2. 面红耳赤　　愁眉苦脸

3. 心惊肉跳　　平心静气

（五）将下列词语填在合适的横线上

1. 以来　总结　巨大　仍然　普遍　值得

2. 愁　包括　偷偷　仿佛　处　渐渐　显然　害怕　绝对　说谎　意识到

六、学习和练习表示情感与心理活动的词语

（一）（略）

（二） 从第2课第一部分（第2—9段）中找出8个表达情感或心理活动的词语，并把它们填入下面的句子中

吃惊　　兴奋　　羡慕　　激动

紧张　　平静　　担心　　轻松

1. 吃惊　2. 兴奋　3. 紧张　担心　轻松　4. 羡慕　5. 激动　6. 平静

（三）（略）

七、写作（略）

八、文化点滴

1. 弱冠之年：二十岁

2. 而立之年：三十岁

3. 年过不惑：四十多岁

4. 知天命的年龄：五十岁

5. 年逾耳顺：六十多岁

九、HSK专项练习

第1—5题：选词填空

1. D   2. E、G   3. H   4. F   5. C、A、B

第6—10题：排列顺序

6. DBCA   7. CBA   8. ABC   9. CABD   10. DACB

第11—15题：完成句子

11. 不是所有的疑问都有答案。

12. 下了三天三夜的雨终于渐渐停了。

13. 孩子将爸爸偷偷喝酒的秘密告诉了妈妈。

14. 我一时想不起来在哪儿见过他了。

15. 去一个新的地方上学免不了想念家人。

第16题（略）

第17题（略）

第2单元　单元练习

一、说说下面的字有什么相同的部分，至少再写出四个这样的字

处、蜂：夂（zhǐ），条、各自、服务、夏天、准备、复习、逢

物、牧：牛，特别、牺牲、文件、告诉

聘、取：耳，最后、新闻、职业、聊天儿、联系、聪明

孤、孕：子，厚、享受、学习、保存、孩子、孙子、孔子

越、趁：走，赶路、起床、超过、趋、兴趣

二、组词

蜜　蜜蜂/蜂蜜/甜蜜/蜜月

说　说谎/说不定/据说/传说/小说/说明/听说

季　季节/四季/春季/夏季/秋季/冬季

味　味道/香味/气味/臭味

历　历史/经历/学历/简历

以　以后/以前/可以/以下/以来/所以/以为/不以为然

经　经济/经理/经历/经验/经常/已经/经过/曾经

前　前面/以前/前途/前天/前年/提前/之前

三、词语搭配

卫生　保持卫生/公共卫生/个人卫生/卫生间/环境卫生/打扫卫生

对面　房间对面/学校对面/对面的宿舍

部门　财务部门/广告部门/政府部门/人事部门

经理　部门经理/总经理/副总经理

浪费　浪费水/浪费电/浪费钱/浪费时间/浪费资源/浪费人力

达到　达到目的/达到要求/达到标准/达到……水平

提前　提前10分钟/提前准备/提前下课/提前放假

孤独　孤独的生活/孤独的老人/生活很孤独/孤独感

甜蜜　甜蜜的生活/甜蜜的爱情

勤劳　勤劳的蜜蜂/勤劳的民族/勤劳的人民

四、词语填空

（一）填量词

一 <u>份</u> 工作　　一 <u>只/群</u> 蜜蜂　　一 <u>瓶/勺</u> 蜂蜜　　一 <u>家</u> 公司

一 <u>份</u> 简历　　一 <u>只/头</u> 熊　　一 <u>段</u> 时间　　一 <u>股</u> 香味

（二）选择动词填空

1. 逢　　2. 挨　取　　3. 养　　4. 冒　采　　5. 偷　递

（三）选择形容词填空

迅速　　正常　　甜蜜　　平静　　难过　　不幸　　孤独

（四）选择合适的词语填空

1. 铁饭碗　　2. 花好月圆　　3. 风花雪月　　4. 丢饭碗

5. 找饭碗　　6. 鸟语花香　　7. 花前月下　　8. 瓷饭碗　铁饭碗

（五）综合填空（用本单元学过的词语填空）

不幸　招聘　工资　处理　牺牲　接触　担任　当作

五、阅读与写作

（一）1. C　　2. A　　3. B

（二）（略）

六、文化点滴（略）

七、HSK专项练习

第1—5题：选词填空

1. E　　2. A、D　　3. F、C　　4. G　　5. B、H

第6—10题：排列顺序

6. BCA　　7. CAB　　8. CBA　　9. CABD　　10. CABD

第11—15题：完成句子

11. 没有人不感到孤独。
12. 每搬一次家就多了许多东西。
13. 大多数地方的雪有两米来厚。
14. 孩子在哪儿上学，父母就搬到哪儿。
15. 我的老家冬天气温在10度以上，夏天最热不超过30度，一年四季都有五颜六色的鲜花。

第16题（略）

第3单元　单元练习

一、说说下面的字有什么相同的部分，至少再写出四个这样的字

阴、阳：阝（左），下降、除了、阿姨、院子、保险、一阵子

幅、帮：巾，雅各布、带、帝、希望、经常、人民币、主席、帅

外、梦：夕，名字、多少、岁、早餐、锣鼓、铁饭碗

男、画：田，留学、喂鱼、福气、准备、里面、由于、思考

二、组词

顺 顺利/顺便/一路顺风/顺路

独 独身/独立/单独/孤独

专 专门/专业/专车/专机/专长

业 毕业/失业/事业/职业/企业/农业/工业/商业

然 自然/虽然/果然/忽然/突然/显然/然后/当然/既然

书 读书/书法/书籍/书呆子/书虫/书包/图书馆/书架

三、填写合适的汉字

一举两得　　三心二意　　四面八方　　五颜六色

七老八十　　九牛一毛　　十有八九　　百分之百

四、词语练习

（一）在下面的空格处填上合适的量词

1. 幅 段段　　2. 斤　　3. 条/盆 只　　4. 件

5. 趟　　6. 朵/枝　　7. 只 棵

（二）选择动词填空

1. 临　　2. 费　　3. 逃　　4. 赔

5. 吓　　6. 插 准　　7. 种 选　　8. 喂 立

（三）选择形容词填空

好奇　周到　老实　坚定　淘气　不满　理想

单独　保险　穷

（四）选择合适的成语填空

1. 十有八九　　2. 百分之百　　3. 四面八方　　4. 家家户户

5. 三心二意　　6. 拉家带口　　7. 一举两得

8. 成家立业　相亲相爱　儿孙满堂　七老八十

（五）综合填空

按　大约　白白　顺便　自然　本　不管　干脆

五、回答问题（略）

六、阅读下面的文章，并回答后面的问题

1. "我"在思考孩子说自己打过他。

2. 孩子故意扔东西、破坏玩具、弄脏衣服，"我"不会打他。

3. "我"希望孩子记住并遵守社会的规则，而劝说、表扬、批评、恐吓都没有效果。

4. 劝说、表扬、批评、恐吓、打孩子。

5. 因为只有孩子自己接受了惩罚，他才能接受教训。

6. 不用工具，而是用自己的手打，这样"我"自己也遭受一样的疼痛，才能把握好打的力量大小，不会打得太重。

7. 父母感到的痛更长更久。

8. 什么都不懂的婴儿和已经很懂道理的成人不必打，半懂不懂、自以为懂其实并不懂道理的孩子可以打。

9.（略）

10.（略）

七、写作（略）

八、文化点滴

1. 假　2. 假　3. 真　4. 真　5. 假　6. 假　7. 假

九、HSK专项练习

第1—5题：选词填空

1. B　　2. H、G　　3. F　　4. E、C　　5. D、A

第6—10题：排列顺序

6. BAC　　7. BAC　　8. ABC　　9. DCBA　　10. DBAC

第11—15题：完成句子

11. 感谢你们如此周到的安排。

12. 我们家专门请了帮手做家务。

13. 姑姑离婚的决心很坚定。

14. 老师一看学生的表情，就知道他十有八九在说谎。

15. 像我弟弟这么好奇的人。

第16题（略）

第17题（略）

第4单元　单元练习

一、说说下面的字有什么相同的部分，至少再写出四个这样的字

被、裤：<u>衤</u>，<u>衬衫</u>、<u>裙子</u>、<u>初中</u>、<u>袜子</u>、<u>补</u>充

糟、迷：<u>米</u>，<u>粉</u>色、<u>精</u>神、雪<u>糕</u>、不<u>料</u>、<u>粗</u>、<u>糖</u>、不<u>断</u>、种<u>类</u>

善、样：<u>羊</u>，新<u>鲜</u>、<u>详</u>细、海<u>洋</u>、<u>痒</u>、<u>群</u>、<u>美</u>慕、<u>美</u>国、<u>着</u>、<u>差</u>、<u>养</u>

披、破：<u>皮</u>，<u>波</u>浪、<u>被</u>子、<u>玻</u>璃、<u>疲</u>劳、外<u>婆</u>

二、组词

新　<u>新娘/新郎/新房/新鲜/新潮/新闻/新年</u>

放　<u>放假/放手/放心/开放/放映/放弃/放松</u>

品　<u>日用品/食品/礼品/工艺品/产品/营养品/品牌/药品</u>

记　<u>忘记/记得/记忆/记者/日记</u>

工　<u>工具/工资/工艺品/工厂/工作/工程师/工业/工人/职工/手工</u>

价　<u>价格/减价/价钱/砍价/讲价/降价/价值/物价/特价</u>

三、词语练习

（一）量词、名词填空

一<u>家</u> 商场　　一<u>条/根</u> 项链　　一<u>所</u> 大学

一<u>条</u> 围巾　　一<u>件</u> 工艺品　　一<u>盆</u> 花草

一<u>件</u> 礼物　　一<u>束/枝/朵/盆</u> 鲜花　　一盒 <u>香烟</u>

一项 <u>计划/调查/规定</u>

一部 <u>电影/手机/电话/电梯/作品/词典</u>

一副 <u>手套/眼镜/耳环</u>

一套 <u>公寓/沙发/西服/茶具/咖啡杯/家具</u>

一台 <u>电脑/微波炉/洗衣机/收音机</u>

（二）写出下列词语的反义词（意思相反的词）

笨→<u>聪明</u>　　弱→<u>强</u>　　　软→<u>硬</u>

新→<u>旧/老</u>　贵→<u>便宜</u>　　假→<u>真</u>

穷→<u>富</u>　　　闲→<u>忙</u>　　　厚→<u>薄</u>

难看→<u>好看</u>　难过→<u>高兴</u>　马虎→<u>细心</u>

勤劳→<u>懒</u>　　发达→<u>落后</u>　丰富→<u>单调</u>

（三）选择"毫不"或"毫无"填空

<u>毫不</u>害怕　　<u>毫不</u>客气　　<u>毫无</u>关系　　<u>毫无</u>兴趣

<u>毫不</u>怀疑　　<u>毫无</u>价值　　<u>毫不</u>担心　　<u>毫无</u>意义

<u>毫无</u>利益　　<u>毫无</u>秘密　　<u>毫无</u>前途　　<u>毫无</u>营养

（四）选词填空

1. 折　　2. 挑　　3. 尽　　　4. 受　　5. 存　　6. 添

7. 值　　8. 包

9. 寻找　　10. 怀疑　　11. 布置　遭到　　12. 代替

13. 庆祝　举行　　14. 放映　反映　　15. 开放

16. 毫不　哪怕　　17. 事先　　18. 的确　好容易　逐渐

四、你知道下面这些词语的意思吗？请说出前后两部分在意思上有什么关系，并再写出至少两个这样的词语

金表：意思（略）

这样的词语还有：<u>金项链、金耳环、金笔、金币、金牙、金镜框</u>

铁床：意思（略）

这样的词语还有：<u>铁饭碗、铁路、铁桶、铁桥、铁窗、铁人</u>

皮包：意思（略）

这样的词语还有：<u>皮鞋、皮带、皮衣、皮手套、皮夹克</u>

玻璃窗：意思（略）

这样的词语还有：<u>玻璃杯、玻璃碗、玻璃房、玻璃花瓶</u>

鸡蛋汤：意思（略）

这样的词语还有：<u>鸡蛋饼、鸡蛋炒饭、鸡蛋面</u>

真丝衬衫：意思（略）

这样的词语还有：<u>真丝围巾、真丝内衣、真丝领带、真丝裙子</u>

羊毛大衣：意思（略）

这样的词语还有：<u>羊毛衫、羊毛手套、羊毛帽子</u>

木头箱子：意思（略）

这样的词语还有：木头桌子、木头筷子、木头杯子、木头勺子

五、假设你打算开一家网上商店，下面是你想卖的一些商品，请你描述一下你的商品的特点及优点

商品	特点	优点
闹钟	用电池	使用起来很方便
	声音很响	肯定会叫醒你
	比较小	方便带在书包里
吹风机	体积小	方便旅游时携带
	风量大	能很快吹干头发
书包	很轻	不会让你很累
	防雨	下雨也没问题
旅行箱	很结实的材料做的	不容易坏
	有轮子	拉着走很方便
运动鞋	很轻	穿着很舒服
	颜色很多	可以选自己喜欢的颜色

六、完成下边的句子（略）

七、阅读与写作（略）

八、文化点滴

1. 不给人家送鞋

   说法一："鞋"和"邪"发音相同，"送鞋"不吉利。

   说法二：送鞋给对方，对方穿着鞋就跑了。比如送鞋给恋人，恋人可能就跑了，两人可能就分手了。

2. 不送别人刀具：刀是锋利的工具，可能会伤着别人。

3. 一般不送菊花：在中国，菊花常用于葬礼、扫墓等悲伤的场合，因此有人收到菊花可能觉得不吉利。

4. 家人之间不送梨、伞："梨"跟"离别""分离"的"离"发音相同，"伞"跟"散"的发音相近，有人觉得送了梨或伞可能会跟对方分开。

5. 不能给男子送绿色的帽子：汉语中"戴绿帽子"有出轨、有第三者的意思。

6. 给人送礼时一般送双数，不送单数：人们希望好事成双，觉得单数不吉利。

7. 一般不给年长的人送纯白色的物件，也不能送蜡烛：白色的东西、蜡烛都是葬礼上会用到的东西，老人收到这样的礼物可能会觉得不吉利。

九、HSK专项练习

第1—5题：选词填空

1. D、H   2. A   3. G、E   4. C   5. F、B

第6—10题：排列顺序

6. BAC   7. ACB   8. CBA   9. ABC   10. BACDFE

第11—15题：完成句子

11. 素食者可以用豆腐代替肉。

12. 有些人怀疑微波炉对身体不好。

13. 善于发现问题比善于回答问题更重要。

14. 公司成立十周年的庆祝大会由我们部门负责布置会场。

15. 哪怕花费很多钱她也觉得值。

　　无论多少钱她都觉得不值。

第16题（略）

第17题（略）

第5单元　单元练习

一、说说下面的字有什么相同的部分，至少再写出四个这样的字

厅、厚：<u>厂</u>，历史、厉害、原来、大厦、压力、厕所、厨房

划、戏：<u>戈</u>，寻找、伐木、战争、成功、咸、我

理、量：<u>里</u>，狂野、厘米、儿童、重要

疾、病：<u>疒</u>，疼痛、瘦、痒、癌症、疯、疲劳

二、组词

口　门口/口味/出口/入口/进口/口语/口罩/口气/口袋

表　表演/手表/表明/表达/表情/表现/表示/表白

保　保证/保持/保安/保险/保养/保护/保龄球/保存

明　表明/英明/聪明/说明/明天/明显/明白/证明/明亮

球　保龄球/乒乓球/排球/足球/篮球/球拍/球赛/球迷

婚　订婚/结婚/离婚/重婚/婚礼/婚姻/再婚

减　减肥/减少/减价/减轻/加减/减压

女　女人/女子/女性/女士/女儿/儿女

三、词语搭配

增长　人口增长/经济增长/进口增长/出口增长/增长知识/增长才干

增强　能力增强/体力增强/增强记忆力/增强信心/增强竞争力

减轻　减轻重量/减轻压力/减轻负担/减轻体重

减少　减少数量/减少浪费/减少污染/减少字数/人口减少

降低　降低速度/降低要求/降低价格/降低程度/降低水平

欣赏　欣赏音乐/欣赏风景/欣赏美术作品

保持　保持乐观（的态度）/保持稳定/保持安静/保持健康

保证　保证质量/保证顾客满意/保证营养/保证充足的睡眠

管理　管理学生/管理公司/管理交通/管理经济/管理国家

改善　改善生活条件/改善关系/改善交通/改善伙食

避免　避免犯错误/避免压力太大/避免被老师批评/避免交通事故

危害　危害身体健康/危害公共安全/危害人类/危害国际关系

四、填写合适的汉字

虎背熊腰　　腰酸背疼　　五大三粗　　耳聪目明

心口不一　　心口如一　　心直口快　　心平气和

五、选择合适的形容词填空

1. 结实　　2. 老实　　3. 慌　酸　　4. 有效　稳定

5. 及时　　6. 适当　　7. 合理　　8. 充足

六、选择合适的词语填空

1. 心口不一　　　　　　2. 五大三粗/虎背熊腰　　3. 脸红脖子粗

4. 心平气和　耳聪目明　5. 腰酸背疼　　　　　　6. 五大三粗/虎背熊腰

7. 一心一意　一心一意　8. 心平气和

七、回答问题（略）

八、阅读理解

（一）阅读下面的文章，选择合适的词语填在文章中的横线上

至少　　有时　　极　　照　　恐怕　　终于

则　　一下子　　不得了　　好不容易　　或者　　忍不住

（二）根据上文，回答下面的问题

1. 老李以前每天至少工作10个小时。

2. 老李在办公室突然晕倒，被送到了医院。

3. 医生告诉老李需要注意自己的健康，如果还照以前的习惯工作和生活的话，他的身体恐怕会出大问题。

4. 老李出院后去了老家的一个小镇，那里有农田和树林，环境优美。

5. 在小镇上，老李每天在树林里散步，有时还坐在田边看人们干活儿。

6. 老李的新爱好是练瑜伽。

7. 老李的家人看到他的精神状况越来越好，都忍不住为他感到高兴。

8. 老李的家人也加入了他的休闲活动，比如一起钓鱼、养花，享受健康的生活方式。

9. 老李的故事告诉我们，无论工作多么重要，我们都不能忽视自己的健康。通过合理地安排工作和休闲时间，我们可以提高生活质量，同时也能保持身心健康。

九、小调查（略）

十、文化点滴

1. 心肠很硬：不容易被外界事物感动而同情、怜悯别人。

2. 胆小鬼：胆子小、不勇敢的人。

3. 心肠很好：善良。

4. 吓破了胆：特别害怕。

5. 热心肠：对人很热情，做事积极。

6. 闻风丧胆：听到一点儿风声就吓破了胆，形容特别害怕某种事物。

7. 黑心肠：阴险狠毒。

8. 脾气很大：容易发脾气，情绪不稳定。

9. 肝胆过人：很勇敢。

10. 好脾气：性格好。

11. 肝胆俱裂：受到极大的惊吓。

12. 大动肝火：发很大的脾气，很生气。

13. 胆大：有勇气、不畏缩。

14. 心气很高：一个人认为自己能力水平很高。

十一、HSK专项练习

第1—5题：选词填空

1. B   2. A、G   3. H、F   4. E、I   5. C、J、D

第6—10题：排列顺序

6. ACB   7. CABD   8. CBA   9. CDAB   10. BCA

第11—15题：完成句子

11. 找着影响失眠的因素才能改善睡眠。

12. 孩子对钢琴缺少兴趣就算了。

13. 饮料代替水可能会引起严重的健康问题。

14. 爷爷每天的运动量必须在3000步以上，酒量控制在每天一杯葡萄酒以下。

15. 明天就要坐飞机去中国了，护照不见了，一下子心慌得不得了，越着急越找不到。

第16题（略）

第17题（略）

第6单元　单元练习

一、说说下面的字有什么相同的部分，至少再写出四个这样的字

空、穷：<u>穴</u>，<u>窄</u>、<u>窗户</u>、<u>穿</u>、<u>突然</u>、<u>研究</u>

距、促：<u>足</u>，<u>路上</u>、<u>跟</u>、<u>踩</u>、<u>蹲</u>、<u>跳</u>、<u>踢</u>

吹、欢：<u>欠</u>，<u>唱歌</u>、<u>饮料</u>、<u>付款</u>、<u>欣赏</u>、<u>欧洲</u>、<u>软</u>、<u>次</u>、<u>道歉</u>

旅、旁：<u>方</u>，<u>旗子</u>、<u>旅游</u>、<u>放映</u>、<u>民族</u>、<u>房间</u>

二、组词

古　<u>古老/古人/古迹/古代/古诗</u>

出　<u>出来/出口/出差/出去/外出/出租车/出发</u>

名　<u>名字/有名/著名/名称/名牌/名贵</u>

大　<u>大家/大象/大方/大排档/大小</u>

旅　<u>旅行/旅游/旅客/旅行社/旅馆</u>

到　<u>到达/达到/到底/到处</u>

面　<u>面貌/面包/面条儿/面试/面子/片面/洗面奶</u>

对　<u>对比/对面/面对/对方/对不起/对错</u>

三、词语搭配

平方　<u>平方米/平方千米</u>

长途　<u>长途汽车/长途旅行/长途客车</u>

古代　<u>古代历史/古代文化/古代诗歌/古代文明</u>

古老　<u>古老的建筑/古老的书籍/古老的城市/古老的国家</u>

商业　<u>发展商业/商业谈判/商业文件</u>

目标　<u>达到目标/学习目标/生活目标</u>

面貌　<u>社会面貌/改变面貌/落后的面貌</u>

人员　<u>教学人员/工作人员/医务人员</u>

少数　<u>少数民族/少数学生</u>

一群　<u>一群孩子/一群学生/一群羊/一群鸭子</u>

四、填写合适的汉字

山清<u>水</u>秀　　绿水青<u>山</u>　　名山<u>大</u>川　　水天<u>一</u>色

<u>风</u>景如画　　成千<u>上</u>万　　千言<u>万</u>语　　千家万<u>户</u>

游山玩<u>水</u>　　百闻不如一<u>见</u>

五、选择合适的动词填空

1. 练　练　求　靠　转　约　升　催　省　供　赶

2. 形成　对比　从事　选择　休闲　克服　结合

六、选择合适的形容词填空

独特　相似　窄　糟糕　人工　美好　著名　强烈

七、选择合适的词语替换下列句子中画线的部分

1. 成千上万　　2. 千言万语　　3. 山清水秀　风景如画　　4. 千家万户

5. 水天一色　　6. 名山大川　　7. 游山玩水　　8. 百闻不如一见

八、阅读下面的文章，完成后面的练习

(一)（略）

(二) 在相应的段落中找出表示下列意思的词语，括号内的数字为段落号码

(2) 炎热　　　(2) 火炉　　　(3) 名扬天下

(4) 热情好客　(4) 冬不拉　　(5) 冬暖夏凉

(6) 降　　　　(7) 珍贵　　　(7) 男女老少

九、写作（略）

十、文化点滴

1. 4项文化与自然双重遗产：山东泰山、安徽黄山、四川峨眉山—乐山风景名胜区、福建武夷山。

2.（略）

十一、HSK专项练习

第1—5题：选词填空

1. A　　2. E、D　　3. C、I　　4. F　　5. H、G、B

第6—10题：排列顺序

6. CAB　　7. BCA　　8. CBA　　9. DCBA　　10. BADC

第11—15题：完成句子

11. 春天开阔的田野美如天堂。

12. 现代化的发展让不少小镇看起来非常相似。

13. 独特的建筑吸引了不少西方游人。

14. 各种各样的垃圾跟如画风景形成了强烈对比。

15. 大批外国公司纷纷进入中国，促进了中国的经济发展。

第16题（略）

第17题（略）

第7单元　单元练习

一、说说下面的字有什么相同的部分，至少再写出四个这样的字

德、很：亻，银行、彻底、微波炉、特征、往往、法律、获得

什、古：十，早上、毕业、中华、支持、一直、克服、南方、协会

转、载：车，连续、阵、军队、仓库、比较、轮流、软弱、车辆、输赢

强、弦：弓，吸引、张开、弯腰、弹钢琴、鞠躬

二、组词

实　实际/实现/现实/诚实/老实/实用/实行/实事求是

代　时代/代替/年代/古代/现代/朝代

事　从事/军事/事业/事先/事情

失　损失/失眠/失恋/失去/消失/失望/失业

先　祖先/先后/首先/先生

物　人物/物质/实物/食物/动物

进　进入/促进/增进/进口/进攻/进行

教　教学/教师/教训/佛教/宗教/教育

三、词语搭配

理论　科学理论/经济学理论/理论问题/基本理论

力量　军事力量/经济力量/强大的力量

私人　私人学校/私人关系/私人感情

政策　外交政策/军事政策/教育政策

制度　政治制度/经济制度/社会制度

一批　一批游客/一批货物/一批文物

世纪　21世纪/上个世纪/新世纪

传播　传播经验/传播思想/传播文化/传播病毒

接受　接受培训/接受教育/接受帮助/接受批评

破坏　破坏家庭/破坏关系/破坏安全/破坏和平/破坏环境

四、写出下面图片中的成语

1. 三思而行　　2. 和而不同　　3. 改朝换代　　4. 和而不同
5. 无价之宝　　6. 举一反三　　7. 鱼米之乡　　8. 温故知新
9. 史无前例　　10. 不毛之地

五、填空

（一）选择合适的形容词填空

1. 广泛　　2. 封建　　3. 勇敢　　4. 具体

5. 虚心　强大　骄傲　和谐

（二）选择合适的动词填空

1. 强调　　巩固　　采用　　进入　　启发　　统一　　避免
2. 增长　　宣传　　提倡　　实行　　赞成　　议论　　纠正

（三）选择合适的词语填空

1. 和而不同　　2. 古往今来　　3. 史无前例　　4. 举一反三
5. 鱼米之乡　　6. 不毛之地　　7. 改朝换代　　8. 三思而行
9. 言外之意

六、阅读理解

（一）根据文章内容，回答下面的问题

1. 刻在乌龟的壳或者牛的骨头上的文字。

2. 人们用木板或竹子做成一条条长而平的小片，木头的称为"牍"，竹子的称为"简"。

3. 把树皮、麻头、破布、破渔网等弄碎，放在水里泡很长时间，再打成浆，然后经过蒸煮，在席子上摊平，变成薄片，最后晒干了就成了纸。

4. 左伯造的纸质量很高。

5. 中国的造纸术已经非常成熟；纸的种类很多，纸的使用范围也非常广泛。

6. 公元4世纪时，中国的造纸术首先传到朝鲜和越南，后来经过朝鲜传到了日本。8世纪的时候，中国的造纸术又传到了阿拉伯和欧洲各国。直到17世纪末才传到了美洲。

7. 造纸术的发明促进了世界各国经济和文化的发展，对人类文明的发展起到了积极的作用。

（二）从文章中找出合适的词语填在下面的空格处

甲骨文　木牍　竹简　丝织品　贵　轻　薄

七、写作（略）

八、文化点滴

历史人物	国　籍	时期（朝代）	主要贡献
张骞	中国	西汉	曾两次出使西域，自张骞以后，中原与西域关系密切，往来不断，政治、经济、文化交流频繁。张骞为开辟从中国通往西域的丝绸之路作出了重要贡献。
玄奘	中国	唐朝	他从长安出发，经过今天的新疆及中亚等地，辗转到达当时的印度佛教中心，学习佛教经典。返回中国后带回大量佛教经典。之后他把很多佛教翻译成中文，还把《老子》等中国经典翻译成梵文，传入印度。
鉴真	中国	唐朝	唐朝高僧，五次去日本都因各种原因失败，第六次终于成功到达日本，将中国的佛教思想、建筑、雕塑、绘画等艺术介绍到日本。
马可·波罗	意大利	13—14世纪	他随做生意的家人来到中国，在中国游历十多年。其在中国的经历和见闻记录在《马可·波罗游记》一书中。此书丰富了欧洲人对中国和东方的了解，大大促进了中西交通和文化交流。
郑和	中国	明朝	从1405年到1433年，郑和率领庞大的船队，跨越了东亚、印度、阿拉伯和非洲，完成了七次远洋航海。郑和下西洋传播了中国的文化和技术，增进了对外界的认识和理解，也为后来的航海家提供了宝贵的经验和启示。
利玛窦	意大利	16—17世纪	从1582年来到中国，到1610年在北京去世，利玛窦在中国传教28年。在传教的同时，他向中国社会传播了西方的几何学、地理学知识以及人文主义的观点。他也将"四书"翻译成拉丁文，向西方传播中国文化。

九、HSK专项练习

第1—5题：选词填空

1. H、F   2. A   3. C、B   4. I、G   5. D、E

第6—10题：排列顺序

6. ACB   7. BCA   8. BAC   9. BAC   10. DABC

第11—15题：完成句子

11. 温故知新是孔子的教育思想之一。

12. 每个人都是由缺点和优点构成的。/每个人都是由优点和缺点构成的。

13. 知识分子以及商人的地位不太高。/商人以及知识分子的地位不太高。

14. 战争破坏了许多国家的经济和人民的生活。

15. 如今多数网上商家实行7天无理由退换制度。

第16题（略）

第17题（略）

第8单元　单元练习

一、说说下面的字有什么相同的部分，至少再写出四个这样的字

觉、观：见，现在、砚台、规定、视力、军舰、游览

额、领：页，山顶、项目、颗、颈

狼、狐：犭，猪、狗、猫、猎人、孤独、犯人、狠

垃、意：立，站、端、位、辛苦、亲切、儿童、章、竞争

二、组词

建　建议/封建/建立/建筑

生　生存/再生/维生素/生理/生命/一生/生活

难　难得/难道/难看/难过

有　有趣/有关/有效/有时/有用

美　优美/美丽/美好/美术

地　地球/地位/地板/惊天动地/地图/地铁/当地/外地

法　无法/办法/想法/做法/法律

量　热量/能量/大量/尽量

三、词语搭配

补　补课/补票/补作业/补考

废　废纸/废水/废气/废话

自觉　自觉学习/自觉不抽烟/自觉打扫房间

难得　机会难得/难得的好演员/难得的人才

节省　节省时间/节省人力/节省物力

恶化　病情恶化/关系恶化

转移　转移注意力/转移目标/转移工作重点

有趣　有趣的小说/有趣的电影/故事很有趣

严格　严格的制度/规定很严格/纪律很严格

资源　石油资源/可再生资源/人力资源/浪费资源

四、填写合适的汉字

节能减排　　多如牛毛　　心急如火　　如鱼得水　　十年如一日

虎口拔牙　　骑虎难下　　谈虎色变　　前怕狼，后怕虎　　豺狼虎豹

五、根据意思写出合适的词语

1. 多如牛毛　　2. 心急如火　　3. 如鱼得水　　4. 如诗如画

5. 十年如一日　6. 节能减排　　7. 笑面虎　　　8. 纸老虎

9. 秋老虎　　　10. 虎口拔牙

六、填空

(一) 从练习四中选择合适的词语填空

1. 节能减排　2. 多如牛毛　3. 十年如一日　4. 心急如火

5. 如鱼得水　6. 谈虎色变　7. 豺狼虎豹　　8. 前怕狼，后怕虎

9. 虎口拔牙　10. 骑虎难下

(二) 选择合适的词语填空

日益　　不利　　数量　　几乎　　大量　　排放

消耗　　盲目　　能源　　悲观　　所谓

(三) 选择合适的词语填空，然后将段落重新排序，组成一个故事

1. 隔　传　节约

3. 挖　搁　住处

4. 装

6. 剩余　连

7. 射　接近　虚心

8. 佩服

文章的正确顺序是：7、3、1、4、2、6、5、8

七、阅读理解

根据文章内容，回答下面的问题：

1. 我们在消费的同时，要注意珍惜我们身边的绿色，尽可能少消耗它们。

2. 一次偶然的机会让她认识到平时一些无心的行为竟然会对环境造成那么大的危害，从此她就开始注意环保。

3. 每个家庭成员都节约用水，尽量进行二次利用。用淘米水洗菜、洗过衣服的水擦地板、洗菜水浇花……

4. 她还把家中不用的衣物或家具都捐献出去或是送给亲朋好友，如果别人家的旧东西不要了，她认为有用，也会拿回去用。

5. 有关装修的讨论常常是关于如何装修才符合环保要求的问题。

因为家里人受陈老师的影响都开始注意环保了。

6. 她觉得自己生活得更充实、更健康了。她的儿子不爱慕虚荣、不追求高消费。

八、写作（略）

九、文化点滴

1. 珠穆朗玛峰：西藏珠穆朗玛峰国家级自然保护区

2. 大熊猫：四川卧龙国家级自然保护区、四川王朗国家级自然保护区等

3. 金丝猴：湖北巴东金丝猴国家级自然保护区、西藏芒康滇金丝猴国家级自然保护区等

4. 丹顶鹤：江苏盐城沿海滩涂珍禽国家级自然保护区、黑龙江扎龙国家级自然保护区等

5. 藏羚羊：青海可可西里国家级自然保护区等

6. 东北虎：吉林珲春东北虎国家级自然保护区等

7. 长白山：吉林长白山国家级自然保护区

8. 喀纳斯湖"水怪"：新疆喀纳斯国家级自然保护区

十、HSK专项练习

第1—5题：选词填空

1. I、B   2. C、K   3. J、F   4. D、A   5. E、G

第6—10题：排列顺序

6. BCA   7. CABD   8. BCA   9. DBCA   10. CEBAD

第11—15题：完成句子

11. 保护地球环境是每一个人的责任。

12. 因人类的贪婪而造成的危机多如牛毛。

13. 手机上的各种信息很容易转移人们的注意力。

14. 老人染头发能显得年轻一些，但可能对健康不利。

15. 运动员十年如一日每天自觉坚持严格的练习，太让人佩服了。

第16题（略）

第17题（略）

期中考试试题

一、根据拼音写汉字，并将每个词组成至少两个短语（10分）

1. 提前　　提前考试/提前准备
2. 浪费　　浪费时间/浪费资源
3. 考虑　　考虑问题/考虑结果
4. 诚实　　诚实的孩子/对人很诚实
5. 保护　　保护环境/保护孩子
6. 利益　　经济利益/政治利益
7. 表情　　表情痛苦/奇怪的表情
8. 资格　　教师资格/得到资格
9. 答案　　标准答案/找到答案
10. 值得　　值得花时间/值得买

二、量词填空（除了"个"）（4分）

一 <u>列</u> 火车　　一 <u>篇</u> 作文　　一 <u>朵/束/枝</u> 鲜花　　一 <u>份</u> 简历

一 <u>段</u> 时间　　一 <u>滴</u> 眼泪　　一 <u>家</u> 公司　　一 <u>只</u> 蜜蜂

三、选词填空（每个词最多用一次）（8分）

（一）动词填空

1. 愁　　2. 取　　3. 赶　　4. 递

5. 费　　6. 准　　7. 养　　8. 处

（二）形容词填空

1. 好奇　　2. 孤独　　3. 巧妙　　4. 现实

5. 平静　　6. 保险　　7. 马虎　　8. 正常

四、用所给词语改写下面的句子（5分）

1. 这个问题有点儿难，我一时回答不了。

2. 他为了让孩子上好的中学而搬了家。

3. 弟弟从不做家务。

4. 无论别人去不去，我都要去。

5. 有的手机公司为了让大家用他们公司的手机，会让一些顾客白用一段时间。

五、用所给词语完成下面的句子或对话（15分）

1. 每到学期的最后
2. 既然这个时间对你来说不方便
3. 我非好好儿准备不可
4. 哪知道一点儿也不好吃
5. 仍然每天打篮球
6. 我以后再也不说谎了
7. 我先去旅行，然后开始工作
8. 很热，最热的时候温度在40度以上
9. 住在学校里面好。住在校外的话倒是可以住大一点儿的房间，可是不如在学校里方便
10. 我想趁在中国期间，多去一些地方看看

六、阅读理解（8分）

（一）

1.（1）F　（2）T　（3）F　（4）T

2. 因为妈妈觉得爸爸钓鱼每斤要花七块钱，而"我"让她四块钱一斤卖掉。

（二）

1. B　　2. C

七、写作（10分）（略）

期末考试试题

一、根据拼音写汉字（5分）

1. 举行　2. 价格　3. 落后　4. 程度　5. 时尚
6. 理由　7. 保持　8. 目标　9. 严重　10. 充足

二、词语搭配（5分）

1. 遭到　遭到批评/遭到打击
2. 增进　增进友谊/增进了解
3. 减轻　减轻压力/减轻负担
4. 独特　独特的习惯/独特的风景
5. 克服　克服困难/克服缺点
6. 强烈　强烈的对比/强烈的地震
7. 避免　避免战争/避免交通事故

8. 降低 降低温度/降低风险

9. 保证 保证质量/保证营养

10. 改善 改善关系/改善睡眠

三、量词填空（除了"个"）（4分）

一 <u>幅</u> 画儿　　一 <u>所</u> 大学　　一 <u>条/根</u> 项链　　一 <u>件</u> 礼物

一 <u>部</u> 电影　　一 <u>条</u> 胳膊　　一 <u>杯/瓶</u> 酸奶　　一 <u>家</u> 商场

四、选词填空（每个词最多用一次）（10分）

（一）动词填空

1. 挑　2. 泡　3. 逼　4. 供　5. 转　6. 练

7. 欣赏　8. 管理　9. 吸引　10. 增强　11. 位于　12. 选择

（二）虚词填空

1. 及时　2. 甚至　3. 稍微　4. 正好　5. 至少　6. 只得

7. 终于　8. 有时

五、用所给词语改写下面的句子（5分）

1. 音乐是我的生命，哪怕不吃饭、不看电视，也得有音乐

2. 昨天校长跟学生进行了座谈，就食堂和宿舍的问题进行了讨论

3. 警察在大家的帮助下抓住了小偷儿

4. 如果石油一直这么便宜下去，那个国家的经济会出问题

5. 在城市发展过程中，大批古老的建筑被破坏了

六、用所给词语完成下面的句子或对话（15分）

1. 按照学校的规定

2. 一下子吃了一斤饺子

3. 引起了很大的环境问题

4. 大家纷纷开始安排假期的旅行计划

5. 随着中国经济的发展，会中文的外国人更容易找到工作

6. 我越学越有信心

7. 算了，食堂可能已经关门了

8. 你到底想学什么专业

9. 或者多运动，或者增加睡眠

10. 应该去哪儿玩儿玩儿

七、阅读理解（6分）

（一）

D

（二）

1. A   2. B

3.（1）F   （2）F   （3）T   （4）F

4.（略）

八、写作（10分）（略）